古典文獻研究輯刊

三七編

潘美月・杜潔祥 主編

第 **55** 冊

《四分律刪繁補闕行事鈔》集釋
（第十三冊）

王 建 光 著

國家圖書館出版品預行編目資料

《四分律刪繁補闕行事鈔》集釋（第十三冊）／王建光 著 --
初版 -- 新北市：花木蘭文化事業有限公司，2023〔民112〕
目 4+228 面；19×26 公分
（古典文獻研究輯刊 三七編；第55冊）
ISBN 978-626-344-518-5（精裝）
1.CST：四分律 2.CST：律宗 3.CST：注釋
011.08   112010540

ISBN-978-626-344-518-5

9 786263 445185

古典文獻研究輯刊
三七編　第五五冊   ISBN：978-626-344-518-5

《四分律刪繁補闕行事鈔》集釋（第十三冊）

作　　　者　王建光
主　　　編　潘美月、杜潔祥
總 編 輯　杜潔祥
副總編輯　楊嘉樂
編輯主任　許郁翎
編　　　輯　張雅淋、潘玟靜　美術編輯　陳逸婷
出　　　版　花木蘭文化事業有限公司
發 行 人　高小娟
聯絡地址　235 新北市中和區中安街七二號十三樓
　　　　　　電話：02-2923-1455／傳真：02-2923-1452
網　　　址　http://www.huamulan.tw 信箱 service@huamulans.com
印　　　刷　普羅文化出版廣告事業
初　　　版　2023 年 9 月
定　　　價　三七編 58 冊（精裝）新台幣 150,000 元
版權所有 · 請勿翻印

《四分律刪繁補闕行事鈔》集釋
（第十三冊）

王建光　著

目次

卷下之四

唐京兆崇義寺沙門釋道宣撰述

瞻病送終〔一〕篇第二十六

就中即二。如門分別〔二〕。

【題解】

鈔批卷二七：「上篇道俗之儀既立，賓主之禮復明。但為漏質凡形，類同泡幻，而被名色之所纏縛，四大合故，假名為身。若攝護乖方，四大違反，堅動煩濕，一大失所，眾苦相侵，力仰於他，得延朝夕。然出家之士，親里成他。道服之流，皆率同侶，理宜瞻養，得濟形神，必若業謝緣離，（五五頁下）弊骸須瘞道朋。若不營理，又即壞法傷風，故此一篇，軌訓來葉。」（五六頁上）

【校釋】

〔一〕**瞻病送終**　簡正卷一六：「應奉說疾，稱為瞻病；送終殯驗（【案】『驗』疑『殮』。）葬，故曰送終。」（一〇一二頁上）鈔批卷二七：「在患供看，故言『瞻病』；死後遷窆，稱為送終。能所通舉，故曰瞻病送終，故云然也。濟云：『瞻』是『能瞻』，『病』是『所瞻』，『送』是『能送』，『終』是『所送』。能所通舉，故曰瞻病送終也。（五六頁上）資持卷下四：「題中四字，即下兩門。『瞻』、『送』是『能施』，『病』、『終』即『所為』。」（四一〇頁下）

〔二〕**如門分別**　簡正卷一六：「一、瞻病，二、送終。（細尋，顯正科欠上『舉數列門』一段。今依玄記科出耳。）問：『諸篇皆有總意，此篇何無？』答：『一說云：題中二事，不可合為一意，故先分科也。二、依表解云：制作家取自在故，迴總意作制意，非謂全無。故下云『乃至送終』，意同斯述。非謂二事不可合為一意也。此蓋寸水不見底。」（一〇一二頁上）

初瞻病中

略為四位：一、制意；二、簡人是非，并供養法；三、安置處所；四、說法斂念。

制意者

夫有待之形，多諸嬰累〔一〕，四大互反〔二〕，六府成病〔三〕。若不假相提接，薄命則無所托。然則世情流變，始終難一〔四〕：健壯則親昵，病弱則損捨〔五〕，鄙俗恒情〔六〕，未能忘此。故如來深鑒人物，知善未崇，惡必相遵，故親看病〔七〕。

故律中，佛言：「汝曹不相看視，誰當應為〔八〕？」乃至世尊為病人洗除大小便已，掃治臥處，極令清淨，敷衣臥之。便立制云：「自今已去，應看病比丘，應作瞻病人。若有欲供養我者，應供養病人。」佛為極地之人，猶勵諸比丘，親自下接〔九〕。況同法義重，如何相棄？乃至送終，意同斯述〔一〇〕。

問：「供養病者，等佛，何耶？」答：「謂悲心看病，拔苦與樂，慈行同佛〔一一〕故也。又論云：隨順我語，名供養佛〔一二〕。僧祇〔一三〕：二人為伴往看佛，一伴遇病，便捨來詣佛所，具述因緣。佛種種呵責已，還令看病等。又云：有病人，得隨病藥、食，看守則差，不者則死。是故應好看，務令如法安隱，即為施命，得大功德，諸佛讚歎〔一四〕。」

【校釋】

〔一〕有待之形，多諸嬰累　簡正卷一六：「有待之形者，謂業身也。嬰累者，嬰，纏也。患，累也。即煩惱舊病是。」（一〇一二頁上）鈔批卷二七：「『嬰』是嬰纏，『累』是擔累。如淨名經云：仁者，是身無常無力，為苦為惱，眾病所集，如聚沫等。即其義也。」（五六頁上）資持卷下四：「多嬰累者，通目眾苦也。」（四一〇頁下）

〔二〕四大互反　簡正卷一六：「謂地、水、火、風，成其體故。冷熱不調，是以致疾成新病也。」（一〇一二頁上）資持卷下四：「『四大』等者，別示病惱也。地、水、火、風，內外該遍，故通名大。」（四一〇頁下）

〔三〕六府成病　簡正卷一六：「『府』謂納總之處，記聚也。白虎通云：一、小腸為心府；二、大腸為肺腑；三、胃是胃腑；四、膽為肝腑；五、膀胱為腎府；六、三焦合為一府。三焦者，從上至心為上，從心至腰為中，從腰至下為下焦。」（一〇一二頁上）鈔批卷二七：「欲明四大若不調，致使六府即成其病

也。」（五六頁上）資持卷下四：「（從頂至心為上焦，從心至腰為中焦，從腰至足為下焦。此三共為一府。）」（四一〇頁下）

〔四〕**然則世情流變，始終難一**　資持卷下四：「『然』下，三、示凡情。」（四一〇頁下）鈔批卷二七：「謂凡情薄淡，去取不恒，健則取為親友，病則捨同瓦礫，故言難一。私云：健壯為始，病後為終，據前後難得一種心相看，故言難一。有始有卒者，其唯聖人乎！夫靡不有始，鮮克必終。」（五六頁上）

〔五〕**健壯則親昵，病弱則損捨**　鈔批卷二七：「昵者，丞也。丞，由數也。親昵者，數相近也。」（五六頁上）

〔六〕**鄙俗恒情**　鈔批卷二七：「鄙俗恒情等者，俗亦言『有錢朝即迁，無錢定不朝』是也。濟云：出家人相看須存，（五六頁上）病時則知心之厚薄。然人命為重，此時相捨，心亦可知。所以說命為重者，此振旦國雪山已東，是人主地，以人為貴，千余（原注：『余』疑『歲』。）不易。雪山已西是金主地，多重金寶也。雪山已南是象主地，如崑崙等，多調於象，以貴重故。雪山已北是馬主地，如突厥等，唯貴於馬。此既人為貴，病時好須看也。」（五六頁上）簡正卷一六：「昵（『女栗』反），爾雅云近也。健則相親近，病則捐捨也。」（一〇一二頁上）

〔七〕**如來深鑒人物，知善未崇，惡必相遵，故親看病**　簡正卷一六：「謂看病是善，世人未必崇重，棄捨是惡，多倣效。」（一〇一二頁下）鈔批卷二七：「慈云：善者，看病是其善法，而不崇重；惡謂不看病是，而相遵此惡法。故曰也。謂見善而不舉學，見惡即相學也。應須見善如不及，見惡如探湯，如何反之！亦可崇者高也。明世人善既未高，則樂遵惡法，謂無道心故，多不看病也。又言：惡必相遵者，濟云：若相喚作惡，飲酒、非時食等，則相共而作，故曰惡必相遵也。」（五六頁下）資持卷下四：「『故』下，彰聖引導。按西域記：祇桓東北有塔，即如來洗病比丘處。如來在日，有病比丘含苦獨處。佛問：『汝何所苦，汝何獨居？』答曰：『我性疏懶，不耐看病，故今嬰疾，無人瞻視。』佛愍而告曰：『善男子，我今春（【案】『春』疑『看』。）汝。』」（四一〇頁下）【案】西域記卷六，八九九頁中。

〔八〕**汝曹不相看視，誰當應為**　資持卷下四：「律因病人無人瞻視，佛即呵制。」（四一〇頁下）簡正卷一六：「此律衣法文也。文云：時有比丘，病來日久，臥尿屎中。時諸比丘，受請去，後佛遂按行房舍，見此病人，乃與阿難洗浣衣服，身體極令清淨，以香薰之，置如法處，乃為說法。遂問彼云：『汝健時曾

看佗病不？』彼云：『不曾見。』佛言：『汝不看佗，汝病有何人看也？』因此云制。」（一〇一二頁下）【案】四分卷四一，八六一頁中。

〔九〕**親自下接** 鈔批卷二七：「此是舉上況下，激動時眾也。案僧祇云：諸佛常法，五日一按行諸比丘房，為五事利益故：一、我聲聞弟子，不著有為不？二者，不著世俗戲論不？三者，不著睡眠妨行道不？四者，為看病比丘不（原注：『不』疑『故』。）；五者，為年少比丘新出家，見如來威儀，起歡喜心故。（五六頁下）又，於一時佛在舍衛國，與阿難按行僧坊內，到一破房中，見一病比丘臥糞穢中，不能自起。佛問言：『病耶？今日得食不？』答：『不得。』又問：『昨日得不？』答：『不得。』乃至答云：『不得食來，已經七日。』佛問：『汝有和上、闍梨、同學不？』答：『無。』又問：『有比房比丘不？』答：『有。以我臭穢，比房餘處去。』佛與阿難浣洗已，更為浣衣。阿難即浣，佛自灌水，乃至為除糞穢已，以金色柔頓手，摩比丘額上，眾苦悉除，隨順而為說法，得法眼淨。昔有國王受（【案】『受』疑『愛』。）財，立五百長使，一切國內有人犯罪者，多得錢者即放，無錢如法治之。其時有五戒賢者，犯於小事，將付五百長，以律斷之，笞四十。其行杖者，見是五戒，便即打地作聲。其昔日打撲人故，今得此痛報，我為報恩故，以手摩頂，便得法眼淨也。爾時五戒賢者，即我身是也，爾時行杖者，此病比丘是也。我為是故，當知應須看病。佛復告諸比丘：『汝等同梵行人病痛，不相看視，誰當看者？汝等各各異姓，信家非家，捨家出家，皆同一姓沙門釋子。如眾流歸海，皆同一味。』因制看病法也。」（五七頁下）【案】僧祇卷二八，四五五頁。

〔一〇〕**乃至送終，意同斯述** 資持卷下四：「『乃』下，指同。存沒雖殊，提接義一，故茲制意，兼該兩門。」（四一〇頁下）簡正卷一六：「謂世人壯健時，則相親，死後即不相顧。今須始終如一，與前不殊，故云意同斯述也。」（一〇一二頁下）

〔一一〕**謂悲心看病，拔苦與樂，慈行同佛** 資持卷下四：「初，約心行同佛。」（四一〇上）簡正卷一六：「謂看病者，等佛慈行，亦得成佛。（故言：）故令供養也。」（一〇一二頁下）

〔一二〕**又論云：隨順我語，名供養佛** 資持卷下四：「『又』下，次約隨順法制。」（四一〇上）簡正卷一六：「是成論文。姨母親手自織金縷袈裟，思佛還宮，用以持伏。佛言云：『此是恩愛之心布施，無多功德。今但善施僧，則具三歸。』今此取隨順佛語為證。以佛令看病，今既看，即是隨順佛語也。」（一〇一二

頁下）鈔批卷二七：「八福田中，看病第一者，謂三寶為三，師四、僧五、父六、母七、病人八也。」（五七頁下）

〔一三〕僧祇　鈔批卷二七：「案僧祇云：爾時，有二比丘共作伴來，問訊世尊。道中，一人遇病，一人待經二、三日，語病者言：『我欲前去問訊世尊。』汝差已後來。』病者報言：『長老待我？』答言：『我以不見世尊來久，思慕如渴，不容相待。』便捨來詣佛所。佛知而故問：『汝從何來？』具已上事答。佛種種呵責已，語言：『汝等比丘，同共出家，修於梵行，汝等不相看，誰當看者？汝還看病比丘去。』又，祇二十八云：行至曠野，看同伴比丘，不得相捨，應當將去，代擔衣鉢。（五七頁下）若不能行，買借乘駄，不得載牸牛車、乘草馬等，當載特牛、文（原注：『文』疑『父』。【案】僧祇作『駄』。）馬等。若病篤無所分別者，趣乘無罪。若乘不可得者，應留看病人。汝看病人，我到聚落，當求乘來迎到聚落中，不得遶塔，問訊和上、阿闍梨。應語聚落中諸比丘言：曠野中有病比丘，共迎去來。若言在何處，答言其（原注：『其』疑『某』。）處。若言彼處多有虎狼，恐當食盡，萬無一在。雖聞此語，亦不得住，要當往看。若遙見烏鳥，不得便還，要到其所。若已死者，應供養尸。若活，應當將至聚落，語舊比丘言：長老，此是某處病人，我於曠野供養已，今來聚落。語囑比丘言：長老，此是某處病人，我於曠野供養已，今來至此。次長老看。若不看者，越毗尼。若無比丘，語憂婆塞云：曠野有病比丘，借乘往迎，至檀越家，安別障處，共勸化衣藥食等。若客比丘來，不得便語汝看病，應言：善來代擔衣鉢，種種供養已。應語：此病人，我已看久，汝須看也。」（五八頁上）【案】僧祇卷二八，四五五頁下，四五六頁上～中。

〔一四〕得大功德，諸佛讚歎　簡正卷一六：「為佛歎者，八福田中第一也。賢愚經說，五種施，得福無量：一、遠來，二、遠去，三、病人，四、飢時，五、知法人。又俱舍云：父母病法師，最後身菩薩，設非證聖者，施果亦無量。」（一〇一三頁上）鈔批卷二七：「案賢愚經云：佛說五施，得福無量。所謂施遠來者，施遠去者，施病瘦者，於飢餓時施於食飲，施知法人。如是五施，現世獲福。又，雜寶藏經云：佛告比丘，有八種人（五八頁上）應決定施，不須生疑：父母，以佛及佛弟子、遠行來人、遠去之人、病人、看病者。施此等人，獲福無量。上釋制看病意竟，下明『簡人是非供養法』也。」（五八頁下）【案】僧祇卷二八，四五七頁上。

二、簡人中

四分〔一〕：若有病者，聽和尚；若同和尚，阿闍梨；若同阿闍梨，若弟子，從親至疏。若都無者，眾僧應與瞻病人。若不肯者，應次第差。又不肯者，如法治〔二〕。若無比丘、沙彌、優婆塞者，比丘尼、式叉摩那、沙彌尼、優婆夷，隨所可作應作，不應觸比丘。僧祇、十誦〔三〕：當令二師、同學、同房、比房，從親至疏看之。當隨病人多少差往。若不看者，一切僧得罪。

僧祇又云：道逢病比丘，應求車乘，馱載令歸。若病篤，無所分別，不問牸牛、草馬〔四〕；若無者，當留人看〔五〕。無人看，作菴舍，取薪火，留藥食，語言：「汝好安意，我走向聚落，求車乘迎汝。」便捨去。至聚落時，不得繞塔、問訊和尚等。告云：「曠野有病比丘，共迎去來。」諸比丘云：「此多虎狼處，恐食盡。」雖聞，不得不往，應到彼。若死，供養屍骸；若活，將還，遣聚落中比丘供養。無比丘者，告檀越令看。及共迎病人，亦如上〔六〕。若路見病比丘尼，不得捨去，乃至迎逆如比丘中。唯除手觸。應倩女人，為按摩身體。死，用彼衣鉢雇人闍維〔七〕；無者，捨去。若俗人嫌者，應擔遠送。餘三眾準此。

並是佛自號令，理順行之，廣有委具，如律所述〔八〕。

次明供給法

五分〔九〕：無淨人處，聽比丘自洗燒器著水，令淨〔一○〕人洮米著中。比丘然火使熟，更從淨人受持，與病人。五百問云〔一一〕：病比丘，山澤無人處，日中不得往還者，比丘得為作食七日，先淨米〔一二〕，受取作之。寶梁經、蘭若習禪經，廣明獨住患比丘法〔一三〕。

僧祇：病人有九法成就，必橫死〔一四〕：一、知非饒益食，貪食；二、不知籌量；三、內食未消而食；四、食未消而摘吐；五、已消，應出而強持；六、食不隨病；七、隨病食而不籌量；八、懈怠〔一五〕；九、無慧〔一六〕。又云〔一七〕：若病人衣鉢外，有醫藥直者，取之供給。無者，眾僧應與。若僧無者，彼有貴價衣鉢，當貿賤者，供給病者。若病人惜衣鉢者，應白僧言：「此病人，不知無常，慳惜衣鉢，不肯貿易。」白僧已，頓語說法，使得開解，然後為貿；若復無者，應外乞與之。若僧中取好食，與看病人〔一八〕。又，不得愛惜自業，而不瞻視〔一九〕。四分：看病人五德〔二○〕，乃至「為病人說法，令得歡喜，己身於善法不減」。

如衣法中〔二一〕。善見：若病無湯藥，得以華果飲食餉人，求易湯藥，不犯〔二二〕。餘如僧祇三十八卷中，廣明「看病法」及「死法」。

十誦：當隨病人所須，問病因緣，覓師求藥〔二三〕。日到僧廚，問「有病人食不」。若無，取僧所供給庫中物；無者，當為外求，應從善好名聞、福德比丘索〔二四〕。五分：每到行粥時，應問：「別有病人粥不？」若無，應先與病人，然後行與僧也。十誦：病人得藥差者，但是佛僧中不淨、殘宿、惡捉、不受、內宿，並得服之〔二五〕。

善生經：瞻病人不應生厭〔二六〕。若自無物，出求之不得者，貸三寶物。差已，依法十倍償之。五百問云：看病人將病人物，為病人供給所須〔二七〕。不問病者，或問起嫌，並不得用。若已取者，應償；不還，犯重。比丘病困，不得闕三衣鉢而作福德。若不即有故弊衣鉢受持者，犯墮〔二八〕。

摩得伽云：不淨膏肉雜鹽煮，病者開〔二九〕。

四分：若病人，不能至大小行處，當近處鑿坑，安大小便；若不能者，屋中安便器；不離床者，聽穿牀作孔，便器著下。不得唾吐汙地等。

【校釋】

〔一〕四分　鈔科卷下四：「初，簡人不同。」（一二八頁下）資持卷下四：「四分初制本眾，有三：一、親屬自看；二、僧與；三、僧差。」（四一〇頁下）【案】「四分」至「如律所述」明簡人，分三：初，「四分」下；二、「僧祇」下；三、「並是」下。四分卷四一，八六一頁。

〔二〕如法治　資持卷下四：「如法治，即吉罪。準無比丘，應令沙彌、淨人看。」（四一〇頁下）

〔三〕僧祇、十誦　鈔科卷下四：「『僧』下，道逢迎逆。」（一二八頁下）

〔四〕若病篤，無所分別，不問牸牛、草馬　資持卷下四：「初，明本眾有二。初，有乘迎歸。『無所分別』謂昏迷也。牸牛、草馬，本不得乘，病篤故開。」（四一〇頁下）【案】「牸」，底本為「特」，據大正藏本、貞享本、敦煌甲本、敦煌乙本、敦煌丙本及僧祇改。

〔五〕若無者，當留人看　資持卷下四：「『若無』下，次，明無乘往求、不繞塔等，恐遲滯故。」（四一〇頁下）

〔六〕共迎去來，亦如上　資持卷下四：「謂召檀越往迎，同上比丘也。」（四一〇頁下）

〔七〕死，用彼衣鉢雇人闍維　簡正卷一六：「謂亡後，衣鉢合屬十方，此約無尼，僧即得攝。今言彼者，由指本人，恐僧盡收，不為處分，故云用彼無者，故令捨去。玄曰：通會四分，謂比丘得衣作法屬己，已後即將雇人，亦有何過？」（一〇一三頁上）資持卷下四：「『闍維』，此云焚燒。俗嫌遠送，（四一〇頁下）不令見故。」（四一一頁上）【案】僧祇卷二八，四五六頁上。

〔八〕並是佛自號令，理順行之，廣有委具，如律所述　鈔科卷下四：「『並』下，結告指廣。」（一二八頁下）資持卷下四：「初句，指前聖制；次句，勸依。下二句指廣，即僧祇文。」（四一一頁上）

〔九〕五分　鈔科卷下四：「初，聽僧造食。」（一二八頁下）資持卷下四：「五分唯開自煮。」（四一一頁上）簡正卷一六：「初引五分，據蘭若無淨人說。」（一〇一三頁上）【案】五分卷二六，一七一頁下。

〔一〇〕淨　【案】底本無，據敦煌甲本、敦煌乙本、敦煌丙本及五分加。

〔一一〕五百問云　資持卷下四：「五百問亦然，七日一受，更開過中失受，惡觸不受。」（四一一頁上）【案】五百問，九七七頁下。

〔一二〕先淨米　資持卷下四：「『先淨』謂令淨人火淨。」（四一一頁上）

〔一三〕寶梁經、蘭若習禪經，廣明獨住患比丘法　鈔批卷二七：「案寶梁經云：乞食比丘，或時有病，無有使人，不能乞食。應當如是調伏其心：『我獨無侶，一身出家，法是我伴，我應念法：今我病苦，如世尊說，諸比丘應念於法，我所聞法，應善思惟。』」（五八頁下）資持卷下四：「習禪經，今藏錄不出。」（四一一頁上）【案】寶積經卷一一四，六四六頁上。

〔一四〕病人有九法成就，必橫死　鈔科卷下四：「『僧』下，瞻視諸法」（一二八頁下）資持卷下四：「僧祇先明九橫，令知看視，前七並食。」（四一一頁上）【案】「僧祇」一段，分三：初，「僧祇」下；次，「又云」下；三，「又，不得」下。

〔一五〕懈怠　資持卷下四：「不勤調攝故。」（四一一頁上）

〔一六〕無慧　資持卷下四：「謂執愚失治故。」（四一一頁上）

〔一七〕又云　資持卷下四：「『又』下，次，明供給。據文有三：初，須己物；二、己無，則僧物；三、僧無，則乞與。」（四一一頁上）

〔一八〕若僧中取好食，與看病人　資持卷下四：「獎其勤勞，令無退故。」（四一一頁上）扶桑記：「若依記釋，則屬上句。若準本文，彼云：應僧中取好者與，若復無看病人，應持二鉢入聚落乞食，持好者與。」（三六三頁下）

〔一九〕又，不得愛惜自業，而不瞻視　資持卷下四：「『又不』下，三、制推免。」（四

一一頁上）【案】以上僧祇卷二八，四五六頁下～四五七頁上。

〔二〇〕**看病人五德**　資持卷下四：「四分五德，文引第五，而略上四：一、知可食應
與；二、不惡賤便穢；三、懷慈愍不為衣食；四、能經理湯藥。」（四一一頁上）

〔二一〕**如衣法中**　鈔批卷二七：「己身於善法不減，如衣法中者，立謂：二衣總別篇
中明『亡人物法』，具出此義。私云：衣法中者，指四分衣犍度中明也。」（五
八頁下）【案】四分卷四一，八六二頁。

〔二二〕**若病無湯藥，得以華果飲食餉人，求易湯藥，不犯**　資持卷下四：「善見為病
開餉俗士，不犯污家。」（四一一頁上）【案】善見卷一四，七七〇頁下。

〔二三〕**當隨病人所須，問病因緣，覓師求藥**　鈔科卷下四：「『十』下，求索給付。」
（一二八頁下）資持卷下四：「初，十、五二律，明審問所須，應時給付。」
（四一一頁上）

〔二四〕**應從善好名聞、福德比丘索**　簡正卷一六：「善好名聞者，多人送供養，就乞
易得福。得者，衣鉢極多，就乞不生惱也。」（一〇一三頁上）鈔批卷二七：
「立謂：不許從邪見惡人求。又，福德之人，多有物故。」（五八頁下）

〔二五〕**十病人得藥差者，但是佛僧中不淨、殘宿、惡捉、不受、內宿，並得服之**　資
持卷下四：「十誦中，開服犯過藥，以必差故。佛僧中，佛無宿觸，疑剩『佛』
字。」（四一一頁上）簡正卷一六：「外難云：『僧有殘宿、惡觸，可爾？佛何
有耶？若許佛有殘宿等，佛應犯戒？』答：『雖是佛食，謂比丘觸著，故是惡
觸。』『若爾，下文有佛膞食，比丘亦觸了已後，若瞋得，何以許食？』答：
『又不同彼。彼正供養佛時，由屬施主，故後乃與佛瞋得無犯。今是己觸佛
食，故成殘觸也。』」（一〇一三頁上）【案】十誦卷二八，二〇五頁下。

〔二六〕**瞻病人不應生厭**　鈔科卷下四：「『善』下，求貿可否。」（一二八頁下）資持
卷下四：「善生，初誡始終。」（四一一頁上）【案】優婆塞戒經卷三，一〇四
六頁下。

〔二七〕**看病人將病人物，為病人供給所須**　資持卷下四：「五百問初制看病，輒用彼
物。」（四一一頁上）【案】五百問，九七七頁下。

〔二八〕**若不即有故弊衣鉢受持者，犯墮**　資持卷下四：「捨棄衣鉢：一、為終身不離，
二、為留賞看病。」（四一一頁上）

〔二九〕**不淨膏肉雜鹽煮，病者開**　鈔科卷下四：「『摩』下，雜物開濟。」（一二八頁
下）資持卷下四：「伽論不淨，同前十誦。謂煮膏肉和以鹽故，此引廢前，例
通餘物。」（四一一頁上）【案】伽論卷三，五八一頁上。

三、安置處所

僧祇：若大德病，應在露現處，上好房中〔一〕，擬道俗問訊生善。燒香塗地，供待人客。十誦：病人與中房舍臥具，令得容受看病者〔二〕。

若依中國本傳云：祇桓西北角，日光沒處，為無常院〔三〕。若有病者，安置在中。以凡生貪染〔四〕，見本房內衣鉢眾具，多生戀著，無心厭背，故制令至別處，堂號「無常」。來者極多，還反一二〔五〕，即事而求，專心念法〔六〕。其堂中置一立像〔七〕，金薄塗之，面向西方〔八〕。其像右手舉，左手中繫一五綵幡，腳垂曳地。當安病者，在像之後，左手執幡腳，作從佛往淨刹之意。瞻病者，燒香散華莊嚴。病者，乃至若有屎尿、吐唾，隨有除之，亦無有罪。傳云：原佛垂忍土〔九〕，為接羣生，意在拔除煩惱，不唯糞除為惡。如諸天見人間臭穢〔一〇〕，猶人之見屏廁，臭氣難言，尚不以為惡，恒來衛護，何況佛德而有愛憎？但有歸投者，無不拔濟。乃至為病者隨機說法，命終恒在佛所，不得移之〔一一〕。

【校釋】

〔一〕若大德病，應在露現處，上好房中　鈔科卷下四：「初，約教就房舍。」（一二八頁中）

〔二〕病人與中房舍臥具，令得容受看病者　資持卷下四：「十誦中，房計是常人，但不得下房，不容看病故。」（四一一頁上）

〔三〕中國本傳云：祇桓西北角，日光沒處，為無常院　鈔科卷下四：「『若』下，依傳立別堂。」（一二八頁中）資持卷下四：「中國本傳，壇經所謂別傳是也。日光沒處者，壇經云：西方為無常之院，由終歿於天傾之位也。今寺亦有，但方隅不定，不知法故。」（四一一頁上）鈔批卷二七：「此謂日光沒，是無常相。今以像此，故安置其中也。」（五八頁下）扶桑記：「中國本傳，尼鈔云：祇桓圖，以知靈裕法師寺誥中有祇桓圖，此云本傳歟！」（三六三頁下）【案】壇經即道宣所撰的戒壇圖經。僧祇卷二八，四五六頁下。

〔四〕以凡生貪染　資持卷下四：「『以』下，出別堂所以。今號『延壽』，豈非相反？」（四一一頁上）

〔五〕還反一二　鈔批卷二七：「謂得差少也。今人多無道分，頓不思無常。出家之人，出息不保入息也。案智論：佛為諸比丘說死想義。有一比丘白佛：『我能修死想。』（五八頁下）佛言：『汝云何修？』答曰：『我不望過七歲活。』佛

言：『汝為放逸。』復有比丘言：『我不望過七月活。』復有言七日，有言六日、五日、四日、三日、二日、一日。又言：『從旦至中，有言一食頃。』佛言：『亦是放逸。』有一比丘言：『我於出氣不望入，於入氣不望出。』佛言：『是真修死想，為不放逸。』天台云：今出家之人，或知解溢胸，或精進滅火，而不悟無常。俗諺云：可恪無五媚，精進無道心。此之謂也。」（五九頁上）【案】參見智論卷二二，二八八頁中。

〔六〕**即事而求，專心念法**　簡正卷一六：「玄曰：既覩日光屢設（【案】『設』疑『沒』。）又觀返者，絕稀以此而求活門，焉能得矣？故須專心念無常，敗壞之法也。」（一〇一三頁下）鈔批卷二七：「立謂：既覩日光屢沒，又見來者雖多，還反一二，覩此事求其己身，活路焉在？為此義故，念法心則專，故須送彼無常院中也。」（五九頁上）資持卷下四：「專心念法者，由非舊處，無心戀著，但念無常，必思勝法故也。」（四一一頁中）

〔七〕**其堂中置一立像**　資持卷下四：「立彌陀者，歸心有處也。」（四一一頁中）

〔八〕**面向西方**　資持卷下四：「繫心一境，想念易成故。西方諸佛而獨歸彌陀者，誓願弘深結緣成熟故。是以古今儒釋靡不留心，況濁世凡愚？煩惱垢重，心猿未鎖，欲馬難調，捨此他求，終無出路！請尋大小彌陀經、十六觀經、往生論、十疑論等諸文，詳究聖言，必生深信矣。像面向西，病者在後，謂將終之時已前，常須瞻像，令其繫心。」（四一一頁中）

〔九〕**忍土**　簡正卷一六：「若據梵語，『娑婆』此云雜惡。又，梵語『薩訶』，此云『堪忍』。何名堪忍？初，依真諦解云：『忍』是此界梵王之名。由能堪忍，他人勝事，不生嫉忌之心，故從主以立處名也。次，引悲華經，世界眾生，忍受三毒，及諸煩惱，名忍者。三、衣（【案】『衣』疑『依』。）解深蜜經（【案】『蜜』疑『密』。）說，菩薩行利樂時，實堪忍故，佛自受用土與凡域異。今為化物，但要化度為善，不以穢污生嫌心也。」（一〇一三頁下）資持卷下四：「梵語『娑婆』，此云『堪忍』。大悲經云：此界眾生忍受三毒及諸煩惱故。」（四一一頁中）

〔一〇〕**人間臭穢**　資持卷下四：「感通傳，天人云：人中臭氣上熏於空四十萬里，諸天清淨，無不厭之。但以受佛付囑，令護於法。佛尚與人同止，諸天不敢不來。」（四一一頁中）

〔一一〕**命終恒在佛所，不得移之**　資持卷下四：「恐心無繫念世事故。」（四一一頁中）

四、說法勸善者

十誦：應隨時到病者所，為說深法，是道、非道，發其智慧〔一〕。先所習學，或阿練若、誦經、持律、法師、阿毗曇、佐助眾事，隨其解行而讚歎之。

若阿練若者，當頓語汎話〔二〕訖，告云：「大德！今者病篤如此，唯當善念，不畏惡道。何者？自病已前，行頭陀大行。佛弟子中，唯有迦葉。世尊在眾，常讚歎之，乃至捨座、捨衣〔三〕，佛親為也。以行勝行，聖人共遵。大德行紹聖蹤〔四〕，必生善處，何憂死至？但恐失念，妄緣俗有，此是幻法，更勿思之。

若誦經者，告云：「大德常誦某經，以為正業，實為勝行，凡聖同欽。鸚鵡聞四諦，尚七反生天，後得道迹〔五〕。大品有經耳品〔六〕；涅槃「常住〔七〕」二字，尚聞不生惡道。況復依教廣誦，無謬濫過，何能墜陷，必生善處」等。

若持律〔八〕者，云：「大德護持禁戒，順佛正言，能於像、末，載隆三寶。正法久住，由大德一人。今者疾患縣久，恐將後世。人誰不死，但恐無善。大德以善法自持，兼攝他人，諸佛自讚〔九〕，豈唯言議？但當專志佛法，餘無妄緣。」

若法師者，云：「由大德說法教化，令諸眾生識知三寶四諦，開其盲眼，破其心病〔一〇〕，光顯佛法。使道俗生信，能令作佛，又使正法久流，實大德之力。」

若禪師〔一一〕者，云：「佛法貴如說行，不貴多說多誦。」又云：「不以口之所言而得清淨，如說行者乃是佛法。大德順佛正教，依教而修，內破我倒，外遣執著。此則成聖正因〔一二〕，勿先此業。」如是等隨其學處，於後譽之。

若佐助眾事者，告云：「大德經營僧事，與聖同儔〔一三〕。故杳婆王種，捨羅漢身，為僧知事，求堅固法；乃至迦葉蹋泥，造五精舍〔一四〕；祇夜破薪〔一五〕，供僧受用；身子掃地〔一六〕，目連然燈〔一七〕——並大羅漢，豈有惡業？但示僧為福聚，凡愚不知，各捨自業，佐助眾事〔一八〕。然僧田福大，不同佛、法。如成論中，諸人以衣奉佛，佛令施僧——「我在僧中」。由僧隨我語，名供養佛；為解脫故，名供養法；眾僧受用，名供養僧。供養僧者，具足三歸。故知僧德大也。大德既順佛正命，料

理僧徒，佛所歡尚。是第一行，何人加之！經云：憶所修福，念於淨命〔一九〕等。

傳云：中國臨終者，不問道俗親緣，在邊看守。及其根識未壞，便為唱讀一生已來所修善行〔二〇〕。意令病者內心歡喜，不憂前途。便得正念不亂，故生好處。智論：經中〔二一〕云，從生作善，臨終惡念，便生惡道；從生造惡，臨終善念，而生天上。問曰：「臨終少時，何以勝一生行業〔二二〕？」答：「以決徹故，捨諸根事急故，便能感苦樂〔二三〕也。」

必須別處安置故。五百問云：昔有比丘，念著銅鉢，死作餓鬼。僧分物時，便來求鉢。其身絕大，猶如黑雲。有得道者，以鉢還之。既得，便舌舐，放地而去。諸比丘取之，絕臭。更鑄作器，猶臭不可用。又有比丘，愛衣而死，作化生蛇等，如前說〔二四〕。故須移處為要。

其瞻病者，隨其前人，病有強弱〔二五〕，心有利鈍〔二六〕，業有麤細〔二七〕，情有去取〔二八〕，當依志願，隨後述之。或緣西方無量壽佛，或兜率彌勒佛，或靈鷲釋迦本師〔二九〕；或身本無人，妄自立我〔三〇〕；或外相似有，實自空無，如至燄處，則無水相〔三一〕；或為說唯識無境，唯情妄見〔三二〕。各隨機辯，而誘導之〔三三〕。

四分：當問病者，持何等衣。彼病人受不好衣鉢，及送與他，恐瞻病者得〔三四〕。應準告云：「此三衣鉢具，佛所制畜，有披著者，出世因緣〔三五〕。乃至未來受生，常著三衣而生〔三六〕，如面王比丘〔三七〕。未知持何等衣鉢坐具？當見告示，為取著之。現在未來，為佛所讚。」若見貪物、心無大志者，告云：「此衣物等，並是幻有。大德儲積來久，為之疲勞。及至病苦，眼看不救〔三八〕，乃至脫死，亦無一隨。大德生從胎出，亦不將一財來；脫至後世，亦不將去。經云：往昔國王，為寶所誑，及至臨終，無一隨己〔三九〕，可不實乎？不須憂念幻假錢財，但須存勝業耳。亦不須付囑餘人，此則妄行顏面〔四〇〕，終非送大德死法。但用佛語，普召十方凡聖大眾，羯磨分之，如法受用。令大德乘此功力，必生善處，此是佛勅，可不好也？」如是種種頓言諫喻〔四一〕：不得違逆，又非順意——以臨終妄業競集，多無立志。此是一期大要，善惡昇沈天隔〔四二〕。

應以經卷手執，示其名號。又將佛像對眼觀矚。恒與善語，勿傳世事。華嚴偈云〔四三〕：又放光明名端嚴，彼光覺悟命終者，見彼臨終勸念

善，因是得生諸佛前。又示尊像令瞻敬，又復勸令歸依佛，因是得成明淨光。

又請大德行人、智者，數來示導。善見云〔四四〕：看病人讚病者言：「長老持戒具足，莫戀著住處及衣物、知識、朋友，但存念三寶，及念身不淨。於三界中，慎莫懈怠。」隨命長短而作〔四五〕，云云。毗尼母云〔四六〕：病人不用「看病人語」，看病人違病者意，並吉羅。須依前斟酌〔四七〕，不得縱任。若終亡者，打無常磬〔四八〕。

【校釋】

〔一〕應隨時到病者所，為說深法，是道、非道，發其智慧　鈔科卷下四：「初，餘人勸導法。」（一二八頁上～中）資持卷下四：「十誦文中，但是通制。下諸詞句，皆出祖師。深法，但是佛教，通得云深。『是道』謂出世法，『非道』即世間法。」（四一一頁中）鈔批卷二七：「案十誦文云：為病比丘說法，應隨病比丘如是意說。若蘭，若病，應讚蘭若法，學修多羅、學毗尼，若佐助眾事，皆隨此案行稱讚之。其鈔主約此文中，加『作語』言耳。就此文中，更分為六。六門不同，今即是初。」（五九頁上）簡正卷一六：「真實之相，名為深法也。」（一〇一三頁下）【案】「說法勸善」文分為二：初，「十誦」下；二、「其瞻病者」下。初又分三：初，「十誦」下；二、「若阿練若」下；三、「傳云」下。十誦卷二八，二〇五頁下。

〔二〕汎話　資持卷下四：「『汎話』謂問疾安慰，以為勸誘之端。」（四一一頁中）

〔三〕捨座、捨衣　簡正卷一六：「佛見迦葉來，分半座與坐。後將所著僧伽梨易迦葉。糞掃衣如頭陀篇說。」（一〇一三頁下）資持卷下四：「『捨座』即分半座與迦葉坐。『捨衣』謂脫所著衣易彼糞掃衣披之。」（四一一頁中）

〔四〕蹤　【案】「蹤」，底本為「縱」，據大正藏本、貞享本、敦煌甲本、敦煌乙本、敦煌丙本改。

〔五〕鸚鵡聞四諦，尚七反生天，後得道迹　簡正卷一六：「賢愚第十三云：時佛在舍衛，長者須達敬信佛法，（一〇一三頁下）一切所須，悉皆供給。時諸比丘隨意所須，日日來往。其家有二鸚鵡：一名律提，二名賒律提，稟性默慧，能解人語。僧若到門，每令傳語。後阿難往到其家，而語之曰：『我今教汝妙法。』鸚鵡聞已，歡喜而受。阿難乃授四諦法，教令誦集偈：四豆佉（苦諦）、三牟尼提耶（集諦）、尼樓陀（滅諦）、未伽（道諦）。須達門前有一樹，二鳥聞法，喜踊誦習，飛向樹上，次第上下，經於七返，同聲合誦，受四諦妙法。於夜宿

樹，為野狸所飡。阿難問佛：『此二鳥生於何處？』佛告阿難：『由汝授法，喜心受持，命終之後，便生四天王。天命盡，生第二忉利天，乃至生第六天。從彼捨壽，還生第乃至生四天王天。如是七返，生六欲天，自恣受福，無有中夭。』阿難又問：『六天命盡，復生何處？』佛言：『生閻浮提。為人出家，學道成辟支佛果：一名曇摩、二名修曇摩也。』」（一〇一四頁上）【案】賢愚經卷一二，大正藏第四冊，四三六頁下。

〔六〕大品有經耳品　資持卷下四：「大品即般若經耳品，出第三十卷。彼云：釋提桓因作念：若人聞般若名一經耳者，是人先世佛所作諸功德，與善知識相隨，何況受持讀誦！」（四一一頁下）鈔批卷二七：「私云：大集經中有此品名也。謂一經耳聞，不墮惡道。涅槃經亦云：若有眾生，聞大涅槃，一經於耳，卻後命終，不墮惡趣也。」（六〇頁上）【案】大品卷一三，三一三頁中。

〔七〕常住　簡正卷一六：「『常』是法身，『住』是報身。經云：若有眾生，聞涅槃經，終顯佛性，不生不滅，說常樂我淨之法，（一〇一四頁上）即是常住之法，卻後命終，不墮惡道。」（一〇一四頁下）資持卷下四：「六卷泥洹云：善男子、善女人，當持如來『常住』二字，歷劫修習，是等眾生，不久當成等正覺道。二經並明勝報，故云不生惡道也。」（四一一頁下）【案】北本涅槃卷七，四〇六頁中。

〔八〕持律　資持卷下四：「毘尼主於住持，故讚興隆等。自持、攝他，即是二利。」（四一一頁下）

〔九〕諸佛自讚　資持卷下四：「如諸經論讚持戒功深，如標宗具引。」（四一一頁下）

〔一〇〕開其盲眼，破其心病　資持卷下四：「迷倒如盲，妄想如病。」（四一一頁下）

〔一一〕禪師　資持卷下四：「禪師中，梵云『禪那』，此云思惟修故。知禪者唯是修心，故貶多說。今之參禪，亦務多說，事持言句，忘本久矣。」（四一一頁下）

〔一二〕成聖正因　簡正卷一六：「經云：性空即是佛不可思議，故知坐禪者是正因也。」（一〇一四頁下）

〔一三〕與聖同儔　簡正卷一六：「下引查婆、迦葉等羅漢，皆營眾事也。謂查婆，王種，捨羅漢身，求堅固法。律云：查婆自作此念：『不知何者是堅固法，乃為僧知事，是堅固也？』」（一〇一四頁下）資持卷下四：「眾事中。初引五聖為比。查婆即四分查婆羅漢。捨羅漢者，厭無學也。求堅固者，修大行也。善見云：此人是王子出家，故云王種。迦葉緣者，薩婆多傳云，迦葉於耆山自經營

五寺，通為一界，自作泥塗壁。」（四一一頁下）【案】四分卷三，五八七頁上。

〔一四〕乃至迦葉蹋泥，造五精舍　簡正卷一六：「玄云：淮（【案】『淮』疑『准』。）師資傳，迦葉不憚疲苦，常自營造五所伽藍也：一在耆闍崛山，二在毗羅跋首山，三在薩波燒持山，四在多般那舊山，五在竹園田。此五緣共為一衣戒，無離衣罪，迄于承用等。」（一〇一四頁下）鈔批卷二七：「案多論第四云：迦葉凡經營五大精舍：一者耆闍崛山精舍，二者竹林精舍，餘有三精舍。時復治理，（論文不出三個之名。）迦葉自治僧坊，自手執作，泥塗垣壁，自手平治地。問：『此大羅漢，結漏已盡，所作已辦，何故方復？栖栖（原注：『栖栖』本文作『屬』。）有所經營，作諸福業？』答：『有多義故：一、為報佛恩故；二、為長養佛法故；三、為滅凡劣眾生作小福業、自貢高故；四、為將來弟子折憍慢心故；五、為發起將來眾生福業故。然其福業，佛亦修之，非但羅漢。所以知者？如阿那律是釋種也。初出家時，佛邊聽法，因法（原注：『法』字疑剩。）暫眼睡，佛說偈言：咄咄胡何寐，蚌螺蚌（『屋貢『反，噎虫也。』）蝎（音『曷』，木虫也。）類，一經八萬劫，不聞佛名字。謂此等虫，性多睡眠，一墮此趣，動經八萬劫也。今汝多睡，恐將來亦墮其中。那律聞佛此偈，誓盡此形，無問晝夜，更不睡眠，精勤修道，遂便失明。後修天眼，（六〇頁上）於五百弟子中，天眼第一。後時，覓醫治其肉眼，佛言：此眼決定，更不可治。然眼以眠為食，汝既不眠，餓殺此眼，故不可治。後於異時，歎（原注：『歎』疑『欲』。）自補衣服。既失明，穿針不過（原注：『過』疑『通』。）。雖有天眼，以聲聞人，入定則有，出定則無。穿針既不過，念言：『誰樂福德，可來與我穿針？』佛知彼意，忽現其前，語言：『我樂福德，當與汝穿針。』據此文證，佛亦修行福業。今人等閑時，亦須作一分心修行福德業。其福德亦是解脫萌芽故。」（六〇頁下）【案】多論卷四，五二八頁中。

〔一五〕祇夜破薪　資持卷下四：「『祇夜』具云『祇夜多』。雜寶藏云：南天竺有二比丘，聞夜多有大威德，到其住處，見一比丘，形容憔悴，窨前然火。問言：『識夜多否？』答云：『在第三窟。』即至窟中，但見向來然火比丘。禮已，問云：『既有威德，何為自勞？』答曰：『我念昔時生死之苦，若我頭手可以然者，尚不惜之況勞身也。』」（四一一頁下）【案】雜寶藏卷七，四八三頁下。

〔一六〕身子掃地　資持卷下四：「身子即舍利弗。百緣經云：佛世有黎軍支比丘，出家得阿羅漢，乞食不得，入塔掃洒，乞食便足。白眾僧言：『從今，（四一一頁下）塔寺聽我掃洒。』後於一日，眼不覺曉，舍利弗見塔塵坌，即便掃之。黎

軍支眠窟，心懷悵恨，語舍利弗言：『汝掃我地，令我飢困。』由是七日，求
食不得，遂餐砂飲水，即入涅槃。比丘問佛。佛言：『過去恚母布施，鎖母房
中，母從索食，答云：何如餐砂飲水？七日，母死。其子命終墮獄，罪畢為人，
故受此報。由昔供佛，故今得道。』（<u>目連緣，如後篇具引。</u>）」（四一二頁上）
【案】撰集百緣經卷一〇，大正藏第四冊，二五一頁下。

〔一七〕**目連然燈** 賢愚卷三：「乃至夜竟，諸燈盡滅，唯此獨燃。是時<u>目連</u>，次當日
直，察天已曉，收燈捃擋。見此一燈，獨燃明好，膏炷未損，如新燃燈，心便
生念：『白日燃燈，無益時用。』欲取滅之，暮規還燃。即時舉手扇滅此燈，
燈焰如故，無有虧滅。復以衣扇，燈明不損。佛見<u>目連</u>欲滅此燈，語目連曰：
『今此燈者，非汝聲聞所能傾動。正使汝注四大海水以用灌之，隨嵐風吹，亦
不能滅。所以爾者？此是廣濟發大心人所施之物。」（三七一頁上）

〔一八〕**但示僧為福聚，凡愚不知，各捨自業，佐助眾事** 簡正卷一六：「意道僧是福
聚，凡愚不自學知，所以聖人各捨自業，佐事助眾事，為導引凡愚，令知也。」
（一〇一五頁上）

〔一九〕**憶所修福，念於淨命** 資持卷下四：「『經』下，勸憶持。即淨名經。『淨命』
謂無邪求。」（四一二頁上）簡正卷一六：「<u>仕法師</u>云：<u>外國</u>之法，從生已來，
至於臨終之時，所修福業，皆記錄之。至臨終時，旁人為讀，令其心喜，不生
怖畏故。<u>肇法師</u>云：恐新學菩薩為病亂，故勸憶福，以悅其情也。念於淨命
者，<u>仕</u>曰『正命』也。自念：從生至今，嘗行正命，必趣善道，吾何畏哉！」
（一〇一五頁上）【案】維摩詰所說經卷二，大正藏第一四冊，五四四頁下。

〔二〇〕**為唱讀一生已來所修善行** 資持卷下四：「引傳令唱讀者，準此，生前所修一
切功德，並須記錄。凡為看病，常在左右，策其心行，恒令念善，以捨報趣
生，唯在臨終，心念善惡。」（四一二頁上）簡正卷一六：「傳者，亦是中國
本傳也。」（一〇一五頁上）【案】「傳云」下分二：初，「傳云」下；次，「必
須」下。

〔二一〕**經中** 簡正卷一六：「淨名經也。」（一〇一五頁上）鈔批卷二七：「按智論第
二十四云，如分別業經中，佛告阿難：『行惡人好處生，行善人惡處生。』阿
難言：『是事云何？』佛言：『惡人今世罪業未熟，宿世善業已熟。以是因緣，
今雖為惡，而生好處；或臨死時，善心心數法生，是因緣故，亦生好處也。行
善人生惡處者，今世善業未熟，過去惡業已熟。以是因緣，今雖為善，為生惡
處；或臨死時，不善心心數法生。是因緣故，亦生惡處。問曰：『熟不熟義可

爾，臨死時少許時心，云何能勝終身行力？』答曰：『是心雖時頃少，（六〇頁
下）而心力猛利，如火如毒，雖少能成大事。是垂死時心決定勇健，故勝百歲
行力。是後心，名為大心，以捨身及諸根事急故。如人入陣，不惜身命，名為
健也。』」（六一頁上）【案】智論卷二四，二三八頁中。

〔二二〕臨終少時，何以勝一生行業　簡正卷一六：「此亦是論中自問也。」（一〇一五
頁上）

〔二三〕以決徹故，捨諸根事急故，便能感苦樂　資持卷下四：「初句正答，下二句轉
釋。作惡生善道者，準天台十疑論，三義通之：一者約心，以造罪時，從虛妄
顛倒心生是虛。今因知識勸導，改心是實故。二者，造罪時，由癡暗虛妄，為
緣是偽，今遇知識，得聞佛名，發菩提心是真故。三、決定者，前造罪時，心
有間斷，今臨終時心猛利故。如萬年暗室，一燈能破千年，積薪少火燒盡。（後
義即同今鈔。）」（四一二頁上）扶桑記：「三義，此依曇鸞淨土論注卷上。」
（三六四頁上）

〔二四〕又有比丘，愛衣而死，作化生蛇等，如前說　資持卷下四：「『慳衣緣』。『如
前』，即二衣中『故』下結誥。」（四一二頁上）簡正卷一六：「『愛衣』，如前
說，指對施中。」（一〇一五頁上）

〔二五〕病有強弱　資持卷下四：「前明量機。病強弱者，觀其健困也。」（四一二頁
上）【案】「瞻病」文分四：初，「其瞻」下；二、「四分當」下；三、「應以經」
下；四、「又請大「下。

〔二六〕心有利鈍　資持卷下四：「智明昧也。」（四一二頁上）

〔二七〕業有麤細　資持卷下四：「麤如營福，細如禪講等。」（四一二頁上）

〔二八〕情有去取　資持卷下四：「所樂異也。如下西方、兜率等，是此四觀察，義無
不盡。隨宜方便，臨事自裁。」（四一二頁上）

〔二九〕或緣西方無量壽佛，或兜率彌勒佛，或靈鷲釋迦本師　資持卷下四：「初令緣
佛，或教稱名，或令觀相，或歎功德，令生忻樂。」（四一二頁上）簡正卷一
六：「西方十念成就，便得往生。兜率天者，彌勒經，故修善如六事，齊修二
因，兼積等類也。」（一〇一五頁上）

〔三〇〕或身本無人，妄自立我　資持卷下四：「次示心觀。即性空、相空、唯識三觀。」
（四一二頁上）簡正卷一六：「經云：凡夫不知內空無我，橫生計著，而實無
我也。」（一〇一五頁上）

〔三一〕或外相似有，實自空無，如至燄處，則無水相　鈔批卷二七：「私云：望俗諦

中似有，望真諦而空無實。雖（原注：『雖』疑『唯』。）有一清淨識心，更無外境，並是妄見也。應為說如此之法。若心至真諦處，則不取其俗諦，故云至燄處無水相也。濟云：野澤之中，遠望有於陽燄，狀似池水。若至邊近看，則不見水也。」（六一頁上）資持卷下四：「至焰處者，喻相空也。謂如渴鹿逐於陽焰，遙見似水，至彼元無。」（四一二頁中）

〔三二〕**各隨機辯，而誘導之**　資持卷下四：「『各』下，後示隨緣，不必如上故。」（四一二頁中）

〔三三〕**唯識無境，唯情妄見**　簡正卷一六：「謂三界之境，唯識所變，本無有實。故云：無境唯情妄報，遍計所起也。」（一〇一五頁下）鈔批卷二七：「立謂：世間萬境及眾生身，皆是妄有，其實是空，但眾生顛倒，妄執為有。但唯有一識，隨生隨死，不可滅壞，畢至成佛。『既言無境，今此大地世界是何？』解云：『亦是眾生識心變現而作，有所感對，據體唯妄。若言境是實者，具如水境，何以人見是水，餓鬼見水是火，天見是一道瑠璃，魚見是屋宅？故知境一見則不同。明知境唯是空，隨情妄取，橫言有境，橫言水火等也。故無性論云：於一婬女端嚴身，出家軏欲及餓虎，臭屍倡艷美飲食，三種分別各不同。又案智論中，明喻如惡狗臨井，自吠其影，水中無狗，（六一頁上）但有其相。而生惡心，投井而死。眾生亦爾，四大和合名為身，因緣生識，和合故動，作諸言語。凡夫於中，妄起人相，生愛生嗔，起諸惡業，墮三惡道，故云唯情妄見。』」（六一頁下）

〔三四〕**彼病人受不好衣鉢，及送與他，恐瞻病者得**　資持卷下四：「初引律制問。受不好者，謂惜好者故。及送他者，謂妄行顏面故。此出病者，慳鄙之意，故須問之。若非此徒，則不須問。」（四一二頁中）簡正卷一六：「『文云，彼病比丘，作如是念：『我當受不好三衣，恐瞻病人得故。』佛言：『不應生如是心。』文云：時病人擔衣鉢，送養徐（【案】『徐』四分為『餘』。）處，恐看病後，病好無可看。佛言：『不應作如是意。』今鈔略彼二意，故云『受不好衣鉢』及『送與他』也。」（一〇一五頁下）【案】四分卷四一，八六二頁中

〔三五〕**此三衣鉢具，佛所制畜，有披著者，出世因緣**　資持卷下四：「泛告取著。佛制畜者，明教嚴也。出世緣者，顯行強也。」（四一二頁中）

〔三六〕**常著三衣而生**　資持卷下四：「彰報勝也。」（四一二頁中）

〔三七〕**面王比丘**　鈔批卷二七：「立明：過去施僧一白氎，五百生中常披白氎出胎。今身從胎中出，有衣隨身。後投佛出家，聖命『善來』，其衣變為法衣，即袈

裘也。其人生生，額上有『王』字，因名『面王』等也。」（六一頁下）資持
卷下四：「涅槃後，用此衣闍維。（若分別功德論，頭有天冠，故名『面王』。）」
（四一二頁中）

〔三八〕眼看不救　資持卷下四：「現見衣物，不能濟患也。」（四一二頁中）

〔三九〕往昔國王，為寶所誑，及至臨終，無一隨己　簡正卷一六：「此是大莊嚴論自
引經文。彼云：昔有國王，名曰難陀，積聚珍寶，擬至後世，嘿而思惟：『今
可聚集一國珍寶，使外無餘。』貪聚財故，將自己女置高樓上，出勅曰：『若
有人持寶來者，我即與汝女交通。』如是撿集一國內珍寶，總聚王處。時有一
人，見王女端正愛著，家內無寶，乃感結成病。其母知之，語其子曰：『國中
一切寶，總歸王所，無處可求。我憶汝又（【案】『又』疑『父』。）死之時，
口中有一金錢，（一〇一五頁下）汝可塚取之。』子依母言，果獲金錢，送上
於王。王問云：『國內寶物總盡，汝何處更得此錢？』彼乃具實答王。王遣人
驗之，以事不虛，方生信也。王復自思惟：『我先積集一切財寶，望至後世，
彼又一錢，尚不能得，況復多耶？』因茲總將作福，故知無一隨己，可不實
乎！」（一〇一六頁上）【案】莊嚴論卷三，二七二頁下。

〔四〇〕顏面　資持卷下四：「『顏面』謂取面情，以物餉遺也。」（四一二頁中）

〔四一〕如是種種頓言諫喻　資持卷下四：「『如是』下，結示。恐心輕動故。『不可
違』，恐念世事故。」（四一二頁中）

〔四二〕此是一期大要，善惡昇沈天隔　資持卷下四：「臨終念善，生善道則昇，念惡
墮惡道，故沈昇、沈止，在剎那，故是一期大要。期，時也。」（四一二頁中）

〔四三〕華嚴偈云　資持卷下四：「示經像，引華嚴為證。經文兩偈，傳寫訛脫，此出
賢首菩薩品。初偈云：又放光明名見佛，彼光覺悟命終者，念佛三昧必見佛，
命終之後生佛前。次偈脫初句，彼云『見彼命終勸念佛』，方接鈔中三句。若
新譯本云：又放光明名見佛，此光覺悟將終者，令隨憶念見如來，命終得生其
淨國。（四一二頁中）（此偈贊佛果一光明功德。）見有臨終勸念佛，及示尊像
令瞻敬，俾於佛所深歸仰，是故得成此光明。（此偈讚佛因中，修此光明之行。）」
（四一二頁下）【案】晉譯華嚴卷七，四三七頁中。

〔四四〕善見云　資持卷下四：「善見明看病自勸。」（四一二頁下）【案】善見卷一一，
七五二頁中。

〔四五〕隨命長短而作　簡正卷一六：「謂未死之前，於其中間，隨其延促，於中示導
故。」（一〇一六頁上）鈔批卷二七：「謂隨病人未死前，時節延促，於中而示

導之，故曰『而作』也。」（六一頁下）

〔四六〕**毗尼母**　資持卷下四：「**母**論明互違結犯。」（四一二頁下）【案】毗尼母中似無此句，參見伽論卷四，五八八頁中。

〔四七〕**須依前斟酌**　資持卷下四：「依前斟酌，指上次科。」（四一二頁下）

〔四八〕**若終亡者，打無常磬**　資持卷下四：「『**若**』下，明將死打磬，令聞生善。天台智者臨終語維那曰：人命將終，得聞鍾磬，增其正念，唯長唯久，氣盡為期。云何身冷，方聲磬耶？（今時死已方打，故知無益。）」（四一二頁下）簡正卷一六：「**玄**曰：據命未終前，根識未壞時打。今氣絕後為之，則於事無益也。」（一〇一六頁上）鈔批卷二七：「**立**謂：為臨終前打之，欲令病人尋聲起念。今時死竟，方復打鐘者，謬也。」（六一頁下）

二、明送終法

然僧法儀式，遠存出離〔一〕；送終厚葬，事出流俗〔二〕。若單省隨時，則過成不忍；必虛費莊飾，便同世儀。今當去泰去約〔三〕，務存生善。

就中分二：初，將屍出法；二、明葬法。

初中

當從像前，輿屍至廊舍下〔四〕。外安幛幔圍之，內作絹棺〔五〕覆屍，當以竹木為骨，仍以氎衣覆屍上。和尚、闍梨鋪牀在幔外坐，擬人客來弔慰〔六〕。同學、弟子等，小者布草〔七〕立，大者坐草上，近屍邊。

五百問云：師亡，不得舉聲大啼，應小小泣淚耳。四分：尼椎胸啼哭泣淚，一一墮〔八〕；比丘，吉羅。若準雙林之終，未離欲者，宛轉在地，椎胸大叫〔九〕。此並悲切深重，不省自身故耳，必同此何嫌？若高節拔羣，由來清卓者，故不局世情〔一〇〕。必任情喜怒、隨俗浮沉者，至父母、二師終亡而護夏不來，雖來不展哀苦者，亦道俗同恥〔一一〕。

彼外來弔人：小於亡者，至屍所設禮，執弟子手慰問已，然後至師所，依法弔慰〔一二〕；若奔喪來者，直來屍所，禮拜展哀情已，次第依位〔一三〕。若大德上座來弔者，依本威儀，隨時坐立〔一四〕。

五分：屍以衣覆根〔一五〕。五百問云：應先白僧，以亡人泥洹僧、祇支，覆屍而送〔一六〕。不得氎過五錢〔一七〕，犯重。應師僧、弟子、同學，當出財殯送；若無，當眾僧別人，各斂少財，供養舍利；又無者，貸亡人衣物，權將殯之，還來倍償〔一八〕，入羯磨已，白僧乞之。其將屍之輿〔一九〕，輕省而作，上施白蓋〔二〇〕，周帀裴圍〔二一〕，四人擎之〔二二〕，燒

香導從〔二三〕。毗尼母云：闔寺眾僧〔二四〕，並送葬所。

二、明葬法

中國四葬：水葬，投之江流；火葬〔二五〕，焚之以火；土葬，埋之岸旁；林葬〔二六〕，棄之中野，為鵰、虎所食。律中，多明火、林二葬〔二七〕，亦有薶者。五分云：屍應薶之。若火燒，在石上，不得草上安〔二八〕。僧祇：陳如右脇著地。涅槃又云：若死者，雇人闍維〔二九〕之。十誦：有比丘死林中，鳥啄腹破，出錢等〔三○〕。四分云：如來、輪王火葬。然則火葬則殘屍，雇人展轉準得〔三一〕。

增一：諸比丘以香華散目連屍上〔三二〕。僧祇：得供養，亦爾〔三三〕。

四分中：世尊、五眾得起塔〔三四〕。從小沙彌尼已上，並得禮上座塚也。五百問云：得為亡師立形像〔三五〕。高僧傳中，多有寺中葬者。經、律中亦有之。僧祇：持律法師、營事比丘、德望比丘，應起塔、相輪〔三六〕，懸施幡蓋，在屏處安置。不得在經行處、多人行處作之；若違，結罪。若眾僧不許者，教令和合已作之。

增一云：如來自輿母牀一角，阿難、羅云等各輿一腳。不令餘人代擔，為報恩故〔三七〕。準此，和尚、闍梨長養法身，父母、兄姊長養生身，躬自抱屍而送，恩德豈能盡〔三八〕也！

善見：不得送白衣喪〔三九〕，除為觀無常故。若手執母屍，殯殮無罪〔四○〕。聖教如此，必準行之，理須量機，堪可中時〔四一〕。

【校釋】

〔一〕然僧法儀式，遠存出離　簡正卷一六：「言『然』至『善』者，此蓋立送終意，非謂制意已，同前述了。遶（【案】『遶』疑『遠』。）存出離者，謂本心所期，出離生死。凡設儀式，少欲遠離俗風也。」（一○一六頁下）

〔二〕送終厚葬，事出流俗　資持卷下四：「示道俗異儀。『厚葬』謂多費財也。」（四一二頁下）簡正卷一六：「厚者，華飾也。葬土者，埋藏也。」（一○一六頁下）鈔批卷二七：「葬，由藏也。以埋歲其屍，曰葬也。厚謂華厚也，如成和上、唐三藏、萬迴師，送葬雖厚，乃是國家處分儀仗故耳。萬迴乃是公主供給，非此所論，非哭亡人，故制須知。」（六一頁下）

〔三〕去泰去約　資持卷下四：「次明奢。儉取中，將屍出中。」（四一二頁下）簡正卷一六：「去泰者，離奢侈，不彩舉慎衢。去約者，不露屍而去也。今取中，當務令善生也。」（一○一六頁下）

〔四〕**當從像前，興屍至廊舍下**　鈔科卷下四：「初，將屍出法。」（一二九頁中～一二八頁下）【案】「廊」，底本作「廓」，據大正藏本改。

〔五〕**絹棺**　資持卷下四：「絹棺，比地所尚。此間多用木棺，或加絹蓋。」（四一二頁下）

〔六〕**弔慰**　資持卷下四：「明師徒坐處。吊，慰吊，即訓『至』，謂至喪所而慰問也。」（四一二頁下）

〔七〕**布草**　資持卷下四：「此間有用薦席，或用床橙。」（四一二頁下）

〔八〕**尼椎胸啼哭泣淚，一一墮**　資持卷下四：「律中，以尼女情懦，多好哀泣，僧則反之，故罪分輕重。」（四一二頁下）簡正卷一六：「此是尼單提中，尼共他爭，事不直，便搥胷哭，招譏。白佛。佛言：一搥，一提；一滴淚落地，亦提；僧犯吉。已上制緣中也。至開緣中，云：不餘，不犯。既不制死哭之罪，故知今時師亡，弟子哭無過。反顯<u>五百問論</u>不犯也。」（一○一六頁上）」（一○一六頁下）

〔九〕**若準雙林之終，未離欲者，宛轉在地，椎胸大叫**　資持卷下四：「『若』下，次準義明開。初，引<u>涅槃</u>為例，即遺教云：若所作未辦者，見佛滅度，當有悲感，據位則內凡已還，故云未離欲者。」（四一二頁下）簡正卷一六：「『若准』已下，明有緣不犯之文。（一○一六頁上）故五百結集文曰：諸未離欲者，舉身投地，悲泣哽咽，良久乃蘇等。」（一○一六頁下）【案】<u>四分</u>卷五四，九六六頁中。

〔一○〕**若高節拔羣，由來清卓者，故不局世情**　資持卷下四：「『若』下，次，明不泣反非。高節之人，不妄哀喜，故云不局世情。」（四一二頁下）

〔一一〕**道俗同恥**　資持卷下四：「任情之者，不展哀苦，即非孝誠，故云道俗同恥。」（四一二頁下）簡正卷一六：「『栖心獨居，世表高節，自然拔群。一受行若霜天，即是由來清潔。父母亡而不哭，俗禮不容；二師死而不哀，律儀未許。故曰道俗同恥也。」（一○一六頁下）

〔一二〕**小於亡者，至屍所設禮，執弟子手慰問已，然後至師所，依法弔慰**　資持卷下四：「小者吊大，又二：一、近處至者，容緩吊慰；二、遠來奔赴，未暇慰問。」（四一二頁下）簡正卷一六：「執弟子手者，是亡人之小師也。荒迷故，所以執之。然後至師處，依法吊問等。」（一○一六頁下）

〔一三〕**若奔喪來者，直來屍所，禮拜展哀情已，次第依位**　簡正卷一六：「明其在外時，若附哀信，須通別人，為其舉發。後疾疾歸，見星而行，見星而舍。若已

安厝，即先至墳處，展哀情。若未還山，直歸本處，展哀在慰，一如常儀也。」
（一〇一六頁下）

〔一四〕依本威儀，隨時坐立　資持卷下四：「明大者吊小。依本儀者，謂不設禮，隨時坐立，謂任彼意。」（四一二頁下）

〔一五〕屍以衣覆根　鈔科卷下四：「『五』下，覆屍殯送。」（一二九頁下）資持卷下四：「五分覆根，準應裸露。」（四一二頁下）簡正卷一六：「比丘露形去，招譏。佛令以安多食覆。若露屍去犯吉，謂現前者，吉也。」（一〇一七頁上）【案】五分卷二一，一四三頁中。

〔一六〕應先白僧，以亡人泥洹僧、祇支，覆屍而送　資持卷下四：「五百問初明覆屍。須白僧者，是僧物故。裙及祇支，今須準用。（世云：須披五條者，非以制物，令賞看病故。）」（四一二頁下）【案】「覆」，底本為「履」，據大正藏本改、貞享本、敦煌甲本、敦煌乙本、敦煌丙本及弘一校注改。五百問，九七八頁上。

〔一七〕不得輦過五錢　資持卷下四：「『不得』下，次，明殯送。由並屬僧，過五成盜，文明所出。次第有三：一、出親屬，即師僧等；二、率眾僧『舍利』，此翻遺身，即死屍也；三、貸亡物，此即僧物，無故方開。」（四一二頁下）

〔一八〕還來倍償　資持卷下四：「謂看病人別求他物，與本相當者，入僧作法，和僧還之，如二衣中。」（四一三頁上）

〔一九〕其將屍之輿　資持卷下四：「『其』下，三、示喪儀。輿，即抬棺之物。」（四一三頁上）

〔二〇〕白蓋　簡正卷一六：「表雙林變白也。」（一〇一七頁上）

〔二一〕周帀裵圍　簡正卷一六：「周圍，表不露形也。」（一〇一七頁上）

〔二二〕四人擎之　簡正卷一六：「四人擎之，表不編邪。」（一〇一七頁上）

〔二三〕燒香導從　簡正卷一六：「香烟引導，表善業如香。」（一〇一七頁上）

〔二四〕闔寺眾僧　簡正卷一六：「一寺相送，表獸無常，令觀察也。」（一〇一七頁上）

〔二五〕火葬　簡正卷一六：「十誦云：比丘疑身中有虫，燒之犯煞。佛言：『不犯，人死虫亦死也。』」（一〇一七頁上）【案】十誦卷三九，二八四頁中。

〔二六〕林葬　簡正卷一六：「林中葬棄之。」（一〇一七頁上）資持卷下四：「林葬濟禽獸。」（四一三頁上）

〔二七〕律中多明火、林二葬　資持卷下四：「『諸部文中，但無水葬。」（四一三頁上）

〔二八〕若火燒，在石上，不得草上安　鈔批卷二七：「謂恐壞生故也。其西國風法，

不問道俗，盡以火燒。唯五日內作孝，亦不變服，（六一頁下）亦不安靈座。此方變服等法，蓋是<u>周公</u>、<u>夫子</u>制儀也。」（六二頁上）

〔二九〕閣維　<u>鈔批</u>卷二七：「<u>出要律儀音義聲論</u>者云，正外國音，應言『遏維陀』，此翻為『燒』也。」（六二頁上）<u>資持</u>卷下四：「『閣維』即火葬。」（四一三頁上）

〔三〇〕有比丘死林中，鳥啄腹破，出錢等　<u>簡正</u>卷一六：「彼云：有比丘病，有錢，畏眾僧得，遂持安羮中，喫之。死後，鳥來破腸出錢。鈔引此文，為證前林葬也。」（一〇一七頁上）【案】<u>十誦</u>卷五八，四三一頁下。

〔三一〕然則火葬則殘屍，雇人展轉準得　<u>資持</u>卷下四：「『然』下，義決。『殘』即損害，不應自為。」（四一三頁上）<u>簡正</u>卷一六：「此謂商略火葬。此方准用得。意道火葬一法，然則殘害師師（【案】次『師』疑剩。）遺骸，弟子看之不忍。若不忍看者，准<u>涅槃經</u>，雇人展轉，教他亦得也。」（一〇一七頁上）

〔三二〕諸比丘以香華散目連屍上　<u>鈔科</u>卷下四：「『增』下，香華供養。」（一二九頁下）<u>資持</u>卷下四：「香華散身，生存所制，死故聽之。」（四一三頁上）<u>鈔批</u>卷二七：「有一比丘，林村入滅，諸天空中散花香，供養其屍。爾時，復有眾多諸比丘，亦以種種花散其尸上。」（六二頁上）【案】<u>增含</u>卷一九，六四二頁上。

〔三三〕得供養，亦爾　<u>資持</u>卷下四：「謂同上得散香華。」（四一三頁上）【案】<u>僧祇</u>卷三三，四九七頁下。

〔三四〕世尊、五眾得起塔　<u>資持</u>卷下四：「初明起塔，五眾並得，即前僧像，次第禮塔是也。（此通名墳塚耳。）增一中，佛言：四人應起塔，<u>輪王</u>、<u>羅漢</u>、<u>支佛</u>、<u>如來</u>。又，後分云：<u>輪王無級</u>，<u>羅漢四級</u>，<u>支佛五級</u>，<u>如來十三級</u>。若十二因緣經，八種塔並有露盤。（即四簷也。）佛八重、<u>菩薩</u>七重、<u>支佛</u>六重、四果五重、三果四重、二果三重、初果二重、<u>輪王</u>一重，凡僧不得出簷安級。（今有出簷者，由不知教，僭同上聖。）」（四一三頁上）<u>簡正</u>卷一六：「如前僧像篇，六種塔也。搜玄引<u>十二因緣經</u>：八種塔有露盤，如來塔八露盤、菩薩七、緣覺六、曰（【案】『曰』疑『四』。）果五、三果四、二果（一〇一七頁上）三、初果二；<u>輪王</u>及未得果人，一露盤。今有一家記中云：佛，七已上也。乃至者得果人及輪王，未得露盤，但有火珠舊葉耳。（與上經文不同。）」（一〇一七頁下）【案】<u>四分</u>卷五〇，九四〇頁中。

〔三五〕得為亡師立形像　<u>資持</u>卷下四：「明立形像。言通朔畫。」（四一三頁上）

〔三六〕相輪　<u>資持</u>卷下四：「圓輪筜出，以為表相故也。」（四一三頁上）

〔三七〕不令餘人代擔，為報恩故　<u>鈔科</u>卷下四：「『增』下，自舉報恩。」（一二九頁

下）資持卷下四：「佛告阿難、難陀、羅云：汝等輿大愛道身，（即姨母也。）我當躬自供養。時帝釋、毘沙門天王白佛：『勿自勞神，我等自當供養。』佛言：『止！上長養恩重，乳哺懷抱，不得不報。過、未諸佛皆爾。』佛即與阿難等各輿一角，飛在虛空，往至塚間。」（四一三頁上）【案】增含卷五○，八二三頁上。

〔三八〕躬自抱屍而送，恩德豈能盡　資持卷下四：「『準』下，例決。生法雖異，長養不殊。比校恩德，法身猶重。抱屍而送，未足報之，故云豈能盡也！」（四一三頁上）

〔三九〕不得送白衣喪　鈔科卷下四：「『善』下，送俗進否。」（一二九頁下）資持卷下四：「不得送白衣喪者，必是二親，準理應得。除觀無常者，謂不由他請，非為世情，欲資道行，故是開限。不可倚濫，以飾己非。」（四一三頁上）【案】善見卷一一，七五三頁下。

〔四○〕若手執母屍，殯殮無罪　資持卷下四：「執母屍者，摩觸犯境，通死女故。報恩事切，故獨開之。殯，即土葬。（四一三頁上）『殮』字，去呼，謂衣覆屍也。」（四一三頁中）【案】善見卷一二，七六二頁。

〔四一〕聖教如此，必準行之，理須量機，堪可中時　資持卷下四：「『聖』下，勸依。然雖盡禮，須避譏疑，故令量機等。」（四一三頁中）簡正卷一六：「送是親，送即無失。若非親，恐污佗平等心，即不合也。」（一○一七頁下）

諸雜要行〔一〕篇第二十七謂出世正業等比丘所依

　　森然萬境，何事非持〔二〕？勿略不行，奄遭幽責〔三〕。故須一一之事，起種種誠〔四〕；誠而必行，理須明識〔五〕。

　　若由途相攝，具上諸門〔六〕；別類統收，羅下三部〔七〕。以外繁類斷續，雜務紛綸〔八〕；碎亂瑣文，合成此別〔九〕。

　　其中，眾諸雜事，為軌導初門〔一○〕。必具修聖行，理宜徧覽，則遊處諸方，而無怯懦〔一一〕焉。

【題解】

　　簡正卷一六：「已上諸篇已隨事辨相，然雜務繁，總量乃塵沙。若不備明，行相難曉，故次辨也。」（一○一七頁下）鈔批卷二七：「上來諸篇，雖約『事』科分，或約『衣藥』以立儀，或就『僧別』而開法，猶恐波（原注：『波』疑『收』。）羅未盡，故別生（原注：『生』疑『立』。）一位，總明諸雜緣務。但為資道之緣，乃有無量，

不可別彰，統名為『雜』。即如律中有雜犍度經中，亦有雜阿含，以像斯義，故立今文也。」（六二頁上）

【校釋】

〔一〕諸雜要行　資持卷下四：「諸雜者，簡餘篇純一。要行者，彰時用所須。即下十門，無非正業，皆由本受體遍，故使隨行多途，謹奉之流，宜應注意。」（四一三頁中）簡正卷一六：「以事非一，名諸瑣碎，共明秤雜動。必須之曰『要』，所以依用曰『行』。……有本中，有注文於顯目下。此有無總得。」（一〇一七頁）【案】本篇結構：初「森然」下；二、「十種」下。

〔二〕森然萬境，何事非持　資持卷下四：「初，敍法體。初句，示境廣，不出情與非情也。『森然』謂如草木之多。次句，明制遍。毘尼事法，依境而制，隨於一境，復有多事。一切境事，不出善惡。對此善惡，以分二持，是則無有一事而非持奉之處。」四一三頁中）簡正卷一六：「『森』謂多貌也，以受戒時，總緣法盡萬境，皆發得戒。今於隨行，則一一境上，盡須護持也。」（一〇一七頁下）鈔批卷二七：「立明：受戒時，發得無作戒體者，並經法界之上情非情境、森羅萬像，並是發戒之境。今則須一一境上各各護持。」（六二頁下）

〔三〕勿略不行，奄遭幽責　資持卷下四：「三、明違犯，『忽』謂輕忽不行，言通兩犯。四、彰來報幽責。語含二報，上二句明持，下二句顯犯。」四一三頁中）簡正卷一六：「謂若略而不行，冥然招其罪失，故曰奄遭悲（【案】『悲』疑『幽』。）責，謂於一一事上，皆須識知持犯，故曰理須明識也。」（一〇一七頁下）鈔批卷二七：「若脫漏不依，則逢深禍也。奄，是忽也。幽者，深也。謂忽遭彼深責耳。」（六二頁下）

〔四〕故須一一之事，起種種誡　資持卷下四：「『故』下，次，明隨行。上二句，明隨事立法。『一一事』謂境事也。『種種誡』即律制也。」（四一三頁中）

〔五〕誡而必行，理須明識　資持卷下四：「『誡』下二句，明由解起行。解由教生，故須詮辨。此即通敍一部正教之意。（四一三頁中）

〔六〕若由途相攝，具上諸門　鈔科卷下四：「『若』下，對簡前後。」（一二九頁中）簡正卷一六：「古解如別。今云：由，從也。途，道也。謂上諸篇，凡明一事，正引諸部，相當或相從。引其異說，聚在一處，顯四分行事途道。此則諸部由途相攝，由明大僧一事途道。尼、沙曰眾事，同大僧相狀少異，相從引之，攝在大僧途道之下。（一〇一七頁下）此諸尼、沙，事同相異，由途相攝，如此

具在上二十六篇，故曰具在諸門也。」（一〇一八頁上）鈔批卷二七：「立謂：始自標宗，終于瞻病，有二十六篇。但明大家（【案】『家』疑『僧』。）由來、途轍、法用也。」（六二頁下）資持卷下四：「初，覆點前篇諸門，總上二十六篇。以諸篇中科義相由，事類條貫，顯非雜亂，故云日（【案】『日』疑『由』。）途相攝。」（四一三頁中）

〔七〕**別類統收，羅下三部**　簡正卷一六：「上則約部相當，或別相從故，引及尼、沙事，同大僧相狀少異者說。今則唯局別者，諸部異計尼、沙、大僧不同之事辨也。沙彌及尼三眾，諸部行相不同，事各有類，故稱別類。統，由通也。隨類通攝，故曰統收，即尼、沙彌諸律，三種部類不同，今通收羅列，故云羅下三部也。」（一〇一八頁上）資持卷下四：「『別』下，次，探示後篇。別類者，沙彌及尼對大僧為別，諸部對本宗為別。『統收』亦彰不雜。『羅』謂包羅。」（四一三頁下）鈔批卷二七：「私謂：下三眾及諸同異等事，如下三篇所明也。立謂：一往而言，謂下三個篇也，即沙彌篇、尼眾別行篇、諸部別行篇也。此三篇是別類。又解云：三部者，一是沙彌，二是尼家沙彌，三是式叉也。」（六二頁下）

〔八〕**以外繁類斷續，雜務紛綸；碎亂瑣文，合成此別**　資持卷下四：「『以』下，正明本篇。上二句明事雜。『繁類』謂無條流，『斷』謂義有孤絕，『續』謂事或連貫，皆不成科段，故云『雜務』。『紛綸』喻絲之紊亂也。」（四一三頁中）簡正卷一六：「『以外』等者，謂上諸門不攝下三部。此不收者，名為『以外』。即除前相攝，去後別類，其餘繁類，斷續雜務。紛綸碎亂瑣文，合作此篇明也。眾境不少，名為『繁類』。事不連環，故云『斷續』。事既非一，難可次比頭緒，故曰『雜』。」（一〇一八頁上）鈔批卷二七：「小玉屑曰瑣也。玉碎為屑，不堪為器，名為瑣也。今言瑣人，亦小人也。」（六二頁下）

〔九〕**碎亂瑣文，合成此別**　資持卷下四：「次二句，明文雜瑣小也。『此別』即指當篇，對於上下，故云『別』也。」（四一三頁中）簡正卷一六：「紛綸繁類，為碎紛綸是『亂』。如此，無非玉屑相綴，故云瑣文，合成此篇。與上不同，故稱為『別』。問：『據茲所解，尼、沙二部，應不用行？』答：『尼、沙二部，與大僧雜行不殊，故不言也。』『若爾，既云不殊，何不在由途相攝之？』『例前約事闊相，狀少異故，有相攝之。』『言此篇五眾通行故，無相攝之。語又同此篇，何不在後明？』答：『此雜明者，並是諸篇。篇餘上收，由途下攝三部，故處中間傚律雜揵度，亦在中也。』」（一〇一八頁上）鈔批卷二七：「小

玉屑曰璅也。玉碎為屑，不堪為器，名為璅也。今言璅人，亦小人也。」（六二頁下）

〔一〇〕眾諸雜事，為軌導初門　鈔科卷下四：「『其』下，勸覽彰益。」（一二九頁中）簡正卷一六：「正辨此篇來由也。謂戒是涅槃初門，將雜行而軌導，微塵不犯，故曰具修諸佛所行，名為聖行。莫論後世者，出纏證果之益，當今遊論方域，而無怯懦之心焉。」（一〇一八頁下）

〔一一〕怯懦　資持卷下四：「『怯懦』即畏懼也。反知不學，動用乖儀，入眾遊方，能無疑懼。寄言學者，幸留意焉。」（四一三頁中）

十種分之〔一〕：一、佛、法、僧，二、眾中雜事，三、別人自行，四、共行同法，五、出家要業，六、遇賊法，七、大小便法，八、慈濟畜生法，九、避惡眾生法，十、雜治病法。

【校釋】

〔一〕十種分之　資持卷下四：「一、四、五，多從化教，非不兼制。餘並制教，時亦兼化。」（四一三頁中）

智論：菩薩晝三夜三，常行三事〔一〕：一者，清旦，偏袒右肩，合掌禮十方諸佛，言：「我某甲，三世三業罪，願令除滅，更不復作。」二者，十方三世諸佛功德，願隨喜勸助。三者，勸請十方諸佛，初轉法輪，及久住於世。行此三行，功德無量。

薩婆多：不得以華香、瓔珞、莊嚴具，著佛身上，得散地供養〔二〕。僧亦爾。不得以香華著漿、飲食上供養僧〔三〕。五百問：先上佛幡，得取作餘佛事〔四〕；若施主不聽，不得。薩婆多：若食是佛臘〔五〕等，雖先受捉，後買，得食；以捉時無己想故。

十誦：知僧事人，應巡行僧坊，先修治塔，次四方僧事〔六〕。常作是念：「願諸比丘未來者來；已來者，供給四事，不令有乏。」教沙彌、使人亦爾〔七〕。善見：佛常使一比丘食時守寺。智論：差僧使，從下起〔八〕。

薩遮尼乾經〔九〕：或嫌塔寺及諸形像妨礙，除滅、送置餘處，如是惡人，攝在惡逆眾生分中，上品治之〔一〇〕。俱舍亦爾。智論云：一人以佛塔惡故，壞之更好作，得福〔一一〕；一人以佛塔善故，壞滅之，得罪。僧祇：佛塔惡壞，更好作，得〔一二〕。

智論：供養說法人，是供養法寶〔一三〕。

十誦〔一四〕：比丘應作維那，知時打楗稚，掃治堂宇，敷床，教淨果

飲食，眾亂時當彈指。沙彌多者，立一沙彌，專知分處沙彌。淨人多者，取勤能處分者，立為主師〔一五〕。

僧祇：若僧地種果樹有功〔一六〕者，若一樹一園，聽與一熟〔一七〕；不能併取，年取一枝，枝徧則止〔一八〕。若種瓜菜，與一翦〔一九〕。五分：若月直監食，欲知生、熟、鹹、酢，得掌中舌舐嘗之〔二〇〕。若白衣入寺，應借僧臥具受用〔二一〕。僧有五種物不可賣，不可分：一、地，二、房舍，三、須用物，四、果樹，五、華果。僧祇：眾僧田地，正使一切僧集，亦不得賣〔二二〕，不得借人。若私受用，越毘尼。并損賣，計物犯重。若園田好〔二三〕，惡人侵者，語本施主，任其轉易。僧牀、臥具亦爾。四分：僧物不應賣、分、入己，偷蘭遮〔二四〕。僧祇：若佛生日、轉法輪日，若大會，多出幡蓋，供養支提。若卒風雨，一切共收〔二五〕。不得云「我是行人、大德」等。應隨近房安置，不得護房。應抖擻㲲〔二六〕舉。何以故？汝等依是得活。若治牀褥，打楗稚時，不得徐行〔二七〕，當共治補，又不得云「有德行」。毘尼母：若治塔，奉僧，治僧坊人，計其功勞，當償作價，並須籌量：違法得罪，損他施利。若彼病者，慈心施食，隨病所宜〔二八〕；若非隨病食，施得罪〔二九〕也。嬰兒、獄囚、懷姙等，慈心施之，勿望後報。

【校釋】

〔一〕晝三夜三，常行三事　簡正卷一六：「謂晨朝、午時、晡時也。良以無始時來，多有破戒等，故須懺悔；多嫉妬故，須行隨喜；多謗法故，須行勸勵，請轉於法輪。若准經中，更有迴向，為除狹劣之心，發願除懈怠罪等。（有人於此廣說四時禮文等，今恐繁，而不述。）」（一〇一八頁下）資持卷下四：「晨、午、昏為晝三時。初、中、後為夜三時。三事，如文次列。據餘經論，須行五悔，更加迴向發願。如祖師六時禮文，具載儀式，學者宜依。」（四一三頁中）【案】智論卷七，一一〇頁上。

〔二〕不得以華香、瓔珞、莊嚴具，著佛身上，得散地供養　資持卷下四：「多論：華縷唯得散地，不得散佛僧身及飲食上，非所宜故。」（四一三頁下）簡正卷一六：「謂著身上非尊重，故不合也。」（一〇一八頁下）【案】多論卷四，五二五頁上。

〔三〕不得以香華著漿、飲食上供養僧　簡正卷一六：「多論不許，為異白衣。西土白衣飲酒之時，相承著花教於酒器之內故。」（一〇一八頁下）

〔四〕**得取作餘佛事** 資持卷下四：「雖聽改轉，不換本質，如『盜戒』引。」（四一
三頁下）【案】五百問，九七三頁下。

〔五〕**佛臘** 簡正卷一六：「佛臘食者，謂七月十五夏滿食也。臘，接也。新舊相接，
亦是祭名。俗法十二月終，新舊交接之時，臘取禽獸祭先祖。今出家人，亦
爾。若終七月十五日，供養佛食，名佛臘食。以此食屬供養佛人，比丘雖先提
（【案】『提』疑『捉』。）受，佛檀越後與，無惡觸過也。」（一〇一八頁下）
鈔批卷二七：「立謂：七月十六日供也。以夏滿時，佛與比丘同受歲，得夏臘
也。其日有人供養佛食，名佛臘食。比丘雖先捉持，無心（原注：『心』疑『犯』。）
自受，之後將施僧，乃至將此食置易與僧，得食，皆無惡觸過也。」（六二頁
下）資持卷下四：「佛臘，謂自恣日食等取餘供養物，雖僧手捉，不成惡觸。」
（四一三頁下）【案】多論卷七，五五二頁上。

〔六〕**知僧事人，應巡行僧坊，先修治塔，次四方僧事** 資持卷下四：「士誦明知事
法。初，教勤勞。」（四一三頁下）【案】十誦卷三四，二五〇頁下。

〔七〕**教沙彌、使人亦爾** 簡正卷一六：「謂教示佗，令修治塔。次四方四事，亦如
上作念也，攝在惡逆眾生。」（一〇一八頁下）鈔批卷二七：「立謂：令其料理
房舍，作念同之也。」（六二頁下）資持卷下四：「教示餘眾同此存心，故云亦
爾。」（四一三頁下）

〔八〕**差僧使，從下起** 資持卷下四：「智論教差次。請命依臘，須從上起；差役取
卑，故從下起。」（四一三頁下）【案】智論卷二，六八頁中。

〔九〕**薩遮尼乾經** 鈔科卷下四：「『薩』下，毀像。」（一二九頁中）資持卷下四：
「薩遮、俱舍，制不得壞。」（四一三頁下）【案】大薩遮尼乾子所說經卷四，
大正藏第九冊，三三六頁上。

〔一〇〕**攝在惡逆眾生分中，上品治之** 資持卷下四：「同逆罪故。」（四一三頁下）簡
正卷一六：「謂入五逆中，上品治之者，（一〇一八頁下）是重偷蘭也。」（一
〇一九頁上）

〔一一〕**一人以佛塔惡故，壞之更好作，得福** 簡正卷一六：「以好心得福，反顯惡心
獲罪也。」（一〇一九頁上）鈔批卷二七：「案智度論第六十三云：如畫作佛
像，一人以像不好，故壞。一人以惡心，故破。以心不同故，一人得福，一人
得罪。亦如調達出佛身血，祇域亦出佛身血，雖同一名出血，由心異故。一人
得罪，入阿鼻一劫，一人得福生天一劫。」（六三頁上）【案】智論卷六三，五
〇六頁上。

〔一二〕**佛塔惡壞，更好作，得**　資持卷下四：「智論、僧祇，開壞惡易好。」（四一三頁下）【案】僧祇卷二七，四四四頁下。

〔一三〕**供養說法人，是供養法寶**　簡正卷一六：「法寶者，以法假人弘，其人既能說法，若供之，即供養法寶故。」（一〇一九頁上）資持卷下四：「以人解法，法依人故。」（四一三頁下）【案】智論卷一〇，一二八頁下。

〔一四〕**十誦**　鈔科卷下四：「『十』下，差立主掌。」（一二九頁中）資持卷下四：「律令選一能者，知掌眾務，初，大僧，二、沙彌，三、淨人。」（四一三頁下）【案】十誦卷三四，二五〇頁下。

〔一五〕**師**　【案】底本為「帥」，據大正藏本、敦煌甲本、敦煌乙本、敦煌丙本改。

〔一六〕**若僧地種果樹有功**　鈔科卷下四：「『僧』下，守護三寶（三）：初，守護；二、『僧』下，收舉；三、『毗』下，用與。」（一二九頁中～下）資持卷下四：「僧祇明賞給。言有功者，是彼經營故。」（四一三頁下）【案】「僧祇若僧」下分三：初，「僧祇若僧」下；次，「僧祇若佛」下；「毗尼母若」下。

〔一七〕**聽與一熟**　資持卷下四：「『一熟』謂一番。採熟留生也。」（四一三頁下）

〔一八〕**枝徧則止**　扶桑記：「枝條後茂，非彼功故。」（三六五頁上）

〔一九〕**若種瓜菜，與一剪**　鈔批卷二七：「立謂：約割竟最（【案】『最』疑『再』。）生者故得。剪竟不生，則不得也。私云：應是喚一握為一剪也。祇律三十三云：有比丘僧地中種菴羅果，長養成樹，自取不令他取。諸比丘白佛。佛言：『此種植有功，聽一年與。若樹大，不欲一年併取者，取者聽年年取一枝，枝遍則止。若種一園樹，應與年。若年年取一樹，亦聽。若種蕪菁，如是比菜，應與一剪。瓜、瓠，應與一番。』（述曰：）剪已再生者，可取一剪。其不再生者，若開一剪，眾僧豈有得日？」（六三頁上）資持卷下四：「『一剪』謂一番剪也。」（四一三頁下）【案】僧祇卷三三，四九六頁。

〔二〇〕**若月直監食，欲知生、熟、鹹、酢，得掌中舌舐嘗之**　資持卷下四：「五分三段：初，明知事嘗食。」（四一三頁下）

〔二一〕**若白衣入寺，應借僧臥具受用**　資持卷下四：「明僧物暫借俗用，相依住故。」（四一三頁下）

〔二二〕**亦不得賣**　簡正卷一六：「玄云：此是僧家要用者，必不得賣。於僧地餘者，亦得賣也。」（一〇一九頁上）資持卷下四：「是常住故」（四一三頁下）

〔二三〕**若園田好**　扶桑記：「本文『好』字上，有『雖』字。」（三六五頁上）

〔二四〕**僧物不應賣、分、入己，偷蘭遮**　鈔批卷二七：「立謂：暫礙僧用，故蘭。若

永分永賣，得重也。」（六三頁上）資持卷下四：「四分結蘭，暫礙僧用。必侵入己，如上犯重。」（四一三頁下）簡正卷一六：「約暫礙僧用。若求已，如前可知。」（一〇一九頁上）【案】四分卷五〇，九四三頁下。

〔二五〕若卒風雨，一切共收　簡正卷一六：「多論第二曰：八月八日轉法輪，佛與抱隣等五人，前三即安居已，至八月八日得入，至見道成初果。爾時，始名轉法輪也。卒風雨等，既有風雨，佛制令收，不論德行也。」（一〇一九頁上）資持卷下四：「僧祇收舉補治，並制共作，不容辭設，違得小罪。」（四一三頁下）【案】僧祇卷三三，四九八頁下；卷三四，五〇四頁上。

〔二六〕楪　【案】底本為「揲」，據大正藏本、貞享本及僧祇（作「疊」）等改。

〔二七〕徐行　資持卷下四：「『徐行』謂緩步。」（四一三頁下）

〔二八〕若彼病者，慈心施食，隨病所宜　資持卷下四：「『若』下，次，教施食。心無希望。」（四一三頁下）【案】「心無希望」義即不以得食為目的。

〔二九〕若非隨病食，施得罪　資持卷下四：「非隨病食，病所忌者，得罪。準前殺戒，理應結蘭，或違教吉。已上諸文，並如隨相『盜戒』具委。」（四一三頁下）

二、眾中雜事

入眾堂法。先須戶外豫安靜心。律云，應以五法：一、以慈心〔一〕。由僧通凡聖，行涉麤細〔二〕，通須慈敬，名重法尊人。二、應自卑下〔三〕——如拭塵巾〔四〕。推直於他，引曲向己，常省己過，不訟彼短〔五〕。三、應知坐起〔六〕——若見上座，不應安坐〔七〕；若見下座，不應起立。人應於眾，俯仰得時〔八〕。四、彼在僧中，不為雜語〔九〕、談世俗事；若自說法，若請他說法。眾依於法，動必有方〔一〇〕。五、見僧中有不可事，心不安忍，應作默然〔一一〕。由無善伴，舉必非時，故懷忍默，權同僧用。

善見：優波離上高座，取象牙裝扇〔一二〕。結法藏訖，放扇下座，禮僧已，復座。智論：若欲說法，先禮僧已，坐師子座〔一三〕。僧祇：若為律師、法師、敷師子座，散華著上，不拂卻不得坐。

打靜法〔一四〕。維那先戶外具儀，斂掌，傍門面〔一五〕入已，至打處立，合掌。右手取稚〔一六〕舉起，擬砧訖，然後打一聲——不得有重響〔一七〕，方乃臥稚，手從柄處捊之。然後合掌，有所啟白〔一八〕。若有施與呪願，唱告「等得」等，維那口陳其緣〔一九〕。不得打稚以為事用〔二〇〕，除為眾亂〔二一〕等。

【校釋】

〔一〕**以慈心**　鈔批卷二七：「礪云：謂須以愍物與樂，故曰也，解與鈔解別。宣云：謂重法尊人。」（六三頁上）資持卷下四：「平等離分別過。」（四一三頁下）

〔二〕**僧通凡聖，行涉麤細**　鈔批卷二七：「此言相況也。細行是聖，麤行是凡。僧欲明僧集時，中有聖人，不可侮也。就凡僧中，行亦有麤細。此入眾『五法』，即律增分五中明也。」（六三頁上）

〔三〕**應自卑下**　資持卷下四：「『謙』下，自卑，離貢高過。」（四一三頁下）

〔四〕**如拭塵巾**　簡正卷一六：「古云：然巾攬穢歸己，顯物令淨。入眾之人亦爾，收過向己，推直於池（【案】『池』疑『他』。）。」（一○一九頁上）鈔批卷二七：「礪云：然拭塵巾體，攬穢歸己，顯物令淨，入眾之人，亦冥收過向己，推直於人，故曰也。首疏亦同此釋。」（六三頁下）

〔五〕**推直於他，引曲向己，常省己過，不訟彼短**　資持卷下四：「行者反照於己如何。上二句即梵網云『惡事自向己，好事與他人』。下二句出淨名經，彼文續云『恒以一心，求諸功德』。」（四一三頁下）【案】「己」，底本均為「已」，據大正藏本及維摩經改。

〔六〕**應知坐起**　資持卷下四：「坐起有序。離亂眾過。」（四一三頁下）

〔七〕**若見上座，不應安坐**　鈔批卷二七：「礪云：謂離憍慢也。若見下座不應起立者，離諂曲也。」（六三頁下）扶桑記：「批云：不應坐者，礪云：謂離憍慢也。不應立，謂離諂曲也。」（三六五頁下）

〔八〕**人應於眾，俯仰得時**　簡正卷一六：「見上須起，見下不起也。」（一○一九頁上）資持卷下四：「『應』字，去呼，合也。俯下仰上，舉動合宜，故云得時。」（四一四頁上）扶桑記：「『人』，合作『又』乎？」（三六五頁下）

〔九〕**不為雜語**　資持卷下四：「不雜語，離戲論過。」（四一四頁上）

〔一○〕**眾依於法，動必有方**　資持卷下四：「初句明上說法，次句示上不雜語。」（四一四頁上）

〔一一〕**應作默然**　資持卷下四：「令示默。離惱眾過。」（四一四頁上）【案】四分卷六○，一○○八頁中。

〔一二〕**優波離上高座，取象牙裝扇**　資持卷下四：「善見明下座辭謝。『裝』字，去呼，即用象牙為飾。智論明陞座伸敬。」（四一四頁上）鈔批卷二七：「案善見論中，結集三藏時，迦葉作白，問憂波離。憂波離又單白，和僧已，頭面禮僧，上高座取象牙裝扇，一一問毗尼，波離一一答。結集已，放扇從高座下，向諸

僧作禮。禮已，復本座處。次阿難上座結集修多羅藏，亦如前禮已，手捉象牙裝扇，與迦葉一一問答諸經。（云云。）私云：今引此文，意明今比丘亦須如禮也。捉塵尾者，為牛王比丘過去劫，曾於他田邊行，損稻一莖，經五百世為牛償他。今生雖過，聖足猶是牛，每於食後，常作牛呞，以五百生從牛中來，餘習故爾。其人善能說法，恐人見口中嚼食，不生物善。佛開說法時，將塵尾掩口。經中，憍梵波提是其人也。」（六三頁下）【案】善見卷一，六七五頁上。

〔一三〕坐師子座　簡正卷一六：「智論自問云：為是化師子，為是實師子？答：非化亦非實也。但是佛所坐者，皆名師子座。譬如國王所坐之處，亦師子床。以師子是獸王，無畏故。」（一〇一九頁下）資持卷下四：「謂說法之處。智論云：佛為人中師子，佛所坐處，若床，若地，皆名師子座。僧祇：莊嚴法座，拂華坐者，去奢美故。」（四一四頁上）【案】智論卷二，六九頁上。

〔一四〕打靜法　扶桑記：「北京云打靜，打靜眾雜亂故，非謂所打木也。所打木，名砧也。南都謂所打稱靜，砧，即是靜也。」（三六五頁下）

〔一五〕傍門面　資持卷下四：「隨左右頰而舉足也。」（四一四頁上）

〔一六〕椎　扶桑記：「音『垂』，亦作槌，棒椎也。」（三六五頁下）

〔一七〕擬砧訖，然後打一聲，不得有重響　資持卷下四：「擬砧，使椎砧相當也。重響，謂振聲下數不辨故，須左手搢之。（舊云表眾不一，謬矣。又見打者以左手就椎，作旋轉勢，更可笑也。）」（四一四頁上）簡正卷一六：「古云：令眾不和故。」（一〇一九頁下）鈔批卷二七：「有云：重響者，使眾不和合。」（六三頁下）【案】「重」，音蟲。

〔一八〕然後合掌，有所啟白　資持卷下四：「明啟白等得。亦云等供，即大小食時，唱食平等。」（四一四頁上）

〔一九〕維那口陳其緣　簡正卷一六：「謂或布施呪願，及唱等供等。」（一〇一九頁下）

〔二〇〕不得打椎以為事用　資持卷下四：「『不』下，制非法。準知，打椎上為白告靜眾。不同鍾磬，打為事用也。」（四一四頁上）簡正卷一六：「謂口中不陳苦事，空打搥。」（一〇一九頁下）

〔二一〕除為眾亂　簡正卷一六：「但打一下，雖不陳詞，即此搥聲，人聞便靜，即是事用也。」（一〇一九頁下）

三、別人自行

十誦：五人不應為說毗尼。謂試問、無疑問、不為悔所犯故問、不

受語問、詰故問者,並不須答〔一〕。

四分:上座不學戒,亦不讚歎戒。有餘比丘樂學戒者,不能以時勸勉讚歎。我見如是上座過失,故不讚歎,恐餘人習學,長夜受苦。

五分:為知差次會等學書,不得為好廢業〔二〕。不聽卜相,及問他吉凶。四分:開學誦〔三〕、學書,及學世論〔四〕,為伏外道故。雜法中〔五〕,新學比丘開學算法。十誦:好作文頌,莊嚴章句,是可怖畏,不得作〔六〕。毗尼母:吾教汝一句一偈〔七〕,乃至後世,應行者即行之,不應行者亦莫行之。後世比丘所說,亦爾〔八〕。

五分:佛制半月一剃髮,除無人、難緣〔九〕。論家四種次第〔一〇〕:一、上座,二、髮長,三、先洗頭,四、有緣欲行,並前為剃。毗尼母:剃髮者,但除頭上毛及鬚,餘毛〔一一〕一切不合卻。所以剃者,為除憍慢自恃心〔一二〕故。四分:比丘不得為白衣剃髮,除欲出家者。若頭極長,若兩月,若廣兩指,一剃〔一三〕;爪極長,如一麥,翦之。不得用翦刀翦髮。聽畜盛髮器。十誦:髮當薶坑中。涅槃:頭鬚、爪髮,悉皆長利,破戒之相〔一四〕。增一:佛告比丘,沙門出家,有五毀辱法:一、頭髮長,二、爪長,三、衣裳垢坋〔一五〕,四、不知時宜〔一六〕,五、多有所論〔一七〕。因即又生五過:人不信言,不受其教,人不喜見,四、妄言,五、鬪亂彼此。當如是學。

四分:喜往白衣家,五過〔一八〕:一、不囑比丘,入村;二、在欲意男女中坐〔一九〕;三、獨坐;四、在屏覆處;五、與女人說法過限。又有五過〔二〇〕:一、數見女人;二、既相見便附近;三、轉親厚;四、便生欲意〔二一〕;五、為欲意故,或至死,若次死苦〔二二〕。五種不應作親厚〔二三〕:若喜鬪諍;若多作業〔二四〕;若與勝人〔二五〕共爭;若喜遊行不止;不為說法言,示人善惡。

成論:出家人捨「五慳〔二六〕」:財物慳〔二七〕、法慳〔二八〕、家慳〔二九〕、住處慳〔三〇〕、稱歎慳〔三一〕。廣相如彼。

四分:世間「五寶」難得〔三二〕:一、值佛出世,二、聞佛說法,三、聞而解之,四、如法而行,五、得信樂心。

十輪:十事不成就禪法:樂著作役、言說、睡眠,種種所求,及以六塵〔三三〕。但為利養,多諸過罪,乃至入阿鼻獄中。我聽清淨比丘受第一供養〔三四〕。若坐禪比丘闕少眾具,但念諸惡;若眾緣具,心得專一。

四分：不得賣卜、誦呪、處方治病等〔三五〕。由事容不實，謗毀好人故。羅漢射事不中〔三六〕，況凡夫乎！律云，凡有言誓〔三七〕，應言：「若我作是事，南無佛；若汝作是事，亦南無佛。」不得雜餘地獄等〔三八〕。

增一云：若有恐怖者，當念如來、法及聖眾，皆悉除滅〔三九〕。

五分：無緣入尼寺，步步墮。五百問：有緣在尼界得宿，不得入房〔四〇〕。

四分：不嚼楊枝，五過：口氣臭，不善別味，熱陰不消，不引食〔四一〕，眼不明。五分：嚼已，應淨洗棄，以蟲食死故。四分：三事屏處，大、小便，嚼楊枝〔四二〕。經行五益〔四三〕：堪遠行，能思惟，少病，消食飲，得定久住。十誦：若經行，應直行，不遲疾；畫地作相〔四四〕；亦有經行堂閣〔四五〕。三千云〔四六〕：一、於閑處，二、於戶前，三、講堂前，四、於塔下，五、於閣下，五、處經行也。

僧祇：然燈法者，不得卒持入房，應唱言：「諸大德！燈欲入。」乃至滅燈，亦爾〔四七〕：先以手遮，語之。不聽用口吹、手扇、衣扇，當輆折頭焦去〔四八〕。油多，得竟夕。一一如三十五卷中〔四九〕。五百問云：續佛光明，晝不得滅〔五〇〕。佛無明暗，中以本無言念齊限，故滅有罪〔五一〕。賢愚中：目連次知日直，滅燈故〔五二〕也。

五分：若與乞兒、乞狗、乞鳥，應量已食多少取分，然後減乞〔五三〕，不得以分外〔五四〕施之。四分云：若食時，若人、非人〔五五〕，應與一搏。毗尼母云：詣寺乞人、無糧食者、嬰兒、獄囚、懷妊等類，施之無過〔五六〕。比丘應學。

僧祇：然火，七事無利：一、壞眼，二、壞色〔五七〕，三、身〔五八〕羸，四、衣垢壞，五、壞臥具，六、生犯戒緣，七、增出俗話。

撰集百緣經：掃地五德：一、自除心垢〔五九〕，二、亦除他垢，三、去憍慢〔六〇〕，四、調伏心〔六一〕，五、增長功德，得生善處〔六二〕。

【校釋】

〔一〕並不須答　資持卷下四：「『五問』，無非戲、調、打、辱，不為求法，故不須答。」（四一四頁上）【案】十誦卷五〇，三六五頁中。

〔二〕為知差次會等學書，不得為好廢業　鈔科卷下四：「『五』下，雜學可不。」（一二九頁下）資持卷下四：「『五分差次，謂知事差僧及法食會集。非唯此二，故云『等』也。」（四一四頁上）簡正卷一六：「讀外書，居士譏呵。後與外道論，

不如。白佛。佛開，為伏外道，故聽之。」（一○一九頁下）【案】五分卷二六，一七四頁上。

〔三〕學誦　資持卷下四：「『學誦』謂誦外書俗典。」（四一四頁上）

〔四〕世論　資持卷下四：「『世論』謂方算、語論。」（四一四頁上）行宗記十七：「世論者，律明但說王者論、人民論、軍馬等論是也。」（八七二頁上）

〔五〕雜法中　資持卷下四：「『雜法』即雜犍度。」（四一四頁上）

〔六〕好作文頌，莊嚴章句，是可怖畏，不得作　資持卷下四：「文頌，即今歌詩。」（四一四頁上）資持卷下四：「可怖畏者，法將滅故，以書、算、卜術、俗典、文頌，俱是世法，非出家業。為因緣故，時復許之。今時釋子，名實俱喪。能書寫，則稱為草聖；通俗典，則自號文章；擇地，則名為山水；卜術，則呼為三命。豈意捨家事佛，隨順俗流之名，本圖厭世超昇、翻習生死之業！故智論云：習外典如以刀割泥，泥無所成，而刀自損。又如視日，光令人眼暗。然往古高僧，亦多異學，或精草隸，或善篇章，或醫術馳名，或陰陽顯譽，皆謂精窮本業，傍涉餘宗，無非志在護持、助通佛化。（四一四頁上）故善戒經云：若為論義，破於邪見，若二分經、一分外書，不犯。四分開誦，皆此意耳。」（四一四頁中）扶桑記：「三命，有云本命星、七曜、二十八宿，三也。以此三作卜故。又，允堪云：三明者，三命者。支、干、納音為三命，假令甲子金人，甲為干為天，也（【案】『也』疑『子』。）為支為地，金為納音為人。以干推福祿，以支推壽命，以納音推智愚貴賤也。」（三六六頁上）【案】「好」，義即喜愛。十誦卷四九，三五九頁中。

〔七〕一句一偈　資持卷下四：「母論一句一偈，通指三藏教詮。雖是聖教，令觀時用舍，不可專固，故云應行即行等。」（四一四頁中）【案】毗尼母卷四，八二○頁中。

〔八〕後世比丘所說，亦爾　資持卷下四：「後世比丘，即佛滅後傳法祖師。凡有言教，亦須隨宜，故云亦爾。」（四一四頁中）

〔九〕佛制半月一剃髮，除無人、難緣　資持卷下四：「五分示開制。『無人』謂無剃髮者。『難緣』謂遭世難。」（四一四頁中）簡正卷一六：「此是尼單提中。半月不剃髮者，提。若過半月，此名髮長。若無人解剃髮，若強力、難緣所逼，不犯。」（一○一九頁下）【案】五分卷一四，九六頁上。

〔一○〕論家四種次第　鈔批卷二七：「案母論第三云，迦葉惟說曰：夫剃髮法，上座應先剃；復有一說，髮長者先剃；復有一義，先洗頭者先剃；復有一義，有事

因緣欲行者先剃。是名如法剃髮。」（六四頁上）資持卷下四：「論家即多論。彼明次第，即約多人同時剃故。」（四一四頁中）【案】毘尼母卷三，八一六頁下。

〔一一〕餘毛　資持卷下四：「『餘毛』即身腋等處，律制偷蘭。」（四一四頁中）

〔一二〕所以剃者，為除憍慢自恃心　資持卷下四：「『所』下，示除鬚髮之意。遺教論云：於上上處，最先折伏故。」（四一四頁中）

〔一三〕若頭極長，若兩月，若廣兩指，一剃　資持卷下四：「『若』下，次制所剃。初制分齊。『頭』字應作『髮』。（或云：北人謂『髮長』為『頭長』。）『兩月』與上五分延促不同。『兩指』即二寸。」（四一四頁中）扶桑記：「應作髮，資行：日本故刻鈔作『發』。」（三六六頁上）【案】四分卷五一，九四五頁中。

〔一四〕頭鬚、爪髮，悉皆長利，破戒之相　資持卷下四：「『涅槃』下，明不剃之過。彼經第四云『頭鬚、髮爪』，今此寫倒。破戒相者，違佛制故。」（四一四頁中）扶桑記：「彼經南本四相品一，北本四，並如鈔引。恐是記主憶失歟！」（三六六頁上）【案】北本涅槃卷四，三八六頁中。「長利」喻頭髮、指甲。

〔一五〕垢坋　資持卷下四：「增一中，前五過中，正取初二，餘皆因引。垢坋即不淨。坋，『古黯』反。」（四一四頁中）

〔一六〕不知時宜　資持卷下四：「謂觸事拙塞、不協人心。」（四一四頁中）

〔一七〕多有所論　資持卷下四：「謂出言無度，不能少語。後之五過由此而生，如文可解。今時不知教者，或『四季』剃頭，誇為高行，或拳攣長爪，謂為希奇。豈知內成破戒，外辱佛法。有識聞之，早須改轍。」（四一四頁中）扶桑記：「四季：季春，三月。季夏，六月。季秋，九月。季冬，十二月。」（三六六頁上）

〔一八〕喜往白衣家，五過　鈔科卷下四：「『四』下，近俗過失。」（一二九頁下）資持卷下四：「喜往俗舍，十過。前五，即容犯五戒。」（四一四頁中）【案】四分卷五九，一〇〇五頁～一〇〇六頁。

〔一九〕在欲意男女中坐　資持卷下四：「即食家強坐」（四一四頁中）

〔二〇〕五過　資持卷下四：「前三身業，近習過。」（四一四頁中）

〔二一〕便生欲意　資持卷下四：「即心業，染著過。」（四一四頁中）

〔二二〕為欲意故，或至死，若次死苦　資持卷下四：「根本業，即犯戒過。『至死』即淫夷。『次死』即摩觸等，殘。」（四一四頁中）簡正卷一六：「謂犯初篇也。若次死者，犯第二篇也。」（一〇一九頁下）【案】四分卷五九，一〇〇五頁下。

〔二三〕**五種不應作親厚** 資持卷下四：「皆謂於己無所益故。」（四一四頁中）

〔二四〕**若多作業** 簡正卷一六：「謂多作白衣業也。」（一○一九頁下）

〔二五〕**勝人** 資持卷下四：「『勝人』即德學過於己者。」（四一四頁中）

〔二六〕**五慳** 鈔批卷二七：「成論云：五慳者，謂住處慳、家慳、施慳、稱讚慳、法慳也。……問：『此五慳有何過？』答：『是初住處等，多人共有，是人既捨自家，於共有中更生慳悋，是弊煩惱，死墮餓鬼，生諸惡處。若慳悋法，後生得盲報，常為愚痴，善人遠離，又滅佛法道。若於家慳者，以斷白衣為福；又斷受者得施，由此故，後生此家為廁中鬼。若施慳者，常乏資生。若稱讚慳者，聞讚餘人，心常擾濁，於百千世，常無淨心，常彼惡名。』」（六四頁上）

〔二七〕**財物慳** 簡正卷一六：「可知當招貧乏報也。」（一○一九頁下）鈔批卷二七：「我於此中獨得布施，勿與餘人，設有餘人，勿令過我。」（六四頁上）

〔二八〕**法慳** 簡正卷一六：「於十二部經義，故秘不說，向人當招鈍、滯之報也。」（一○一九頁下）鈔批卷二七：「獨我知十二部經義，又知深義秘不說也。」（六四頁上）

〔二九〕**家慳** 簡正卷一六：「謂我與此檀越為門師，不欲別人來他舍也。」（一○一九頁下）資持卷下四：「『家慳』謂占據檀越。」（四一四頁中）鈔批卷二七：「獨我出入此處，不用餘人。設有餘人，我於中勝。」（六四頁上）

〔三○〕**住處慳** 簡正卷一六：「當招不如意處也。」（一○一九頁下）資持卷下四：「謂寺舍不容來客。」（四一四頁中）鈔批卷二七：「獨我住此，不用餘人。」（六四頁上）

〔三一〕**稱歎慳** 簡正卷一六：「當招惡名稱也。」（一○一九頁下）資持卷下四：「謂不稱他善。」（四一四頁下）鈔批卷二七：「獨稱讚我，勿讚餘人。設讚餘人，亦勿令勝。」（六四頁上）【案】成論卷一○，三二一頁上。

〔三二〕**世間「五寶」難得** 鈔科卷下四：「『四』下，欣樂五寶。」（一二九頁下）資持卷下四：「五事希有可貴，故名為寶。」（四一四頁下）資持卷下四：「初二是勝境。余三即行業。值佛聞法，發解起行，行成有驗，信樂立焉。」（四一四頁下）【案】四分卷四○，八五六頁中。

〔三三〕**樂著作役、言說、睡眠，種種所求，及以六塵** 鈔科卷下四：「『十』下，坐禪過相。」（一二九頁下）資持卷下四：「初明十事。『樂著』二字，貫下十事。作役、言說、多求是『掉散』，睡眠即『昏塞』。此四合『六塵』，總為十矣。」（四一四頁下）

〔三四〕**我聽清淨比丘受第一供養**　資持卷下四：「『我』下，次明聽受供給。眾具既闕，多起攀緣，禪法不成故。」（四一四頁下）【案】十輪卷三，六九三頁中。

〔三五〕**不得賣卜、誦呪、處方治病等**　鈔批卷二七：「案五分云：尼自卜、成就他卜者，皆犯波逸提。」（六四頁上）【案】四分卷五二，九五五頁中；卷五三，九六三頁中。

〔三六〕**羅漢射事不中**　鈔批卷二七：「案十誦云：時目連入村乞食。時有居士婦妊身，問目連為男為女。目連云：『男。』復有梵志，來入其舍，居士如前問，答言：『是女。』後果生女。諸比丘謂目連虛稱得過人法，應擯驅遣。以事白佛。佛言：『目連見前不見後，時兒實是男，後轉為女。目連隨心所說，無犯。』又復一時，時天大旱，目連入定，見卻後七日，天當大雨，滿坑滿溢城邑。人聞之歡喜，背捨眾務，覆屏蓋藏，各各屈指捉籌數日。到第七日，尚無雨氣，何況大雨！諸比丘語目連：『汝犯過人法，故作妄語，應擯驅遣。』乃至（【案】此處疑脫字。）。佛言：『目連見前不見後，是七日時，實有大雨，阿修羅王，以手接去，置大海中。目連隨心相不犯。』又有一比丘問目連言：『多浮陀河水，從何處來？』答言：『從阿耨達池』中來。比丘問言：『阿耨達池，其水甘美有八功德，今此水沸熱鹹苦，何有此事！汝故妄語。』佛言：『目連非妄語。以阿耨達池去此極遠，是水本有八功德甘美，逕歷五十小地獄上來，是故鹹熱。』因說則天懷神龍時，天帝問唐三藏男耶女耶，又問道士男耶女耶。解卜先答云：『卦中是女，然實是女。』三藏不可學道士（六四頁下）答云是女，乃反答言是男。三藏雖作此答，乃知不中。雖然，三寶力大，可為作福，乃出外，集京城僧尼，令念誦，使皇后生男。脫（【案】『脫』疑『設』。）珪言不中，將恐佛法無力，其京城僧尼即與念誦，後乃轉胎為男。故英王言語，猶作女聲，致登極後，三藏久壬，乃勑於慈恩寺，立三歲影，諡曰『大遍覺法師』也。」（六五頁上）資持卷下四：「羅漢射事者，十誦目連入村乞食，居士婦懷妊。問言：『是男是女耶？』目連云：『是男。』及生，是女，遭謗。問佛。佛言：『本是男，胎中轉為女故。目連見前不見後，非妄語也。』」（四一四頁下）【案】十誦卷五九，四四二頁中；卷二，一三頁上、中。

〔三七〕**凡有言誓**　資持卷下四：「『律』下，次，教咒誓謂。有屈抑之事，發誓以雪之。意是求佛為證，故云『南無佛』等。」（四一四頁下）【案】四分卷五三，九六〇頁下。

〔三八〕**不得雜餘地獄等** <u>簡正</u>卷一六：「謂設呪誓我。若如是，願我入地獄等。」（一
○二○頁上）

〔三九〕**若有恐怖者，當念如來、法及聖眾，皆悉除滅** <u>鈔科</u>卷下四：「『增』下，有緣
念聖。」（一二九頁下）<u>資持</u>卷下四：「『恐怖』謂暗黑、險難等處。存想三寶，
必蒙加被，即得安隱。」（四一四頁下）<u>簡正</u>卷一六：「以怖畏自滅也。」（一
○二○頁上）【案】<u>增含</u>卷一四，六一五頁上。

〔四○〕**有緣有尼界得宿，不得入房** <u>資持</u>卷下四：「律論所制，皆謂避世譏疑，遠防
欲染故也。」（四一四頁下）【案】<u>五百問</u>，九七四頁中。

〔四一〕**熱陰不消、不引食** <u>資持</u>卷下四：「『癊』即痰癊，『引』猶進也。」（四一四頁
下）

〔四二〕**三事屏處，大、小便，嚼楊枝** <u>資持</u>卷下四：「須屏處，大小二事因而連引。」
（四一四頁下）【案】<u>四分</u>卷五三，九六○頁下。

〔四三〕**經行五益** <u>資持</u>卷下四：「次，明經行。初顯益：一、謂慣熟，二、即專一，
三、謂血氣均和。」（四一四頁下）【案】<u>四分</u>卷五九，一○○五頁下。

〔四四〕**畫地作相** <u>簡正</u>卷一六：「令當中行不偏也。」（一○二○頁上）<u>鈔批</u>卷二七：
「案<u>十誦</u>文云：經行法者，比丘應直經行，不遲不疾。若不能直，當畫地作
相，隨相直行，是名經行法。」（六五頁上）<u>資持</u>卷下四：「『畫地』謂作直道，
不使斜曲故，或用磚石為之。<u>寄歸傳</u>云：<u>五天</u>之地，道俗多作經行，直去直
來，唯遵一路。（謂以磚石累為直道，狹而且長。人之往來，有同經緯，故以
名焉。）又云：佛經行之，基闊二肘，長十四五肘。〔闊三尺六，長二文（【案】
『文』疑『丈』。）六七許。〕上以石作蓮華開勢，高二寸，闊一尺，有十四
五，表聖足跡也。」（四一四頁下）【案】<u>十誦</u>卷五七，四二二頁下。

〔四五〕**亦有經行堂閣** <u>鈔批</u>卷二七：「立明：<u>西國</u>有堂閣，常用經行也。」（六五頁
上）

〔四六〕**三千云** <u>資持</u>卷下四：「明作處隨處所宜，不可局故。」（四一四頁下）【案】
<u>三千</u>卷一，九一五頁下。

〔四七〕**乃至滅燈，亦爾** <u>資持</u>卷下四：「『乃』下，次，示息燈。亦爾者，同上告僧。」
（四一四頁下）【案】<u>僧祇</u>卷三五，五一二頁下。

〔四八〕**不聽用口吹、手扇、衣扇，當轖折頭焦去** <u>簡正</u>卷一六：「表釋云：恐捐喫火
虫命也。又舉喫熱茶湯之喻。」（一○二○頁上）<u>資持</u>卷下四：「『『轖』，尼鈔
作『欹』，以箸取物也。」（四一四頁下）【案】「焦」通「燋」。<u>僧祇</u>作「燋」。

僧祇卷三五，五一二頁下。

〔四九〕一一如三十五卷中　資持卷下四：「彼云：然燈時，當先照舍利及形像前燈，禮拜已，當出滅之。乃至若多油者，廁屋中當竟夜然。若油少者，（四一四頁下）人行斷，當滅之。」（四一五頁上）

〔五〇〕續佛光明，畫不得滅　資持卷下四：「次，明供佛燈。今時所謂長明燈也。」（四一五頁上）

〔五一〕佛無明暗，中以本無言念齊限，故滅有罪　簡正卷一六：「約白衣，不令夜燭，日中滅之也。」（一〇二〇頁上）鈔批卷二七：「立謂：佛無有明闇，從減劫，佛亦不闇□，但違施主之心，此明俗人施燈時。既不云畫夜明時闇時之齊限者，應須常明此燈，滅則即得罪也。案五百問云，問：『有人續佛光明，畫得滅不？』答：『不得。若滅犯墮。雖云佛無明闇，施者得福，故滅有罪耳。』（述曰：）據此得罪，諸師義釋是長明燈，故不許滅。據下目連次知日直等，似得滅佛燈者，是續明燈，故得滅之。」（六五頁上）資持卷下四：「若佛有明暗，則當夜點畫滅。以無明暗故，不間畫夜。本無言念，謂施主期心，必有齊限，滅應無過。」（四一五頁上）【案】五百問，九七三頁上。

〔五二〕目連次知日直，滅燈故　簡正卷一六：「准賢愚經說，佛在舍衛國，有一女子名曰難陀，貧乏求乞自活。見一切人供佛及僧，乃自思惟：『我雖遇福田，無有種子。』感傷自責，便行乞匃竟夕。夕得一文，持詣油家，買得少油，持往精舍，燭於佛前眾燈之內，自發誓願：『我今貧窮，然此小燈，供養於佛。以斯功德，令我來世，得智慧燈，除滅一切眾生垢闇。』發願已，而去。及至竟夜，諸燈盡滅，唯此獨然。是時目連，次當直日，察天已收，曉（【案】『收，曉』疑『曉，收』。）燈併燭。當見此燭明好，如同新燭。便舉手扇，扇其燄如故。又將衣拂，（一〇二〇頁上）其明轉盛。佛告目連：『非汝聲聞之所能滅。假使注四大海水注之，亦不能滅。又假使毗嵐猛風，亦不能滅。何以故？此是發大菩提心人所施之燈。』佛說是語未竟，難陀女子又來詣佛，頭面禮足，佛為授記『汝於當來二阿僧祇百劫之中，當得成佛，名曰燈光，十號具足』等。」（一〇二〇頁下）鈔批卷二七：「准此，即似得滅佛燈。諸德義釋，是續明燈，故異五百問中『長明燈』也。」（六六頁上）

〔五三〕若與乞兒、乞狗、乞鳥，應量己食多少取分，然後減乞　鈔科卷下四：「『五』下，施食法。」（一三〇頁下）資持卷下四：「五分乞狗、乞鳥、減乞，三『乞』字，並去呼。」（四一五頁上）【案】「鳥」，底本為「烏」，據大正藏本、敦煌

甲本、敦煌乙本、敦煌丙本及五分改。「己」，底本為「已」，據文義及五分改。
五分卷八，五五頁上。

〔五四〕分外　資持卷下四：「『分外』謂多受而施。」（四一五頁上）

〔五五〕若人、非人　資持卷下四：「『人』即乞人等。『非人』即鬼、神、禽、畜。」
（四一五頁上）【案】四分卷四九，九三三頁下。

〔五六〕施之無過　資持卷下四：「母論，人中別類。『無過』謂非污家。」（四一五頁
上）【案】毗尼母卷二，八一〇頁下。

〔五七〕身　【案】底本無「身」字，據大正藏本加、貞享本、敦煌甲本、敦煌乙本、
敦煌丙本及僧祇加。「無利」文見僧祇卷一七，三六四頁下。

〔五八〕壞色　資持卷下四：「『壞色』謂面無神色，生犯戒緣，即露地然火、掘壞等
戒，因而成犯。」（四一五頁上）

〔五九〕自除心垢　資持卷下四：「初二，自、他心淨。」（四一五頁上）鈔批卷二七：
「自除心垢者，外穢既遣，內迹方清。」（六六頁上）

〔六〇〕去憍慢　資持卷下四：「執勞作務。」（四一五頁上）鈔批卷二七：「執拂卑躬，
故曰除（原注：『除』疑『去』。）憍慢。」（六六頁上）

〔六一〕調伏心　資持卷下四：「挫折自高。」（四一五頁上）鈔批卷二七：「降情下意，
故曰調伏心。」（六六頁上）

〔六二〕增長功德，得生善處　資持卷下四：「現當兩報。」（四一五頁上）鈔批卷二
七：「具上諸緣，故長功德，道同（原注：『同』疑『因』。）既積，故生善處。」
（六六頁上）

四、共行同法〔一〕

所謂誦持，未必須多，道貴得要〔二〕。而神用莫準，互有強弱〔三〕。
有人聞誦極多，於義不了，此則入道遲鈍〔四〕。故涅槃云：寧以少聞，
多解義味〔五〕。十住云：佛法貴如說行，不貴多讀多誦〔六〕。

既知如此，請依古德所示〔七〕云：誦勝鬘一卷，攝一切佛法根本盡
〔八〕；如來藏一卷亦同，趣得便誦〔九〕。戒本一卷，攝一切止持行盡；出家人
初受具已，佛制即誦之。羯磨一卷，攝一切作持法盡。五歲已上不誦，終身不離
依止。由道有根本，行別止作〔一〇〕也。誦此三卷，統攝佛法綱要。

諸餘大部經藏，必須博讀。有廣見之長，亦匡輔心行，助於道業，
得無罷散〔一一〕。俗中有要覽〔一二〕一卷，十篇，並論為人志行之法，亦
可披讀。雖不依文生見，而以俗方道，固免於愆犯〔一三〕也。已外長時，

則坐禪、問義、請解求異等〔一四〕。若多聞多義〔一五〕，則非此所論，則「生而知之〔一六〕者」，上矣。

三千〔一七〕云：沙門業者，誦經、坐禪、勸化眾事。若不行者，徒生徒死，或有受苦之困〔一八〕。十誦：將來恐怖〔一九〕者，說法無慈愍心〔二〇〕，受持不通利，樂世法故，莊嚴章句等。

善見云：若師猶在，應聽律藏及廣義疏〔二一〕。年別應受，非一過〔二二〕也。諷誦通利，是名律師，恭敬於律。佛藏：五夏已前，依人受學律藏；五夏已後，具知應學無我、人法〔二三〕。善見：云何學律？謂讀誦解義也。

多云：凡顯德有二〔二四〕：一為名利；二為佛法、眾生，隨時自在，無所障礙。十誦律云：除疑故，得現通聖也。

【校釋】

〔一〕共行同法　簡正卷一六：「凡聖共行，名為『共行』。僧尼同此，故云『同法』。」（一〇二〇頁下）資持卷下四：「前諸雜事，並是隨人各行，故名『別人自行』。此門所明誦持經戒，無論利鈍、新舊之殊，但預道門，義當依奉，故云『共行同法』。」（四一五頁上）【案】「共行同法」，文分為三：初，「所謂誦」下；二、「善見云」下；三、「多云凡」下。

〔二〕所謂誦持，未必須多，道貴得要　資持卷下四：「前敘誦持之要。『而』下，顯根性不同。」（四一五頁上）【案】初又分三：初，「所謂」下；二、「既知如」下；三、「三千云」下。

〔三〕而神用莫準，互有強弱　資持卷下四：「『神用』即心智。互強弱者，謂聞多解少、或聞少解多。」（四一五頁上）簡正卷一六：「神用莫准者，謂若一同契理，即神驗無方，如金剛強。若受持一四句偈，勝日捨三恆河沙身命布施，當得成佛。其餘何可為比也！互有強弱者，下文云『有念極多於義不了，或少聞見而多解義味』等。」（一〇二〇頁下）扶桑記：「神即心識，用謂能解。」（三六六頁下）

〔四〕有人聞誦極多，於義不了，此則入道遲鈍　資持卷下四：「『有』下，即初人。」（四一五頁上）【案】「初人」即聞多解少之人。

〔五〕寧以少聞多解義味　資持卷下四：「『故』下，即次人。」（四一五頁上）【案】「次人」即聞少解多之人。下文十住中同此人。【案】北本涅槃卷二八，五三四頁上。

〔六〕**佛法貴如說行，不貴多讀多誦**　鈔批卷二七：「故增一阿含云：<u>朱利槃特比丘</u>鈍根第一，世尊教使執掃篲：汝誦此字，為字何等。其人誦得『掃』字，復忘『篲』字。若誦得『篲』字，復忘『掃』（【案】『掃』後疑脫『字』字。）。乃經數日，誦之乃得。然此掃篲，復名『除垢』。<u>朱利槃特</u>復作是念：『何者是除？何者是垢？垢者，灰土瓦石，除者清淨。』復作是念：『世尊何故以此教我？我當思惟此義。』復念言：『我身上亦有塵垢，我自作喻。何者是除垢？結縛是垢，智慧是除。（六六頁上）我今可以智慧之掃篲此結縛。』思惟五盛陰成敗之色，習色滅等，即得羅漢。往詣佛所，白言：『我已解掃篲。』佛問云：『何解之？』答言：『除者，謂之慧；垢者，謂之結。』佛言：『善哉，如汝所說。』」（六六頁下）【案】<u>十住</u>卷九，六五頁下。<u>增含</u>卷一一，六〇九頁中。

〔七〕**既知如此，請依古德所示**　鈔科卷下四：「『既』下，教其誦習。」（一三〇頁中）資持卷下四：「為四。初，教誦綱要。『古德』未詳何人。」（四一五頁中）

〔八〕**誦勝鬘一卷，攝一切佛法根本盡**　資持卷下四：「勝鬘即方等大乘經，<u>勝鬘夫人</u>對佛所說。大乘理教出生無盡，收攝無遺，故云根本。」（四一五頁中）

〔九〕**如來藏一卷亦同，趣得便誦**　資持卷下四：「<u>如來藏經</u>，佛於<u>耆山</u>為<u>金剛慧菩薩</u>說。且舉兩經，餘任無在，故云趣得也。」（四一五頁中）扶桑記：「無在，<u>行宗</u>：在，猶定也。」（三六六頁下）

〔一〇〕**由道有根本，行別止作**　鈔批卷二七：「立明：上勝鬘一卷，是道根本也，止作二持是行也。戒本是止持，羯磨是作持。此上三者，則攝根本及行皆盡也。」（六六頁下）資持卷下四：「上即別列，『由』下總示。『道』即定、慧，『行』即是戒。一切佛法，不出三學。以諸眾生迷心為惑，劫慮成業，由業感報，生死無窮。欲脫苦果，要除苦因，故先以戒治其業，次以定慧澄其惑。『業』分善惡，故止、作兩行以相翻；『惑』唯昏散，故定、慧二法而對破。病因藥差機，藉教修然，後業盡惑除，情亡性顯。教門雖廣，豈越於斯？統攝綱要，義在於此。」（四一五頁中）簡正卷一六：「由道有根本者，即<u>勝鬘經</u>及<u>如來藏經</u>是大道本也。行別止作者，戒本是心持，羯磨是（【案】『是』後疑脫『作』。）持，此二是別。止作本者，戒是顯非同體也。佛法根本，及心、作二持，即是通攝佛法剛（【案】『剛』疑『綱』。）要。」（一〇二〇頁下）

〔一一〕**有廣見之長，亦匡輔心行，助於道業，得無罷散**　資持卷下四：「初，覽聖教。廣見長者，資其智解。『匡輔』等者，助於行業。」（四一五頁中）簡正卷一六：

「多聞增智慧，即能匡轉心行，及廣解理相。見菩薩修行，即助於道業，得無退修，心不馳教，故曰得無罷教。」（一○二○頁下）鈔批卷二七：「立謂：若識上來佛法根本及止作二行，廣解理根，則不罷道休廢也。」（六六頁下）

〔一二〕要覽　資持卷下四：「披世典。要覽，晉郗超撰。」（四一五頁中）

〔一三〕雖不依文生見，而以俗方道，固免於愆犯　簡正卷一六：「謂讀俗書雖不依俗文生於邪見，然要覽中多明節棟，亦可足比。」（一○二一頁上）鈔批卷二七：「立謂：俗中要覽，雖非僧行之法，以見俗士仁、義、禮、智、信，僧須准之，以同是離惡故也。言俗五德者，仁、義、禮、智、信。愍傷不殺曰仁，防害不婬曰義，故心禁酒曰禮，清察不盜曰智，非法不言曰信。」（六六頁下）資持卷下四：「方，比也。」（四一五頁中）

〔一四〕已外長時，則坐禪問義、請解求異等　資持卷下四：「『已』下，三、示誦習餘業。」（四一五頁中）

〔一五〕若多聞多義　資持卷下四：「『若』下，四、簡利根不局。」（四一五頁中）鈔批卷二七：「此明天然自悟智解者是上根人。若學而知之者，次也。」（六六頁下）資持卷下四：「『生知』，出論語。（孔子曰：生而知之上也，學而知之次也，困而知之又其次也，困而不學民斯為下矣。）然彼世典，則曰生知。佛教所明，皆由宿習，末劫障重，罕見其人。止可準前隨力修學，審諦觀量，無容自昧。」（四一五頁中）

〔一六〕知之　扶桑記：「知之，現本作『學之』。」（三六六頁下）

〔一七〕三千　資持卷下四：「三千中，明三事是出家業，義兼持戒，不出三學，自他兩利。」（四一五頁中）【案】三千卷一，九一四頁中。

〔一八〕徒生徒死，或有受苦之困　資持卷下四：「徒生死者，空無所得故。或受苦者，彼謂袈裟離身，腹破食出。不爾，則墮獄等。」（四一五頁中）簡正卷一六：「約不修三乘，為施所欺故。」（一○二一頁上）

〔一九〕將來恐怖　資持卷下四：「十誦恐怖且列三種，正用第二，即五怖畏。文如標宗具引。」（四一五頁中）扶桑記：「標宗，資行指彼所引十誦文。今謂不然，彼引雜含與今同，記釋亦詳也。」（三六五頁下）

〔二○〕說法無慈愍心　簡正卷一六：「但求利益也。」（一○二一頁上）

〔二一〕若師猶在，應聽律藏及廣義疏　鈔科卷下四：「『善』下，制學毗尼。」（一三○頁上）資持卷下四：「善見制其廢忘。」（四一五頁中）簡正卷一六：「但隱師學，不可競化。」（一○二一頁上）鈔批卷二七：「立明：和上既在，須年年

常學律藏。」（六六頁下）資持卷下四：「師猶在者，即得戒和尚可從學故。設復師亡，當從依止。」（四一五頁中）【案】善見卷七，七二三頁上。

〔二二〕年別應受，非一過　簡正卷一六：「溫故而知新也。」（一〇二一頁上）資持卷下四：「持犯微細，處斷從文，故須常學，不可暫廢。吾祖聖師，猶聽廣律滿二十遍。自餘庸昧，未可自矜。過，猶遍也。」（四一五頁中）

〔二三〕無我、人法　資持卷下四：「佛藏經明兼其濟。無我人法，即經論所詮。『我人』即煩惱，『無』即空慧。」（四一五頁中）

〔二四〕凡顯德有二　鈔科卷下四：「『多』下，有緣顯德。」（一三〇頁上）資持卷下四：「謂現通表異。顯己行業，恐成大妄，佛制不為。律論正文，有緣時許。多論，彼問：『查婆羅漢為僧知事，何故常放光明？』自顯功德，鈔引答文，二意：初是不善，非教所開，如提婆現通，惑於闍王之類；二、是開緣，即查婆之事。為佛法者，顯其尊勝，使流通故。為眾生者，息彼嫌疑，令欣慕故。」（四一五頁下）簡正卷一六：「一為名利，二為佛法。上一，佛不許。如賓頭盧联鉢之類。」（一〇二一頁上）【案】多論卷三，五二二頁下。「查婆」，多論中作「陀驃」。

五、出家要業

道俗二眾，福智別修，理須識其分齊，別知其通局〔一〕。非謂福智兩異、道俗別行〔二〕。但由俗網繁多，靜業難繼，道門閑豫，得專勝行，故分二途。必準兩通，不無雙遂〔三〕。今且兩言〔四〕。

出家之人，以身戒、心慧為本〔五〕；不得造經像寺舍等業，錯亂次第。故唯得指授法則，勸化俗人〔六〕。是以僧有法能造，俗有事能作，終日相由，而執據恒別〔七〕。若乖法雜亂〔八〕、失於聖制者，名滅佛法；各住自分，互相資成，是住持之士。

俗人以金、石、土、木、牙角、布帛而作佛像；道人修五分法身，學三佛行〔九〕，名為造像。謂俗以事作，道由法造。俗以紙素、竹帛、筆墨抄寫，以為經卷；道以聞、思、修慧〔一〇〕，為造法也。俗以草木牆宇，而用造寺；道以菩提涅槃、智慧宮殿，萬行所住大乘之宅為寺〔一一〕。

雖形事相交〔一二〕，而道意懸隔，不可亂業而相干雜。能護之者，則知要矣。兼而行之，盡美盡善；力之不逮，各從本業。

上來古德所遺〔一三〕。今引文證。智論云：出家多修智慧，智慧是解脫因緣。俗人多修福德，福德是樂因緣〔一四〕。故知為樂，則非出家本意。僧

祇云：供養舍利，造塔寺，非我等事。彼國王、居士、樂福之人，自當供養。比丘事者，所謂結集三藏，勿令佛法速滅。即初受戒約告云〔一五〕：「當勸化作福治塔，供養眾僧，此是福分。應學問，誦經，勤求聖果。此是道分。始終兩修〔一六〕，二途意別。

【校釋】

〔一〕**理須識其分齊，別知其通局** 資持卷下四：「前明別修。識分齊者，福智各局故。知通局者，事容相兼故。」（四一五頁下）簡正卷一六：「道修智分、俗修福分是局，若二兼修即通。」（一〇二一頁上）【案】「要業」文分為二：初，「道俗」下；二、「出家之」下。

〔二〕**非謂福智兩異，道俗別行** 資持卷下四：「『非』下，次，顯通修。」（四一五頁下）簡正卷一六：「『非謂』下，出通局所以也。」（一〇二一頁上）鈔批卷二七：「立明：非是俗但得修福，不得修慧，道唯修慧，不得修福。若能雙修，盡美盡善。但恐力所未周，義難兼濟，故且分途。故善生經說：在家菩薩修道難，如陸路牽舟；出家菩薩修道易，如水路乘舟也。」（六七頁上）

〔三〕**必準兩通，不無雙遂** 簡正卷一六：「道俗俱修福慧也。若偏而不兼，即如智論兄弟二人之得失也。」（一〇二一頁上）鈔批卷二七：「必准兩通者，謂俗但修福業也。然出家之人，慧業正修，亦須分修福業。若無福業來報，至聖乞難得。即智論中，舍利弗有弟子名羅頻周比丘，持戒精進，乞食六日而不能得，乃至七日，命在不久。有同學者，乞食持與，鳥至持去。時舍利弗白目連言：『汝大神力守護此食，令彼得之。』目連持食往與，始欲向口，變成為泥。又，舍利弗持食與之，而口即合不開。佛後持食與之，佛福德力，故令彼食。又，舍利弗問經云：羅旬踰比丘分衛不能得食，其人前世執性多慳，見沙門來，急閉戶云：『大人不在。』見他布施，歡喜攝念，發心願作沙門，是故今身雖得出家，純服弊衣，乞食難得，乃至後時飡沙入滅。案遺教三昧經云：有羅旬踰比丘，（六七頁上）每行分衛，輒空而還。佛知宿行，欲現殃福。佛使眾僧分為五部，著五部色衣，令其日隨一部乞食，所隨之眾，皆乞不得。乃至舍利弗為其請食，在道遂翻，鉢中食盡，因不得食。遂云：『我既薄福，何須久住？』遂即飡沙飲水，而入涅槃。又如分別功德論明梵摩達比丘事等。」（六七頁下）

〔四〕**今且兩言** 簡正卷一六：「若力所不及，俗且修福，道且修智故也。」（一〇二一頁上）

〔五〕**出家之人，以身戒、心慧為本** 鈔科卷下四：「初，明相須不雜。」（一三〇頁中）資持卷下四：「初，敘僧本務。」（四一五頁下）【案】「出家之人」至末分二：初「出家」下；次，「上來」下。初又分三：初，「出家」下；二、「俗」下；三、「雖」下。

〔六〕**故唯得指授法則，勸化俗人** 資持卷下四：「『故』下，示兼資。」（四一五頁下）

〔七〕**是以僧有法能造，俗有事能作，終日相由，而執據恒別** 簡正卷一六：「僧有法能造者，即僧指示佗也。俗有事能作者，金、木、石等也。終日相由者，僧由俗資，俗假僧法也。執據恒別，福慧別也。」（一〇二一頁上）鈔批卷二七：「立謂：俗人以依法，得知修福之方，僧從俗利，得資形報。此則以法濟彼，彼以食濟此。雖復相由，據福慧各別。」（六七頁下）

〔八〕**若乖法雜亂** 資持卷下四：「『若』下，明得失。」（四一五頁下）簡正卷一六：「如僧卻修福之例也。」（一〇二一頁上）

〔九〕**學三佛行** 資持卷下四：「三佛：法、報、應，三身佛也。（有云三世佛。）」（四一五頁下）簡正卷一六：「學三佛行者，過、現、未也。」（一〇二一頁下）鈔批卷二七：「立云：三世佛也。私云：謂報身、應身、法身佛也。以由持三聚淨戒，當來感此三身，故曰學三佛行也。」（六七頁下）【案】此處明道俗兩殊，言三寶之事。

〔一〇〕**道以聞、思、修慧** 鈔批卷二七：「私云：學時是聞；聞已，則思惟其義，則即解義味，則修其行。修之不已，故能生解，名曰修慧也。」（六七頁下）

〔一一〕**道以菩提涅槃、智慧宮殿，萬行所住大乘之宅為寺** 資持卷下四：「僧寶且約住處以分。亦可俗以剃髮染衣為僧，道以諦理和合為僧。菩提等宮殿、大乘宅為『所住』，萬行為『能住』。」（四一五頁下）

〔一二〕**雖形事相交** 鈔科卷下四：「『雖』下，指示通局。」（一三〇頁中）簡正卷一六：「造佛書經，起菩薩僧，欲皆自親，為之是相交也。俗則以金、石、木為佛等。（云云。）如此比挍，天地懸遠故。」（一〇二一頁下）鈔批卷二七：「『形』即俗以造像，道以修其五分法身，此曰『形』也。『事』者，俗以供給四事，僧唯得指授法，則曰『事』也。與道相交，而所趣懸隔也。」（六七頁下）資持卷下四：「初，結歎別修。『形事』謂『事』有形相也。」（四一五頁下）

〔一三〕**上來古德所遺** 資持卷下四：「古德不知何人，疑是裕師寺誥。」（四一五頁

下)【案】「上來」下分二：初，「上來」下；次，「智論」下。

〔一四〕福德是樂因緣　資持卷下四：「且指人天，如注所顯。出家之人，修出離業，則以涅槃為樂。」（四一五頁下）

〔一五〕即初受戒約告云　資持卷下四：「引受戒說相，以示雙修。」（四一五頁下）

〔一六〕始終兩修　簡正卷一六：「初受戒時結勸文中，但令觀化作福，供養眾僧等。」（一〇二一頁下）

六、遇賊法

四分：被賊剝，不得露身行，得罪。當以頓草、若樹葉覆形，應取長衣著之〔一〕。無者，若知友邊僧中，覓衣；無者，應問有臥具不〔二〕。有者，當與。不與者，自開庫取褥被，擿解裁作衣，覆身出外乞衣。得已，應還，浣染縫治，安置本處，不者結罪。善見：行路見賊，即持衣與年少令走。若賊逐失衣者，眾中隨得一人，折草〔三〕、樹葉，付與餘人，使得遮身向寺。因失衣故，或得白衣服〔四〕，五大色不割截，乃至外道衣，著不犯。

毗尼母：令虛發弓聲，使賊去〔五〕。十誦：賊來當擊鐘、振鈴、擲石〔六〕，云「石下！石下！」怖之令去。若逐失衣，著僧衣還本處〔七〕；若無人、空，隨於近處有僧者付；本處還立，應取還之〔八〕。僧祇云：若賊言「僧物何處」，比丘不得示寶處，又不得妄語，應示房舍牀座〔九〕等。佛物，指塔邊供具等。若道中行，有露，令少年在前〔一〇〕；有賊、獸難，老者在中央。欲令賊起慈心者，老僧前行。

【校釋】

〔一〕當以頓草、若樹葉，覆形，應取長衣著之　資持卷下四：「初，取己長衣。」（四一五頁下）

〔二〕應問有臥具不　資持卷下四：「取僧臥具，並謂暫著，容往外求。」（四一五頁下）

〔三〕折草　資持卷下四：「得折草者，開壞生也。」（四一五頁下）

〔四〕得白衣服　資持卷下四：「開非法罪也。」（四一五頁下）

〔五〕令虛發弓聲，使賊去　鈔科卷下四：「『毗』下，遮賊法。」（一三〇頁下）簡正卷一六：「方便怖賊法也。」（一〇二一頁下）資持卷下四：「母論，假物發聲，方便使去。」（四一五頁下）【案】母論卷五，八二九頁中。

〔六〕賊來當擊鐘、振鈴、擲石　資持卷下四：「初明賊來，同上驚去。」（四一五頁

下）鈔批卷二七：「案十誦云：時有賊圍繞僧坊，（六七頁下）諸比丘先作備防。賊來已，即入房舍，閉門下楗，上樓閣上，作大音聲恐怖。有二比丘，闇中擲石恐怖，石墮殺賊。其兩比丘自謂言：『我與俱放石，不知誰不殺賊？』即生疑：『我將無犯重耶？』佛言：『無罪。放石時，應唱言：石下、石下。』案大莊嚴論云：昔有一比丘，常被賊盜。一日之中，堅閉門戶，賊復來至，扣門而喚。比丘語言：『我見汝時，極大驚怖。汝可內手於彼嚮中，當與汝物。』賊即內手置於嚮中，比丘以繩繫之於柱。比丘執杖閉（原注：『閉』疑『開』。）門，打之一下已，語言：『歸依佛。』賊以畏打，即便隨說云『歸依佛。』復打第二下，語言：『歸依法。』賊畏死故，復言：『歸依法。』復打第三下時，語言：『歸依僧。』賊言：『歸依僧。』即作思惟：『今此道人有幾歸依，若多有者，我命必死。』比丘即放令去。以被打，身體痛，久而得起，即求出家。有人問言：『汝既作賊，以何事故，出家修道？』答彼人言：『我亦觀察佛法之利，然後出家。我於本日遇善知識，以杵打三下，唯有少許，命在不絕。如來世尊實有一切智慧。若教弟子四歸依者，我命即絕。佛遠見斯事，故教比丘打賊三下，使我不死。』是故，世尊唯說三歸，（六八頁上）不說四歸者也。」（六八頁下）【案】十誦卷五九，四三九頁上。

〔七〕若逐失衣，著僧衣還本處　資持卷下四：「『若』下，次，明失衣。開著僧物。」（四一五頁下）【案】底本和大正藏本為「逐」，有本作「遂」。疑是因賊所「逐」而失衣。十誦卷六，四五頁中。

〔八〕本處還立，應取還之　鈔批卷二七：「謂本處伽藍壞，聽隨近安置。後若本處成立，須還本處。」（六八頁下）扶桑記引資行：「一本『本』字上有『後』字。」（三六七頁上）

〔九〕應示房舍牀座　資持卷下四：「僧祇初教對問，示房舍等，並謂不可持去者。」（四一五頁下）【案】僧祇卷一四，三四〇頁下。

〔一〇〕若道中行，有露，令少年在前　鈔批卷二七：「以露濕比丘衣，故年少前受污，便（【案】『便』疑『使』。）後來老宿不行也。」（六八頁下）【案】僧祇卷三五，五〇七頁中。

七、大小便法

四分：不應久忍大小便。若去時，捉廁草。彼廁多人集，聽在前者。至廁外，彈指〔一〕，若謦咳，令人、非人知。安衣置杙上、若石、草上。若風雨漬者，當著衣〔二〕，手堅捉，令不觸廁兩邊。堅安腳，漸舉衣，

漸蹲。勿令前卻、近兩邊，使大小便涕唾入廁孔。餘如常法已〔三〕。應別處洗穢，留殘水，勿令有聲〔四〕。以弊物拭〔五〕。若手臭，用土、灰、泥、牛屎，石揩、礜揩，澡豆，一一洗之〔六〕。不得在廁邊受誦經、作衣，妨餘比丘〔七〕。見有糞掃，應除之。

　　五分〔八〕：小便器入房中，密塞口；房外，應滿盛水。不得裸身上廁。三千威儀：不洗大小便處，不得坐僧坐具。上座、三寶，若禮無福。應脫袈裟、僧祇支，大小便。

【校釋】

〔一〕**彈指**　簡正卷一六：「廁外彈指，令內人知也。准五分，廁內人亦須作聲等。不爾，二俱犯吉也。廁草長不過一尺，令非人知者。若不彈指，廁神不知，而相衝也。」（一〇二一頁下）【案】「四分」下明登廁法，分三。初，「不應」下，登廁法；二、『應別』下，洗穢法；三、『不得』下，制餘務。初又分六：一、今即去，恐生病故；二、須捉草，今謂廁籌；三、讓前人；四、警人鬼；五、教安衣；六、正上廁。四分卷四九，九三二頁上～中。

〔二〕**當著衣**　資持卷下四：「準似下衣。彼約露處，不容脫置。此多覆處，應須脫之。」（四一六頁上）

〔三〕**餘如常法已**　資持卷下四：「指教誡儀。」（四一六頁上）

〔四〕**應別處洗穢，留殘水，勿令有聲**　資持卷下四：「洗穢法。」（四一六頁上）簡正卷一六：「初綠，就水器中洗，係比丘污之。佛言：不應耳。應留殘水者，五分云：上廁用水盡，應更取水留之。無有急事，令得足一人用也。勿令有聲者，彼用水時有聲，餘比丘聞惡之。佛言：不應如是也。」（一〇二一頁下）

〔五〕**以弊物拭**　簡正卷一六：「彼洗水污衣。佛言：應用弊物拭之。」（一〇二二頁上）

〔六〕**一一洗之**　資持卷下四：「隨用一物，取淨為期。準鼻奈耶律，以七土洗之，說名為淨。」（四一六頁上）簡正卷一六：「玄曰：據經中說，洗淨手當用土，次灰，從（【案】『從』疑『後』。）澡豆等。若先用灰，即鼃氣人皮肉中不歇故。五分：倮形上廁，廁神為緣起故，佛制不許也。」（一〇二二頁上）扶桑記：「七土洗之，資行云：七度以土洗，非謂七種土也。」（三六七頁上）

〔七〕**不得在廁邊受誦經、作衣，妨餘比丘**　資持卷下四：「制餘務。」（四一六頁上）

〔八〕**五分**　鈔科卷下四：「『五』下，列示諸雜法。」（一三〇頁下）資持卷下四：

「五分三事：初，安便器；二、盛淨水；三、制裸形。」（四一六頁上）【案】
五分卷二六，一七六頁中。

八、慈濟畜生法

四分：慈心解他被繫狗子，出他被溺豚子，解蘭若處賊繫牛，並不
犯。僧祇：有神力，奪賊物人，放諸禽畜〔一〕，皆云「慈」，作者不犯。

十誦：獵師逐畜入寺，從比丘索〔二〕。比丘言：「那得還汝？」彼去，
生疑，佛言：「不犯〔三〕。」又，被射鹿入寺〔四〕，獵師言：「此鹿中箭，
當更射殺，汝等避箭。」諸比丘不與避，亦不與鹿，便呵已去。去後鹿
死，佛言：「應還獵師」。若悲，壞羅網及獄，但犯吉羅〔五〕。猪被箭，
入寺。比丘言：「何處？又是誰猪？無有猪主？」去後，白佛〔六〕。佛言：
「有如是因緣，當作餘語，不犯。」

【校釋】

〔一〕有神力奪賊物人，放諸禽畜　鈔科卷下四：「慈心解放。」（一三〇頁中）資持
　　　卷下四：「初科二律，解放他物，皆為慈心，不為盜損。豚子，豬之少者。」
　　　（四一六頁上）【案】四分卷五五，九七四頁上、九七八頁中。僧祇卷二九，
　　　四六七頁中。

〔二〕獵師逐畜入寺，從比丘索　鈔科卷下四：「『十』下，獵師求索。」（一三〇頁
　　　中）【案】十誦文分為四。

〔三〕不犯　資持卷下四：「初，開妄語，那得還汝，意彰無故。」（四一六頁上）

〔四〕被射鹿入寺　資持卷下四：「『又』下，次，開藏隱。」（四一六頁上）

〔五〕若悲，壞羅網及獄，但犯吉羅　資持卷下四：「『若』下，三、開盜損。壞網及
　　　獄非儀，故吉。」（四一六頁上）【案】十誦卷五八，四三一頁中

〔六〕去後，白佛　資持卷下四：「『豬』下，四、開餘語。」（四一六頁上）【案】五
　　　分卷二八，一八三頁上

九、避惡畜生法

五百問：行路寄鬼神屋宿，不得有觸擾意〔一〕。生者，犯墮。

四分：若蛇入屋，若以箭盛，若繩繫，應解已棄之。若患鼠入舍，
應驚出，若作檻〔二〕出之。若患蝎、蜈蚣、蚰蜒入屋者，以弊物，以泥
團〔三〕，以掃帚盛裏棄之——應解放，勿令死。有呪蛇法〔四〕，文廣不出。
若窗嚮〔五〕患蝙蝠、燕雀入，織作籠疏〔六〕，若安櫺子〔七〕。不得在多人
住處拾蝨〔八〕。聽以器——若毾，若綩弊物，拾著中。若走出，箭盛蓋

塞，繫牀腳裏。然律不明養法。準上蛇、鼠，並令出之，不令內死。準須將養，不爾殺生。若眾鳥鳴亂者，應作聲驚；若彈弓，若打木，令去。

【校釋】

〔一〕行路寄鬼神屋宿，不得有觸擾意　鈔科卷下四：「避非人法。」（一三○頁下）簡正卷一六：「五百問：約不得，令佗慳也。今既不觸，即是不慳也。」（一○二二頁上）資持卷下四：「初文觸擾。意謂欲擾動鬼神也。」（四一六頁上）【案】五百問，九八○頁上。

〔二〕檻　資持卷下四：「檻，押也。」（四一六頁上）

〔三〕以泥團　簡正卷一六：「謂將泥團掩著虫身，虫被泥綴不動，然後將出棄之。」（一○二二頁上）鈔批卷二七：「濟云：將淹虫蝎之上，合泥捉出外已，將杖子擺離於泥，以泥捉之，則不得動也。」（六八頁下）【案】四分卷四二，八七○頁下。

〔四〕呪蛇法　資持卷下四：「『咒蛇法』，以法咒之，令不傷人。五分云：我慈諸龍王，天上及人間，以我此慈心，得滅諸患（【案】『患』五分作『恚』。）毒。我以智慧聚（【案】『聚』五分作『力』。），用心（【案】『心』五分作『之』。）殺此毒，味味無味毒（【案】五分作『味毒無味毒』。），破滅入地去。」（四一六頁上）【案】五分卷二六，一七一頁上。

〔五〕窗嚮　資持卷下四：「謂隔眼透明處。」（四一六頁上）扶桑記：「嚮，與『向』同，北出牖也。」（三六七頁下）

〔六〕籠疏　資持卷下四：「即竹織網也。」（四一六頁上）

〔七〕櫺子　資持卷下四：「指歸云：窗牖中編木為之。」（四一六頁上）

〔八〕不得在多人住處拾蝨　資持卷下四：「律文但明拾法，故準蛇、鼠，將護彼命。世人愚教，多以火焙、湯浸、爪掐，令死。素無慈愍，縱行殺害，心同羅剎，行等屠兒。物命雖微，死苦無別，請披聖訓，深須誡之。」（四一六頁上）

十、雜明治病法

善見：作醫師，得吉羅；為出家五眾合藥者，得〔一〕。若和尚父母〔二〕在寺疾病，弟子亦得為合藥。又，父母貧賤，在寺內供養。淨人、兄弟、姊妹、叔伯及叔伯母、姨、舅，並得為合藥。無者〔三〕，自有，亦得借用。不還者，勿責。如是乃至七世。五百問：若道人慈心作醫治，得；不得取物自入。前人強與，為福應取〔四〕。若病，不得服氣唾腫，同外道故〔五〕。

　　四分：得學呪〔六〕。腹中蟲病，若治宿食不消，若學呪毒等，為自護，不為活命。患吐，用頭髮燒末〔七〕，以水和漉服。患熱，以栴檀塗；沈水亦佳〔八〕。患毒，服腐爛藥〔九〕：已落地者，以水和漉受服；未墮地者，以器盛之，水和漉服，不須受〔一〇〕。田中泥，亦須水和受服〔一一〕。五分：青木香〔一二〕著衣中，辟蟲。誦呪時，不噉鹽，不眠牀，佛聽——神呪法爾〔一三〕。僧祇：生癰癤，用小麥研塗之〔一四〕。十誦：不淨脂鹽得服〔一五〕。四分：不淨酥用灌鼻〔一六〕。

【校釋】

〔一〕為出家五眾合藥者，得　鈔科卷下四：「初，先明醫師。」（一三〇頁下）資持卷下四：「不為利故。」（四一六頁上）【案】「治病法」文分為二，初又分制、開二段。

〔二〕和尚父母　扶桑記：「資行云：和尚即父母，非謂和尚與父母。」（三六七頁下）

〔三〕無者　資持卷下四：「謂親里貧乏也。」（四一六頁上）

〔四〕前人強與，為福應取　資持卷下四：「五百問初制取物，唯開強與。今時醫者，本為求財。既非道業，正乖聖教，懷慈濟物，未見其人。然古之高僧，亦有兼濟故。僧傳明晉有法開，善通方脈。或問法師：『高明剛簡，何以醫術經懷？』對曰：『明六度以除四魔之疾，（四一六頁上）調九候以療風寒之病，自利利他不亦可乎！』是知心存利物，無往不可。苟為世財，準律禁斷！」（四一六頁中）【案】五百問，九七七頁下、九八〇頁中。參見高僧傳卷四于法開傳，三五〇頁中。

〔五〕若病，不得服氣唾腫，同外道故　資持卷下四：「『若病』下，次，斷邪術。『唾腫』即今方捉嘆水，以收腫毒故。」（四一六頁上）

〔六〕得學呪　鈔科卷下四：「『四』下，正明治病。」（一三〇頁下）資持卷下四：「四分初教學咒。」（四一六頁中）

〔七〕患吐，用頭髮燒末　資持卷下四：「頭髮微溫，故可止吐。」（四一六頁中）

〔八〕患熱，以栴檀塗；沈水亦佳　資持卷下四：「智論云：寒時雜以沈水，熱時雜以栴檀以塗其身。」（四一六頁中）【案】智論卷三〇，二七九頁上。

〔九〕腐爛藥　標釋卷二四：「腐爛藥，謂是腐敗朽爛陳故之藥。淨法師曰：梵云『晡堤木底鞞殺社』。『晡堤』是陳，『木底』是棄，『鞞殺社』譯為『藥』。即是陳棄藥也。意在省事，僅可資身。」（七七〇頁上）濟緣記卷一七：「腐爛藥者，

世所同棄，而實可收，即大小便也。有本說云陳棄藥者，謂世間煮殘查滓可棄者，取重煮之，得療便止，何須問本。」（八九六頁上）

〔一○〕未墮地者，以器盛之，水和漉服，不須受　資持卷下四：「謂曾加受，無塵土落中故。」（四一六頁中）

〔一一〕田中泥，亦須水和受服　鈔批卷二七：「案四分文有比丘醫教服之。」（六八頁下）【案】以上四分卷二七，七五四頁中；卷四二，八七○頁下。

〔一二〕青木香　資持卷下四：「五分：青木香療腫毒、消惡氣。」（四一六頁中）扶桑記：「青木香，準時珍本草，馬燕鈴根也。」（三六七頁下）

〔一三〕神呪法爾　資持卷下四：「誦咒不噉鹽等，似同邪術，緣故聽之。」（四一六頁中）

〔一四〕生癰癤，用小麥研塗之　資持卷下四：「僧祇：小麥須炒，令焦黑碾碎，新汲水調。」（四一六頁中）【案】僧祇卷三二，四八八頁中。

〔一五〕不淨脂鹽得服　鈔批卷二七：「立明：此約病人得服他過限七日藥、犯竟殘藥、惡觸等藥。必知服之得差者，開服無罪。若知必差者，亦不（原注：『不』疑『可』。）開喫也。」（六八頁下）資持卷下四：「十誦不淨，謂宿觸等，但開病者。」（四一六頁中）【案】十誦卷五五，四○五頁中。

〔一六〕不淨酥用灌鼻　資持卷下四：「四分：外用，健病皆得。」（四一六頁中）【案】四分卷一四，六六三頁中。

沙彌別行〔一〕篇第二十八

此翻為「息慈」〔二〕，謂息世染之情，以慈濟羣生〔三〕也。又云：初入佛法，多存俗情，故須息惡行慈也。

沙彌建位，出俗之始〔四〕。創染玄籍，標心處遠〔五〕。自可行教，正用承修〔六〕。濫迹相濟，世涉多有〔七〕。

然信為道原功德之母〔八〕，智是出世解脫之因〔九〕。夫出家者，必先此二〔一○〕。如未曉此，徒自剃著〔一一〕：內心無道，外儀無法，縱放愚情，還同穢俗〔一二〕。所以入法至于皓首、觸事面牆〔一三〕者，良由自無奉信，聖智無因而生——但務養身〔一四〕，寧知出要勝業？

【題解】

簡正卷一七：「四姓出家，咸稱釋氏。五眾階級，經律具彰。前篇雖有事而同遵，未顯自行之別相，故於大僧之後，有此沙彌篇來。」（一○二三頁上）鈔批卷二八：

「上來二十八篇，總明大僧之法。然其下眾，清禁未登，觸事猶迷，何能出要？理資法訓，取則上尊，故此篇備論進否，故有此篇來也。」（六九頁上）【案】此下三篇為別類：彌別法篇、尼眾別行、諸部別行。

【校釋】

〔一〕**沙彌別行** 簡正卷一七：「『沙彌』，梵語，此號『息慈』，與大僧行用全殊，故有別行之。」（一〇二二頁下）鈔批卷二八：「沙彌者，大約有二不同：一曰形同，二曰法同。約教立行，不同大僧，故曰『別行』也。」（六九頁上）資持卷下四：「分字解義，無非自、他二利，止、作兩行。但初通約出家本志，後據創反俗情，以在俗作惡，無慈故也。寄歸傳云：受十戒已，名『室羅末尼羅』，譯為『求寂』。『求』即無漏智，『寂』即無生理。準知，『沙彌』梵音訛略。別行者，行字，通平、去二音。若作平呼，謂此三篇在前，由途相攝之外。若作去呼，即此三篇與前大僧本部不同。別行、別行，兩釋並通。」（四一六頁中）【案】本篇分二：初，「沙彌」下；次，「故先」下。

〔二〕**息慈** 簡正卷一七：「羯磨疏云：『沙彌』，西梵本音，東夏，翻為『息慈』也。疏中，亦有兩釋，今言謂息世染之情。」（一〇二二頁下）

〔三〕**慈濟羣生** 簡正卷一七：「是疏家第二義也。疏云：有人言，初拔世表，多緣慈戀，故息小慈，用懷大哀，救拔一切也。今言世染之情，是多緣慈戀，謂世人多慈，戀著己之眷屬，此是小慈。今初拔世表故，令息小也。以慈濟群生者，謂莫簡親疏，並懷哀慇，是大慈也。第二義者，（一〇二二頁下）疏云：有人言：息惡行慈，是行之始。謂四無量心，慈行最在其始。今既初入佛法，即須行其初行，是行慈也。『行慈』下，釋所以也。謂初入佛法，多存俗情，今令行息除存俗之惡行也。准此兩師之意：前師約親疏之境，大慈小慈以明；後師一向約自己心行以明，義全殊也。問：『解沙門義，亦云息惡行慈，與此何異？』答：『言詞似同，約義全異。且沙門息於三界，見修煩惱，名為息惡；證得擇滅涅槃，起四無量心，慈及一切，名曰行慈，與此全別也。若准唐三藏新云：『室囉摩拏露迦』，此云『勤策男』；『室囉摩拏理迦』，此云『勤策女』。為大僧、大尼之所策勵也。」（一〇二三頁上）鈔批卷二八：「此明在俗年小，未門（原注：『門』疑『問』。）罪福，喜多殺害。今始出家，先須離殺，約此義邊，故曰慈濟眾生也。故十戒之首，先標殺戒，婬、妄義希，故列居後。五、八之戒，義意同斯等。准初緣為語，如未曾有經，羅云出家，始年九歲，是沙彌之首也。至今，西域七月十五日，諸沙彌等採華供養羅云也。要律儀

（【案】『要』前疑脫『出』字。）音云：沙彌者，舊譯曰『息慈』，亦云『淨養』，亦云『擬淨命』。羯磨疏云：沙彌，梵音，此翻『息慈』也。有人言：息惡行慈，為行之始也。有人言：初拔世表，多緣慈戀，故息小慈，用懷大哀，救拔一切也。礪云：沙彌，此云『息慈』。『息』謂離過，『慈』謂修善，就行彰因，故曰『息慈』。問：『比丘亦有離過修善，應名沙彌；（六九頁上）沙彌亦有乞士怖魔之義，應與比丘之稱？』答：『如向所問，實通彼此。然沙彌是厭俗之始，就初受稱，故曰沙彌。具戒據受目，故曰比丘也。唐三藏云：沙彌者，梵『室羅摩拏洛迦』，翻為『勤策男』，謂苾芻勤人所策，故曰也。『室羅摩拏理迦』，翻為『勤策女』，釋義同上。有云：『勤』是比丘，『策』是沙彌，以沙彌被比丘策使也。此亦同三藏意。又云：勤策者，勤求策使故也。』」（六九頁下）

〔四〕**沙彌建位，出俗之始**　鈔科卷下四：「初，敘本示濫。」（一三〇頁上）資持卷下四：「上二句示位。此中須分形、法二同。若但剃髮，名『形同沙彌』。若受十戒，名『法同沙彌』。」（四一六頁中）簡正卷一七：「謂初出家，即在沙彌之位。今建立此，是出家之始也。」（一〇二三頁上）鈔批卷二八：「此謂沙彌初始出俗故也。」（六九頁下）

〔五〕**創染玄籍，標心處遠**　資持卷下四：「次二句，明本志。上句言其始，下句示其終。『玄籍』通目佛教，『處遠』直指佛果。」（四一六頁中）簡正卷一七：「玄，妙也。三藏聖教，故名『籍』。謂此沙彌得小分法故。標心處遠者，如松栢初萌，已抱凌雲之志氣，沙彌始學，須懷無上之心也。」（一〇二三頁上）鈔批卷二八：「立云：薄書曰，『籍』謂一切三藏聖教文字，『卷軸』皆曰典籍。此之籍者，能詮玄理，故曰『玄籍』。標心處遠者，謂始染玄風、出俗未久，然擬修道，近出三界，遠至佛果菩提，故曰也。亦如松栢初萌已，蘊陵雲之氣也。」（六九頁下）

〔六〕**自可行教，正用承修**　資持卷下四：「復次二句，示律可依。」（四一六頁中）簡正卷一七：「謂沙彌別行、別教，如下五門。如是教行，正用遵承修學也。」（一〇二三頁上）

〔七〕**濫迹相濟，世涉多有**　資持卷下四：「後二句，斥世無訓。」（四一六頁中）簡正卷一七：「凡曰度人，要以振侶為心，非以射食事資為要。雖列法食兩位，然以法務為先。今若無法，但以衣食相資，便與俗相濫，故云世涉多有也。」（一〇二三頁下）

〔八〕**然信為道原功德之母** 鈔科卷下四：「『然』下，明信智二門。」（一三一頁上）資持卷下四：「初敘二法之要。道由信立，故為道原。德自信生，故云德母。」（四一二頁中）簡正卷一七：「謂欲出家，以信為本。故經云：以信得入，如水清珠，能清濁水。經云：如是我聞生信也，五根五力以信為首。大乘入道，以信為初，萬善之原，因信而有。以信能生無量功德，喻之如母也。」（一〇二三頁下）鈔批卷二八：「謂有信佛法之心，知是可歸之處，投其出家，修萬行功德。果報從信而生，喻之如母。（六九頁下）雖復出家，無信心者，不異外道。故疏云：凡入佛法，要先有信。信義不同，略有六種：一、如手，二、如筋，三、如乳，四、如財，五、如根，六、如力。一、如手者，華嚴經云：說信如手，如人有手，入寶山中，自在取寶。有信亦入佛法中，自在取於無漏法寶。二、如筋者，如人用師子筋，以為琴絃，音聲一奏，一切餘絃皆悉斷滅。若人發一念信心，一切煩惱業障悉皆消滅。三、如乳者，有人搆取牛馬諸乳，置之一器。若將師子乳一渧投之，一切諸乳，皆悉壞變為清水也。若人發一念信心，一切惡魔及諸罪部，悉皆變為清淨法水。四、如財者，譬如世間財物，皆益眾生色身。信心亦爾，能長信人慧命也。五、如根者，譬如樹根能生華果。信心亦爾，能生菩提華果。六、如力者，譬如世間壯人，能伏剛強。信心亦爾，能摧一切惡不善法也。」（七〇頁上）【案】晉譯華嚴卷五九，七七八頁下；四十卷，六〇二頁上等處。

〔九〕**智是出世解脫之因** 簡正卷一七：「若人無智，不能知煩惱性，豈便隨處生染，不免轉迴。今若有正智得菩提涅槃，是出世解脫因也。今既無信之根本，道何由生，故曰內心無道也。」（一〇二三頁下）鈔批卷二八：「謂智慧能破煩惱，如燈破闇。以智能斷惑故，得出三果，無復生死繫縛，是名解脫，故曰智是解脫因。」（七〇頁上）資持卷下四：「治業由智之力，破惑在智之照，故為解脫因也。」（四一二頁中）

〔一〇〕**必先此二** 鈔批卷二八：「立謂：有信、無信（原注：『無信』疑『有智』。）為二也。案智論云：佛法大海水中，信為能入，智為能度。若人有信心，能入佛法也。」（七〇頁上）資持卷下四：「非信道德無以發，非智業惑無以除。出家之人，為道求脫，故云必先此二也。」（四一二頁中）

〔一一〕**如未曉此，徒自剃著** 資持卷下四：「『如』下，敘不明之失。」（四一六頁中）鈔批卷二八：「剃著者，剃髮著衣也。先明出家本意者，即初七門是也。」（七〇頁下）

〔一二〕**內心無道，外儀無法，縱放愚情，還同穢俗**　資持卷下四：「初，明形心混俗。」
（四一六頁下）簡正卷一七：「外儀無法者，今既內無信智，則令外身口七支，
四儀之中，有何法則。」（一〇二三頁下）

〔一三〕**入法至于皓首、觸事面牆**　簡正卷一七：「白頭謂之『皓首』也。向牆者，有
何處見？所以爾者，良內無正信，所以聖智，無因得生也。」（一〇二三頁下）
資持卷下四：「『所』下，次，顯愚法所以。『皓首』即白頭也，『面牆』無所見
也。（論語云：人而不為。周南召南：其猶正牆面而立也。二南統目於詩。）」
（四一六頁下）

〔一四〕**但務養身**　簡正卷一七：「便是出家，那知戒定慧三學，出要之勝業也！」（一
〇二三頁下）資持卷下四：「無信則智不發，無智則不慕道。飽食暖衣，悠悠
卒世，故云但務養身等也。」（四一六頁下）

故先明出俗本意，後依意〔一〕隨解。

【校釋】

〔一〕**依意**　扶桑記：「依下科文合作『依位』，疑是寫誤。」（三六八頁上）【案】「故
先」下文分為二：「初中」下；二、「就後段中」下。

初中

七門〔一〕：一、明出家元緣〔二〕，二、勸出有益，三、障出有損，四、
行凡罪行，五、行凡福行，六、明行聖道行，七、大小乘相決同異。

初中

華嚴云〔三〕：若有不識出家法，樂著生死不求脫，是故菩薩捨國財
〔四〕，為之出家求寂靜〔五〕。五欲所縛不離家，欲令眾生解脫故，示現不
樂處五欲，是故出家求解脫。以此文證，故知出家，功由菩薩〔六〕。郁
伽長者經、涅槃經等，竝有出家之法〔七〕。

二、明勸出有益者

華手經：菩薩有四法，轉身當作善來比丘，蓮華化生，現增壽命〔八〕：
一、自樂出家，亦勸助他人，令其出家；二、求於佛法，無有懈倦，亦
勸他人；三、自行和忍，亦勸他人；四、習行方便，深發大願。出家功
德經〔九〕云：若放男女、奴婢、人民出家，功德無量。譬四天下，滿中
羅漢，百歲供養，不如有人，為涅槃故，一日一夜出家受戒，功德無邊
〔一〇〕。又如：起七寶塔，至三十三天，不如出家功德〔一一〕。

智論云：出家人雖破戒，破戒墮罪，罪畢得解脫〔一二〕。如蓮華色尼本生經說〔一三〕。如佛度醉婆羅門〔一四〕，以無量世來，無出家心，因醉發心，後當得道。因說出家偈。本緣經云：一日一夜出家故，二十劫不墮三惡。祇律：一日一夜出家修梵行，離六百六千六十歲三塗苦。

三、障出有損〔一五〕

出家功德云：若為出家者作留礙抑制，此人斷佛種，諸惡集身，猶如大海〔一六〕。現得癩病，死入黑闇地獄，無有出期〔一七〕。

四、明既出家已〔一八〕，行凡罪行

大寶積經云，出家有二種縛〔一九〕：一、見縛〔二○〕，二、利養縛〔二一〕。有二癰〔二二〕瘡：一者求見他過，二者自覆己罪〔二三〕。經中又言：有二毒箭〔二四〕，雙射其心：一、邪命為利，二〔二五〕、樂好衣鉢。涅槃云：我涅槃後，濁惡世時，多有為飢餓〔二六〕故，發心出家，名為「禿人」。見有持戒、威儀具足、清淨比丘護持正法，驅逐令出，若殺若害〔二七〕。

若論罪行，且列五種〔二八〕：所謂貪欲、瞋恚、愛親、求利、慳嫉等五。竝如別鈔〔二九〕，隨事引文。

五、明出家行凡福行

謂有比丘出家已後，但知持戒，不志尚道〔三○〕；以戒為上，餘悉不為，用為非道〔三一〕；內多瞋怒〔三二〕，自汙淨心，情無勝進。此戒取見、見取煩惱〔三三〕，欲界下業，非上界行〔三四〕。若修世禪〔三五〕，是上界業，終退生死〔三六〕，未有出期。乃至多聞、布施、講經、誦習〔三七〕，竝是欲有〔三八〕，未成無漏〔三九〕。

智論云，世間法〔四○〕者：孝順父母、供養沙門、布施、持戒、四禪、四無色定、念佛法僧、九想〔四一〕等是。成論云：於持戒、多聞、禪定等，少利事中，自以為足；以貪著此少利事故，忘失大利〔四二〕。智者不應貪著小利，忘失大利〔四三〕。

六、明出家行聖道行

但出聖道，無始未曾，皆由著世，慣習難捨〔四四〕。今既拔俗，必行聖業。經中乃多，要分三位〔四五〕。

一者，小乘人行——觀事生滅，知無我、人、善、惡等性〔四六〕。二、小菩薩行——觀事生滅，知無我、人、善、惡等相〔四七〕。三、大菩薩行——觀事是心，意言分別〔四八〕故；攝論云：從「願樂位」至「究

竟位」〔四九〕，名觀中緣〔五〇〕，意言分別為境〔五一〕。

離此無別餘法〔五二〕。上二別行，如餘所明〔五三〕。若入道，方便、除疑、捨障〔五四〕，要拔諸行，常志行者〔五五〕，如別行門〔五六〕二十卷中，具廣分別。

七、明大小乘相決同異〔五七〕

三乘道行，如上已明〔五八〕。今通決正，不出三學〔五九〕，一切聖人，無不行此。

若據二乘，戒緣身口，犯則問心〔六〇〕。執則障道，是世善法〔六一〕；違則障道，不免三塗〔六二〕。「定」約「名」「色」〔六三〕，緣修生滅為理〔六四〕；二乘同觀，亦無諦、緣之別〔六五〕。故佛性論〔六六〕云：二乘之人，約虛妄觀無常等相，以為真如〔六七〕。慧取觀照，與「定」義別體同〔六八〕。

若據大乘，戒分三品〔六九〕。律儀一戒，不異聲聞〔七〇〕，非無二三有異〔七一〕，護心之戒，更過恒式〔七二〕。

智論：問云：「菩薩住於實相，不得一法，得破戒不〔七三〕？」答曰：「以住於實相故，尚不作福，何況作罪〔七四〕！雖種種因緣，不破戒〔七五〕。」又問〔七六〕：「地持云：寧起身見，不惡取空〔七七〕；佛藏：寧起斷滅見，不起我想。二言何違〔七八〕？」答：「地持為存世法，則有善業〔七九〕。『惡取空』者，交壞世人善心，無益自他〔八〇〕。佛藏勸斷滅見，雖現非善利，後因保著心少，便得解脫〔八一〕。各有所明〔八二〕。」問：「菩薩寧起貪心，不一念起瞋，由瞋違生〔八三〕故。若爾，得起貪不〔八四〕？」「智論〔八五〕云：如色界天，猶斷五蓋十不善〔八六〕，得生彼。梵世天，無始來不斷欲惡者，尚不得生。況出聖道，遠離欲惡，本所不得〔八七〕。今若有欲，何可得耶？」

攝論云：菩薩得無分別智，一切塵不顯現〔八八〕。由有勝智方便，具行殺生等十惡〔八九〕。由前有利益，故自無染濁過失〔九〇〕；縱有利益，有過失不應行〔九一〕。準此，初地已上，方得用此得無分別智，故地前不合〔九二〕。

涅槃：持息世譏嫌戒，與性重戒無別〔九三〕。因說菩薩持戒相，羅剎乞浮囊喻，明五篇六聚護罪法〔九四〕。又云〔九五〕：若未住不動地，有因緣故，得破戒〔九六〕。此則八地以上，或可淨心地以上〔九七〕。若論定

慧〔九八〕，小觀相空〔九九〕，深觀唯識〔一〇〇〕。鈍見空時，不分別色〔一〇一〕；利知唯識，不分別空〔一〇二〕。

　　且分大小二乘，略知途路。但相似道、相似善，難知難學，多墮邪林〔一〇三〕。理須通學，方堪正觀〔一〇四〕，不以誦語而為道業〔一〇五〕。如十住婆沙及十地中說〔一〇六〕。又經云：以因多聞，得智慧故〔一〇七〕。便入佛法，不得頓學，猶如太海。

　　又以三事驗三道〔一〇八〕也。凡夫但自為，二乘自為兼他，大乘唯為於他〔一〇九〕——此三發意別故，成果亦別。若論緣事，心乖事同〔一一〇〕。且知大略而已〔一一一〕。

【校釋】

〔一〕七門　資持卷下四：「前三明功，次三明行，後一決疑。」（四一六頁下）

〔二〕初中　簡正卷一七：「謂明出家元本之緣，誰為先也。有作『無』字釋者，非也。」（一〇二三頁下）鈔批卷二八：「濟云：『出家元緣』謂出家元本之緣也。有本作『無緣』者，謬也。」（七〇頁下）

〔三〕華嚴云　資持卷下四：「華嚴二偈，明如來為眾生故，方便示現出家修道。初一偈，開示令知。次一偈，引導令出。」（四一六頁下）【案】晉譯華嚴卷六，四三五頁下。次句「不求脫」，華嚴為「解」。

〔四〕是故菩薩捨國財　鈔批卷二八：「此明釋迦若不出家，必為轉輪聖王，七寶千子、王四天下，以見出家功德勝故，捨茲榮貴，出家學道也。」（七〇頁下）資持卷下四：「如來若不出家，當紹金輪王位，故云捨國財也。」（四一六頁下）

〔五〕寂靜　資持卷下四：「寂靜即涅槃理也。」（四一六頁下）

〔六〕功由菩薩　鈔批卷二八：「謂佛捨於國財，離五欲樂，為眾生故，出家修道。今時五眾，傚佛成規，忘家入道，豈非出家之功德因由菩薩也？智度論云：佛成道已，度千梵志以為弟子，即優樓頻螺、迦葉兄弟等千人也，並久修梵行，多在山間，顏容憔悴。又以少欲知足，著破衣裳，外相不美。父王因令，釋子中有第二者一人出家。增一阿含云：父王遣釋種中兄弟二人者，一人出家。今四分『破僧違諫戒』中，謂諸釋種豪族子孫，以信堅固，從世尊求出家。既是信心出家，何關父王逼遣？故普耀經云『父王科（【案】『科』疑『敕』。）度五百釋子』。據此諸文，皆由菩薩也。就釋種出家中，有跋提釋子，案五分中，是佛堂弟，出家已後，居閑林樹下，夜半唱言『樂樂』，諸人皆疑。跋提思憶

舊時宮中色欲，故稱為樂。（七〇頁下）佛欲拂眾人之疑，故問所由。跋提白佛：『我昔在家住於七重城塹之裏，七行象、七行馬、七行車、七行出，四兵圍繞，忽聞異聲，心驚毛豎。今在樹下，空露之地，坦然無憂，是故稱樂。』（故曉禪師釋子賦云跋提所以高稱快樂，即其義也。）」（七一頁上）資持卷下四：「菩薩即釋迦本師。此明出家，從因彰號」（四一六頁下）

〔七〕郁伽長者經、涅槃經等，竝有出家之法　資持卷下四：「具云郁伽羅越問菩薩行經。彼云，佛告郁伽：『出家菩薩常念精進，智慧無所著也，如火在頭，憂救然熾等。』餘廣如彼。涅槃云：在家逼迫猶如牢獄，一切煩惱因之而生，出家閑曠猶如虛空，一切善法因之增長。大小乘教多說出家之法，此不煩引，故云『等』也。淨住子說：出家有十八法，難行能行：父母是孝戀，難遣而能辭親；妻子是恩染，難奪而能割愛；勢位是物情所競，而能棄榮；飢苦是人所難忍，而能節食；滋味是人所貪嗜，而甘噉蘇澀；翹勤是人所厭倦，而能精苦；七珍是人所吝惜，而能捨離；錢帛是人所畜聚，而能棄散；奴僮女人所資侍，而自給不使；五色是人所忻睹，而棄之不顧；八音人所競聞，而絕之不聽；飾玩細滑，人所保著，而能精麤無礙；安身養體，人所共同，而能忘形捨命；眠臥是人所不免，而晝夜不寢；恣口朋遊，人所恒習，而處靜；自撿白衣飲饌不知絕極，而近口如毒；白衣日夜無所不甘，而已限以晷刻；虛腹白衣，則華屋媲（匹，詣配也。）；（四一六頁下）偶而已以塚間離著。（此齊文宣王蕭子良撰要，故錄之。）」（四一七頁上）鈔批卷二八：「涅槃云：在家逼迫，猶如牢獄，出家閑曠，猶若虛空等，謂出有為家、入無為家也。」（七一頁上）扶桑記引濟緣釋「八音」：「金、石、絲、竹、匏、土、革、木。」（三六八頁上）【案】郁迦羅越問菩薩行經，二五頁上。

〔八〕菩薩有四法，轉身當作善來比丘，蓮華化生，現增壽命　鈔科卷下四：「初，能勸人益。」（一三〇頁下）資持卷下四：「華手經明獲報。初，總示勝報。轉身即當報，現增即現報。善來者，道成初果，蒙佛親度，金言一召，鬚髮自落，袈裟在身，蓮華化生，不受胞胎故。『一』下，別列四法：一、解脫，二、精進，三、忍辱，四、饒益。一一皆具，自行化他。此中正用第一，餘三相因而引。」（四一七頁上）【案】佛說華手經，大正藏第九冊，一九六頁中。

〔九〕出家功德經　簡正卷一七：「准出家功德經，有兩喻：一、以四天羅漢，受供養喻；二、起七寶塔，至忉利天喻。以此二種挍量，並不如出家功德。所以爾者？供養羅漢，及以起塔，並是有為、有漏之福，有竭盡之時。若是出家修無

為法，乃至得無漏道、解脫涅槃，此福無盡，故有漏福不及也。」（一〇二四頁上）資持卷下四：「功德經中，初，正明；二、喻顯，有二：為道出家無漏功德，供聖起塔皆有為福，故所不及。」（四一七頁上）【案】佛說出家功德經，大正藏第一六冊，八一四頁～八一五頁。

〔一〇〕**一日一夜出家受戒，功德無邊**　資持卷下四：「一日一夜，舉少況多。彼經阿難問佛：『若有人放人出家，若自出家，得幾所福？若人毀破他人出家，受何罪報？』佛告阿難：『若滿百歲中問我，我以無盡智慧，除飲食時，滿百歲中為汝說此人功德猶不能盡。若人毀破出家因緣者，是人於三惡道中常受生盲。若為人時，在母腹中受胎便盲。汝於百歲，常問是義。我於百歲，以無盡智，說是罪報，亦不可盡。』」（四一七頁上）

〔一一〕**起七寶塔，至三十天，不如出家功德**　鈔批卷二八：「案出家功德經云：假使有人起七寶塔，高至三十三天，所得功德，不如自出家，及放男女奴婢出家。何以故？七寶塔者，貪惡愚人能破壞故。出家之法，無有毀壞。又如百人盲人有一明醫，能治其目，一時見明。又有百人罪應挑眼，一人有力，能救其罪，令不失目。此二人福，雖復無量，猶亦不如令人出家及自出家功德弘大。何以故？施眼之人，獲一世利。又宍眼性，體有敗壞。故出家之人，展轉示導一切眾生，獲無上慧眼。慧眼之性，歷劫無壞，福報人天，受樂無盡，畢成佛道。又，由出家之法，滅魔眷屬，增益佛種，長養善法，摧滅惡法，是故佛說出家功德，高於須彌，深於大海，廣於虛空。若有人為出家人（七一頁上）作留難，令不得遂者，其罪深重，必入地獄，現得癩病。又，出家之人，修多羅為水洗結使之垢，能滅生死之苦，為涅槃之因；以毗尼為足，踐清戒之地；阿毗曇為目，視世善惡。恣意遊於八正之路，至涅槃之妙城。是故，出家功德廣矣。雖出家破戒，後得解脫。」（七一頁下）【案】賢愚經，大正藏第四冊，三七六頁中。

〔一二〕**出家人雖破戒，破戒墮罪，罪畢得解脫**　資持卷下四：「智論二緣。」（四一七頁中）【案】智論卷一三，一六一頁上～中。

〔一三〕**蓮華色尼本生經說**　資持卷下四：「初尼緣者，彼云：如優缽羅華（即蓮華也）。」（四一七頁中）鈔批卷二八：「案智論第十三云：於佛法中，出家之人，雖破戒墮罪，罪畢得解脫，如優缽華比丘尼本生經中說。佛在世時，此尼得六通羅漢，入貴人舍，常讚出家之法，語諸貴人婦女言：『姊妹可出家。』諸貴婦女言：『我等少壯，容色盛美，持戒為難，或當破戒。』比丘尼言：『但出家，破

戒便破。』問言：『破戒當墮地獄，云何可破？』答言：『墮地獄便墮。』諸女笑之言：『地獄受罪，云何可墮？』尼言：『我自憶念，本宿命時作戲女，著種種衣，而說舊語，或時著比丘尼衣以為戲笑，以是緣故，迦葉佛時作比丘尼。自恃貴姓端正，心生憍慢，而破禁戒，因此死墮地獄，受種種罪。受罪畢竟，值釋迦牟尼佛出家，得六通羅漢道。以是故知，出家受戒，雖復破戒，由戒因緣故，得阿羅漢。若但作惡，無戒因緣，不得道也。（七一頁下）我乃昔時世世墮地獄，從地獄出，為惡人。惡人死，還入地獄，都無所得。今以此證知，出家受戒，雖復破戒，可得道果。』（七二頁上）

〔一四〕**佛度醉婆羅門**　鈔批卷二八：「佛在祇洹，有一醉婆羅門來到佛所，求作比丘。佛勅阿難與其剃髮、著法衣。醉酒既醒，驚悚己身忽為比丘，即便走去。諸比丘問佛：『何以聽此醉婆羅門而作比丘？』佛言：『此人無量劫中初無出家心，今因醉故，暫發微心。以此因緣故，後當出家得道。如是因緣，故知出家功德無量。白衣雖有五戒，不如出家快樂等也。』因說出家偈者。論偈云：『孔雀雖有色嚴身，不如鴻鴈能遠飛，白衣雖有富貴力，不如出家功德勝。』」（七二頁上）

〔一五〕**障出有損**　資持卷下四：「出既有功，（四一七頁上）障則損大。經中留礙，如親里不聽仰制，如王臣禁斷。」（四一七頁中）簡正卷一七：「謂後人出家即繼嗣前人，佛種不斷。今障不許，望不相續，便是斷也。」（一〇二四頁下）

〔一六〕**諸惡集身，猶如大海**　簡正卷一七：「謂海無邊際，今諸善集身亦爾。」（一〇二四頁下）資持卷下四：「示業重也。」（四一七頁中）

〔一七〕**現得癩病，死入黑闇地獄，無有出期**　資持卷下四：「癩病即現報。入獄即生後二報。」（四一七頁中）

〔一八〕**明既出家已**　簡正卷一七：「業疏云：據論罪本，皆由事縛，不思猒背，師心妄造也。」（一〇二四頁下）

〔一九〕**縛**　資持卷下四：「『縛』喻不自在。」（四一七頁中）

〔二〇〕**見縛**　簡正卷一七：「謂諸見也。」（一〇二四頁下）鈔批卷二八：「案寶積經中，佛告大迦葉：『出家之人，有二堅縛。何謂為二？一者見縛，二者利養縛。一切『見』中，唯有『我見』能斷慧命。如人被縛，隨所縛處，而求解脫。如是隨心所著，應當除滅。佛告迦葉：譬如有人，漂沒大水，渴乏而死。沙門多讀誦經，而不能止貪、恚、痴。法水所漂，以煩惱渴，死墮諸惡道。譬如死人，著金瓔珞。多聞破戒，披服法衣，受他供養，亦復如是。』私云：上言見縛者，

（七二頁上）此通『五見』也，謂我見、邪見、邊見、見取見、戒取見。此五亦名『五利使』，亦名『五利煩惱』，謂利根人所行也。若人貪、瞋等『五鈍使』，如前上言。一切『見』中唯有『我見』者，謂『五見』之中，『我見』最惡，謂執身有我，妄起分別，壽命士夫，皆由著我也。見身有我，名為『我見』。謗無因果，曰『邪見』也。言邊見者，臣（原注：『臣』字不明。）云：續為常見，滅為斷見，故曰也。言見取者，母論云：取己所見為是，他見為非，名為『見取』。言戒取者，執戒為道，更不進修也。又解，如外道烏鵲鹿狗之戒，是為『戒取』也。此『戒取見』見取煩惱者，立謂：此是戒取之人，亦是見取人，執戒為道，無肯進趣，名為『戒取』。取此之見，以為最勝，名為『見取』。濟云：此戒取見者，此是『戒取』。見取煩惱者，此是『見取』也。『五見』之中，此『二見』也。言『戒取見』者，謂執取戒為是，作此『見』故，故曰『戒取見』也。執諸『四見』為是，名為『見取煩惱』也。此是欲界繫法，未生色與無色，何況涅槃耶！有人云：此戒見者，謂此戒是有為、有漏、可見之法，持之則取，犯之則是捨。但知取其持之相，無定慧力，亦非出世之法，故云人天凡福之也。」（七二頁下）

〔二一〕**利養縛** 簡正卷一七：「由其名利，便生有漏，因制諸戒，為防罪業障三途，謂求他過。」（一○二四頁下）

〔二二〕**癰** 資持卷下四：「癰，喻不清淨」（四一七頁中）

〔二三〕**自覆己罪** 簡正卷一七：「向諸行者，知未來實苦，決定現在不造因。如知火燒湯爛，無有內等。」（一○二四頁下）

〔二四〕**二毒箭** 資持卷下四：「『二箭』喻有所損。此三並喻自心，智者幸宜自照，慎勿自謾謂是他也。『見』謂執見，義兼於名，此利根也。『利養』即財物，更兼欲色，此鈍根也。業疏云：鈍貪財色，利著名見。四科收之，趣無不盡。」（四一七頁中）【案】資持釋文中，「此三」即「二縛」、「二癰瘡」和「二箭」等三喻。

〔二五〕**二** 【案】「二」，底本為「一」，據大正藏本、文義及弘一校注改。寶積卷一一二，六三六頁上。

〔二六〕**為飢餓** 資持卷下四：「以出家人衣食易得故。」（四一七頁中）

〔二七〕**若殺若害** 資持卷下四：「見有持戒，驅逐殺害者，自無戒德，恐相形比，失於利養，生嫉忌故。」（四一七頁中）

〔二八〕**若論罪行，且列五種** 資持卷下四：「罪相繁多。約心總攝，且列五種，故云

『等』也。愛親、求利屬『貪』，嫉即屬『瞋』，慳即是『癡』。」（四一七頁中）

〔二九〕**竝如別鈔**　資持卷下四：「未詳何文，今見業疏。」（四一七頁中）

〔三〇〕**謂有比丘出家已後，但知持戒，不志尚道**　簡正卷一七：「業疏云：心無其道，道在虛通，達累為本，此而不思。但持戒善，自餘講解，修習觀務，悉為非戒道。」（一〇二五頁上）資持卷下四：「初科，即修世間三學。初至『界行』，是持戒。」（四一七頁中）

〔三一〕**用為非道**　扶桑記引濟緣：「是此非彼也。」（三六八頁下）

〔三二〕**內多瞋怒**　扶桑記引濟緣：「怒他不從己欲也。」（三六八頁下）

〔三三〕**此戒取見，見取煩惱**　資持卷下四：「『見』即執見，以專持戒，名『戒取』。又，以戒為上勝，名『見取』。此即『五利使』中二使，故云煩惱。」（四一七頁中）簡正卷一七：「謂但專持戒，無心存道。執此為道，作見故名『戒取』。『見』即非道計道，名『戒禁取』。謂言最勝，無法能過，即執劣為勝，名見取煩惱。此見是欲界所起，故云欲界下業也。」（一〇二五頁上）鈔批卷二八：「執諸『四見』為是，名為『見取煩惱』也。此是欲界繫法，未生色與無色，何況涅槃耶？有人云：此戒見者，謂此戒是有為、有漏、可見之法，持之則取，犯之則是捨。但知取其持之相，無定慧力，亦非出世之法，故云人天凡福之（原注：『之』疑『行』。）也。」（七二頁下）

〔三四〕**欲界下業，非上界行**　資持卷下四：「欲界下業，即是人道。縱得生天，止在六欲。」（四一七頁中）簡正卷一七：「謂持戒清淨，但得欲界天身，散善所生。若生上界，要由定力助之，故云非上界行也。」（一〇二五頁上）

〔三五〕**若修世禪**　資持卷下四：「『若』下，明修定，即四禪、四空定。」（四一七頁中）簡正卷一七：「世禪者，謂四禪八定，是三界內業，故云世禪。業疏云：緣色緣心，雖上界業，終還生死，未有出期。如鬱頭藍子，上極非想，還沒阿鼻；後作飛狸等，若終無漏，出期三界，名出禪也。故起信論云：若修世間諸禪三昧，多起味著，依於我見，繫屬三界，與外道共居，離善知識所護，便起外道見故。若出世禪者，唯真三昧起味著，依於我見，不繫屬三界，方為究竟出世。論云：若不修此三昧，得入如來種性，無有是處。」（一〇二五頁上）鈔批卷二八：「相云：謂四禪及四無色定，即非想、非非想定等，皆是三界內業，故曰世禪。如外道四禪八定，皆不能出生死。若別有照用，志求無上道等，即是出世禪也。並是欲有者，多聞講說，持經布施，但是欲界業也。若有世間定慧之力，則是上二界業也。」（七三頁上）

〔三六〕終退生死　扶桑記：「業疏：若依世禪緣色緣心，雖經上界，終還生死，未有
　　　出期。」（三六八頁下）

〔三七〕多聞、布施、講經、誦習　資持卷下四：「多聞、講誦，即智慧。準知，修道
　　　事行難分，自非達人，何由可識？」（四一七頁中）

〔三八〕竝是欲有　鈔批卷二八：「就三有明此是欲。若細分別，有其二十五有也。」
　　　（七三頁上）

〔三九〕未成無漏　簡正卷一七：「謂如上多聞、布施等，並是欲界有漏之法，未成無
　　　漏之法。」（七三頁上）

〔四〇〕世間法　資持卷下四：「智論所列，對上可見。總名世間法者，即人天善。然
　　　世、出世，據心不同，至論事行，亦無有別。」（四一七頁中）

〔四一〕念佛法僧、九想　鈔批卷二八：「案名教云：一、死想，二、游想，三、脹想，
　　　四、血塗想，五、爛壞想，六、禽獸噉想，七、散想，八、白骨狼藉想，九、
　　　火燒想。廣如飾宗記第四，可尋其義，對此而說也。」（七三頁上）扶桑記：
　　　「念佛、法、僧，即六念。」（三六八頁下）【案】智論卷四四，三八一頁上。

〔四二〕以貪著此少利事故，忘失大利　資持卷下四：「世樂為『少利』。」（四一七頁
　　　中）簡正卷一七：「小（【案】『小』鈔作『少』。）利則人、天、三界內，大
　　　利則無上菩提涅槃。今貪三界利樂，不求菩提涅槃，是失大利也。」（一〇
　　　二五頁下）扶桑記：「愚者見之，便謂持戒多聞，皆不足為；然不知徒行無
　　　詣，故為世福；若真求脫，無非聖道。但心有通塞，事豈替廢耶。」（三六八
　　　頁下）

〔四三〕智者不應貪著小利，忘失大利　鈔批卷二八：「立謂：貪三界之善，受利樂事，
　　　名為小利。遠求無上菩提，是名大利。」（七三頁上）資持卷下四：「出世聖
　　　道為大利。心別事同，義亦如上。」（四一七頁中）【案】成論卷一〇，三二一
　　　頁下。

〔四四〕但出聖道，無始未曾，皆由著世，慣習難捨　資持卷下四：「著世慣習者，示
　　　難成所以也。……無始未曾者，顯聖行難成也。」（四一七頁中）

〔四五〕經中乃多，要分三位　資持卷下四：「『經中』通指三藏。」（四一七頁中）簡
　　　正卷一七：「業疏云：然入道經說乃多，並隨機緣，故藥無准。要而舉之，不
　　　過三種。」（一〇二五頁下）資持卷下四：「『三觀』並云觀事者，『事』即是境，
　　　心依境起，隨境立觀，謂色、心、陰入、界、有情、無情、善、惡、無記等。
　　　若論智解，須達諸法，若於時中，觀心為要。（四一七頁中）隨心所起，起即

是事。若善若惡，三理照之，乃知顛倒。但有安計，本無所有，隨心動用，一切皆空。或推相見性，謂之性空；即相知幻，謂之相空。達相是心，謂之唯識，猶如夢事：或推夢想，從何生滅；或知睡夢，當相不實；或知唯心所變，無別夢事。喻上三觀，略知淺深。然行位有三，觀境唯一，所謂事也。見理有二，前二，性相雖殊，皆以空為理也，後一以心為理；前二為權，後一是實然。出家超世，通學三乘。今依業疏，準開會意，專指佛乘，為出家本矣。」（四一七頁下）

〔四六〕**觀事生滅，知無我、人、善、惡等性** 資持卷下四：「性空中，初中標位，次句示行。『觀』即能觀智，『事』即所觀境。下二句見理，以我、人、善惡，性本自無，緣會故生，緣散即滅。生滅滅處，名為空理，即是二乘所至之極。次小菩薩中，位、行、理三，同上分之。」（四一七頁下）鈔批卷二八：「謂小乘人觀五陰、十八界，求人求法，了不可得，分析五陰皆空，故曰觀事生滅。又解：小乘但得人空，未得法空也。南山羯磨疏中，小乘極處，人法二空，對伐觀析，唯見是塵；（謂於身中求我不得，唯見髮、毛、爪、齒，六塵、四大之所成，故此顯無我觀，即人空也。）對陰求之，但唯名色也。（於五陰上，求我亦不得，色是我耶？受、想、行、識是我耶？離陰是耶？即陰是耶？離（【案】『離』疑『雖』。）求，了不可得，但唯名色。一陰是色，四陰是名，此顯法空觀也。）求人、求法，了不可得。（約『四大』是人，約『五陰』是法。今於人上、法上，求我俱空，故曰人、法二空也。）（七三頁上）『善惡等性』者，相云：上言觀事者，謂是情事、非情事，謂觀四大、五陰、山河大地，皆悉是空，故滅身以歸無。絕智以論虛滅之事，畢竟是空，將此空處為理，故云無善惡等性也。以躭著空故，故曰小乘人也。然此人還緣真如，但所見處淺，未證圓空，未見畢竟之空，但證有漏空，故曰小乘也。問：『若都不緣真如，何異外道等也？善惡等相者，上來聲聞人觀色為空，與此何異？』答：『此小乘厭無常苦、不淨之色，而修其空，此小菩薩達色即是空，不離色外求空，故與前異也。相云：依瓔珞經，地前三十心為小菩薩也。』」（七三頁下）

〔四七〕**知無我、人、善、惡等相** 資持卷下四：「小菩薩中，位、行、理三，同上分之。」（四一七頁下）簡正卷一七：「謂地前小菩薩，相觀空觀也。前小乘人，但知五蘊、四大、緣生之性是空，未達得其相。今此小菩薩，觀行漸除，不但知性是空，於色相中，亦能了知色相是空，不要滅色求空，即色是空，故曰知無我、人、善惡等相。謂前小乘人，厭無常苦不淨之色，而終於空，今此菩薩

達色即是空，不用色外求空，與前為異也。」（一〇二五頁下）鈔批卷二八：「但知五陰、四大之性是空，未能遣得其相。此小菩薩。猶分得理空，非但知性是空，然即說色相中，了知色本自空，不用滅色求空，即色是空，故曰無我、人、善惡等相也。但知色相空時，用為至極，用此為理入，未了唯識之觀，故名小菩薩。」（七三頁下）

〔四八〕**觀事是心，意言分別** 鈔批卷二八：「相云：初地已上菩薩，觀一切情、非情事，皆是唯一識心變現而而（【案】『而』疑剩。）作，本無外境。唯一識心，但意中分別為境，緣照為別，不取外塵為境也。」（七三頁下）資持卷下四：「次句明理，諸法唯心，即事顯理故。下句示行。以一切諸法，本唯一識，一識之外，更無別法。無始妄動，橫計心境，有彼有此，內外差別。窮此差別，皆是意思，妄起取著。由取著故，妄搆名言。是故，智者欲觀唯識，必以意言，為所觀境。由此意言，皆一識故。是則，不離思議，了非思議，即於差別，達無差別。」（四一七頁下）簡正卷一七：「此大菩薩修唯識觀也。觀事是心者，以其事境，皆從心變，還自意緣，而生分別。故唯識云三界唯心等。意言分別者，意即真得，唯識有淨識，淨識亦不可得，故意分別也。言即加行位也。此菩薩但以影像，緣二取空。即尋伺四如實等，乃是名言。為五識所得，名言分別也。」（一〇二六頁上）

〔四九〕**從「願樂位」至「究竟位」** 資持卷下四：「『願樂』即十信，『究竟』即妙覺。略中間『三賢』『十聖』等覺，故云『至』也。如懺篇具引。『名觀中』句，絕唯識、離斷常，即是中道故。」（四一七頁下）鈔批卷二八：「案攝論云，有四位：一、願樂位，二、見位，三、修位，四、究竟位。此『四位』攝『十地』，乃至如來，俱緣唯識之觀也。謂一切法，實唯有識，謂有為、無為，有流、無流，三乘道果，如此等法，實唯有識。何以故？一切法以識為相、真如為體故也。」（七四頁上）簡正卷一七：「『故攝論』下，證也。大乘五位中。初，『資粮位』，修大乘順解脫分善，從『初發心』至『十迴向』。二、『願樂位』，從修順決擇分善，迴向修心四善根位也：初，『煖位』，依明德定，修下品四尋伺觀，觀所取空；二、『頂位』，依明增定，修上品四尋伺觀，即所取空；三、『忍位』，依印順定，修下品四如實智觀：初印境空、次觀能取空、復印能取空。四、『世第一位』，依無間定，修上品如實觀，双印二空。三、『通達位』，即初地入心位。四、『修習位』，從『二地』至『金剛心』。此位中，修十勝行，要七最勝之所攝受，斷十障、治二十愚、證十真如。五、『究竟位』，從金剛心後

解脫道中，盡未來際，唯佛獨能，所作已辦，二果圓極，故名究竟。於『願樂位』得作『影像唯識』，後三位作『真實唯識』，揀前資糧，但作得『相空觀』也。」（一〇二六頁上）

〔五〇〕**名觀中緣**　資持卷下四：「絕唯識、離斷常，即是中道故。」（四一七頁下）

〔五一〕**意言分別為境**　鈔批卷二八：「案攝論云：『意言分別』者，是心覺觀思惟也，謂『意言分別』。得如此通達唯識道理，唯有『意言分別』，無別有名也。菩薩若能通達，名無所有，則離外塵邪執。若菩薩已了別一切法，但是『意言分別』。離此外實，無所有也。相云：此菩薩唯用識心觀用，故云『觀中』也。離一識外，更無別法。作觀之時，但緣分別處為境，更不執外塵為境。如山河大地、情與非情，本來是我識心所變，故不執此為境，但用觀心分別之處為境耳。然上三行，皆有境智。前小乘將一切外塵為境，將觀空性、空空處為智。小菩薩亦將外色為境，即能了色是空曰智。大菩薩但將『意言分別處』為境，唯守真如實理為智也。濟云：名觀中緣，則不得，故言『名觀中緣』。『九地』已上出入，俱將唯識之觀也。（七四頁上）又釋云：『意言分別』為境者，新經論中，名為『遍計所執』，謂遍於一切境上妄執為境，故曰『遍計』，約凡所執如此也。今此菩薩，作唯識觀時，但分別內境一識之心，更不分別外境可同，但意言分別處境。由意分別，則有外境。若不分別，唯是我一識心變故，而謂有前境。然前境何曾異我識心？今若『意言分別』不生，則更無有外境，以攝外境，歸自識故。若不了心，則妄取塵境故也。」（七四頁下）資持卷下四：「三中。初句，顯要上之三觀，大小二乘，教理行果，一切整足法門，雖多亦不出此，故云無別餘法也。」（四一七頁下）【案】攝大乘論，卷七，二〇三頁中。此句鈔批斷句，資持作「名觀中，緣意言分別為境」。

〔五二〕**離此無別餘法**　簡正卷一七：「即初依搜玄意，唯結第三，入在前科攝，謂離此唯識，無別餘法故。（恐乖文旨。）今依寶云：離前三種，無別餘法，通結前三，合在後科收也。」（一〇二六頁下）

〔五三〕**上二別行，如餘所明**　簡正卷一七：「大小二乘也。如唯識、婆沙等，入道要門。如道整禪師凡聖行集中明也。」（一〇二六頁下）資持卷下四：「『上』下，指略。上二句指正行。言『上二』者，上三觀，前二小乘，後一大乘，即大小兩別，故云別行。如餘明者，若指當鈔，即是懺篇。若指別文，即如業疏。」（四一八頁上）

〔五四〕**若入道，方便、除疑、捨障**　資持卷下四：「『若』下，次，指餘行。『方便』

即修之軌度，『除疑』謂破執辨魔，『捨障』謂對破三障。」（四一八頁上）

〔五五〕**要拔諸行，常志行者**　資持卷下四：「『要』下二句，括上三事。」（四一八頁上）【案】扶桑記：「要妙拔濟之行，常欲在心奉行者。」（三六八頁下）扶桑記釋「三事」：「凡非、凡福、聖道三也。今謂方便、除疑、捨障三也。」（三六九頁上）

〔五六〕**別行門**　鈔批卷二八：「即是凡聖行法第二十卷中明也。」（七四頁下）資持卷下四：「『別行門』，即道整禪師凡聖行法。上之三科，總論十界之因，故並名『行』，『凡罪』即三途行，『凡福』即修羅人天行，『聖道』即三乘佛果行。歷示心行，令識因果，捨罪修福，革凡成聖。厭小慕大，趣一佛乘。是故業疏專指大乘為出家學本。即戒本云：若有自為身，欲求於佛道是也。」（四一八頁上）

〔五七〕**大小乘相決同異**　簡正卷一七：「謂約三業相對辨也。」（一〇二六頁下）鈔批卷二八：「文中先解小乘三學，謂戒、定、慧。次解大乘戒、定、慧。」（七四頁下）資持卷下四：「相決同異。『同』謂進修方便，唯是三學，無別途故。『異』乃心志廣狹，故分二乘，用與別故。」（四一八頁上）【案】「相決同異」文分為二：初，「三乘道」下；二、「若據二」下。

〔五八〕**三乘道行，如上已明**　資持卷下四：「總示中。上二句躡前。」（四一八頁上）簡正卷一七：「謂聲聞、緣覺、菩薩，即是三乘人也。性、相、心，即是三乘道也。『行』即觀行之心，以心見實名道，為『道行』也。准業疏云：但名三心，約『行』明也。此言『道行』，即雙舉也。若約鈔論，合小而離大，小中合緣覺也，大中即離開大小菩薩。如是之義，如上已明，令通三乘，以意正其所修也。」（一〇二六頁下）

〔五九〕**今通決正，不出三學**　簡正卷一七：「謂大小乘各有三學，即戒、定、慧。一切聖人，無不此（原注：『此』上疑脫『從』字。）學行而得果證也。」（一〇二六頁下）鈔批卷二八：「謂戒、定、慧也。就大乘、小乘。既各有三學，若為同異。」（七四頁下）

〔六〇〕**若據二乘，戒緣身口，犯則問心**　鈔批卷二八：「立明：聲聞、緣覺，此二乘之戒，但制防身口，不制單心。若犯戒時，亦問汝以何心，若無心不犯。此約期心，非是單心也。」（七四頁下）資持卷下四：「緣身口者，謂制法也。犯問心者，推業本也。此據四分空宗為言。」（四一八頁上）簡正卷一七：「謂聲聞、緣覺之戒，但制防身口七支，不制意地。若犯戒時，佛問『汝以何心犯』，

若無心，即不犯等。」（一〇二六頁下）【案】「若據二」下分二：初，「若據二」下，依次解小乘戒、定、慧；次，「若據大」下，解大乘。

〔六一〕**執則障道，是世善法** 資持卷下四：「『執』下二句，明持失也。或專慕人天，則滯於凡福。或計為至道，則墮於利使。」（四一八頁上）簡正卷一七：「謂執戒為勝，不修定、慧，則成『戒取』，障於聖道。又，但得生欲界天身，故云是『世善法』也。」（一〇二六頁下）鈔批卷二八：「濟云：此是『戒取』也。立明：若執戒作是，不肯進修定、慧，則是障道，但可生人天勝處，故曰是世善。故毗婆沙中，五見之中，『身見』戒學大怨。由見神常苦樂不變，不畏業果，縱情作罪，偏從是義，說為『戒怨』。（七四頁下）『戒取』是定家怨，取戒為道，妨修禪定故。『疑』為慧怨，生於疑惑，妨正慧故。」（七五頁上）

〔六二〕**違則障道，不免三塗** 資持卷下四：「『違』下二句，明犯報也。」（四一八頁上）簡正卷一七：「即破戒人也。順教執持，（一〇二六頁下）則存近而失遠。今人則違教而破，則近遠俱失，兼招三塗惡報也。」（一〇二七頁上）鈔批卷二八：「若於受體，有違具緣成犯，交墮地獄，亦是障道，故須不取，不捨可也。」（七五頁上）

〔六三〕**「定」約「名」「色」** 資持卷下四：「前明定學，又二。初二句，示所修，即前性空也。『名』『色』即所觀境：一蘊是『色』，四蘊是『心』。心道冥昧，止可名通，故總云『名』。」（四一八頁上）簡正卷一七：「如五蘊等，初一是『色』，餘四是『名』。十二因緣，皆不離『名』、『色』。色、心二法，攝一切法盡。故論（【案】『論』即『智論』。）云：一切諸法中，但有『名』與『色』。若欲如實觀，亦觀『名』『色』。准此，總約大小二乘，同約『名』『色』，更無一法，出於『名』『色』。『色』為禪門，即白骨、不淨、九想等是。『心』為禪門，即觀心無常，恩（原注：『恩』疑『息』。）之歸本也。」（一〇二七頁上）鈔批卷二八：「前文明戒，此下明定。謂觀『五陰』以得定也。一陰名『色』，以可見觸故。四陰曰『名』，謂受、想、行、識，但有名而不可見也。此是心法，故不可見。約此『名』『色』上作生滅之觀，以為真理，此名為『境』，緣修生滅為『智』。」（七五頁上）

〔六四〕**緣修生滅為理** 資持卷下四：「『緣修』即能觀心，『生滅』即所見理。以色、心二法，念念生滅，生滅故無常，無常故無性，無性故空寂，空寂即滅諦涅槃、真如之理。涅槃偈云『諸行無常，是生滅法，生滅滅已，寂滅為樂』是也。」（四一八頁上）簡正卷一七：「以二乘人，未窮真體常住，故修生滅為理

也。」（一〇二七頁上）鈔批卷二八：「謂於五陰上作『生滅觀』。緣此生滅，以為理也。『理』謂彼人所見，名為理智也。」（七五頁上）

〔六五〕二乘同觀，亦無諦、緣之別　簡正卷一七：「謂同觀『名』『色』生滅，入定不分聲（原注：『聲』下疑脫『聞』字。）、四諦、緣覺、十二因緣之別也。」（一〇二七頁上）鈔批卷二八：「正明二乘共觀此上五陰『名』『色』，作生滅之觀，更無二別，故曰『同觀』。言『諦緣』等者，勝云：明無別四諦、十二因緣之別修，皆與『名』『色』為緣，謂智起觀也。謂四諦與十二因緣，皆不離『名』『色』也。相云：言『諦緣』者，『諦』是境也，『緣』是智也。今二乘人同緣五陰為境，皆修生滅為智。以同觀五陰為境，故曰亦無諦緣之別。只道二乘人修行，境智無別，皆將五陰『名』『色』等為境，緣修生滅為至理是智也。當分名為涅槃，謂即觀此五陰之相，空無之處，剩（【案】『剩』疑『緣』。）為真理，（七五頁上）故云觀無常等相以為真如也。濟云：二乘同觀，更無諦緣之別者，謂無別有緣覺之定慧也。緣覺雖修十二因緣，然十二因緣，不出四諦，以離四諦，為十二因緣，故知四諦亦攝十二也。無別四諦所觀聲聞之四諦，故曰更無諦緣之別。聲聞人觀五陰四諦，以修人法二空也。」（七五頁下）資持卷下四：「聲聞、緣覺，乘法雖異，見理是同，故云二乘同觀等。聲聞四諦與緣覺十二因緣，止是教門開合之異，以理融教，故云無別。苦集與十二緣生，並世間因果也。道滅與十二緣滅，皆出世因果也。」（四一八頁上）

〔六六〕佛性論　資持卷下四：「佛性論即大乘論，有四卷。彼明小乘所證非真見佛性故也。」（四一八頁上）【案】佛性論卷四，大正藏第三一冊，八一二頁。

〔六七〕二乘之人，約虛妄觀無常等相，以為真如　簡正卷一七：「謂其力淺，未得本覺真如之性，但觀無常等相，以為真如也。」（一〇二七頁上）鈔批卷二八：「此即有餘涅槃也。謂二乘既觀五陰虛妄、無常等為理解脫，從此灰身滅智，證有餘涅槃，住化城不進也。」（七五頁下）資持卷下四：「『虛妄』即『名』『色』。『無常』即生滅。『真如』即空理。即法華云：是人於何而得解脫？但離虛妄名為解脫，其實未得一切解脫是也。」（四一八頁中）

〔六八〕慧取觀照，與「定」義別體同　簡正卷一七：「謂『定』與『慧』更無別體，約無動邊名定，約照用邊名慧，俱於一心虛起，曰文別體同。舉喻如鏡，鏡體是定，能照物像為慧。慧名雖殊，其體無二也。故華嚴經疏云：照而常寂曰定，寂而常照曰慧也。」（一〇二七頁上）鈔批卷二八：「此下正解小乘慧學也。謂『定』與『慧』更無別體。修無我、人，寂然無變，稱之為定。從智照、

約觀用無方，智照現前，目之為慧。舉喻如鏡，鏡體是定，能照物像，則名為慧。慧名雖殊，其體無二，故曰義別體同。故法華疏云：照而常寂曰定，寂而常照曰慧。又云：攝心一境曰定，推求諦理，名之為慧。」（七五頁下）資持卷下四：「定是澄寂，慧取照用，動息不同，故云義別。同一心體，故云體同。水澄物現，鏡淨像生，定慧一異，喻之可解。」（四一八頁中）

〔六九〕**若據大乘，戒分三品**　資持卷下四：「慧學中。三品即三聚：一、攝律儀，二、攝善法，三、攝眾生。初則斷惡，二即修善，三即度生。準智論中，二乘但有斷惡一聚。雖有作持，還歸離過，不修方便，教化眾生，故無攝善；自調自度，故無攝生。是以今文但舉律儀，比校同異。」（四一八頁中）簡正卷一七：「約三聚淨戒是也。故業疏云：戒分三品，約義收緣，不異諸部。何以明之？如煞一戒，具兼三位：息諸煞緣，攝律儀戒；（一〇二七頁上）常行惠念，即攝善法戒；護前命故，攝眾生戒。此一既爾，餘者例然。」（一〇二七頁下）鈔批卷二八：「此下解大乘三學也。按攝論中，明六度差別。六中分三品，先明施有三品：一、法施，二、財施，三、無畏施。釋曰：法施利益他心，以由法施故，（七五頁下）令他聞慧等，善根得生也；財施利益他身也；無畏施通益他身心也。言戒分三品者：一、守護戒，二、攝善法戒，三、攝利眾生戒。釋曰：守護戒是，餘二戒依止，若人不離惡，攝善利他，則不得成。若人住守護戒，能攝善法戒，為佛法菩提生起依止；若住前二戒，然能引攝利眾生，為成熟眾生依止。（餘『忍』、『精進』等，各三不同。云云。）私云：言守護戒者，即攝律儀戒也。」（七六頁上）【案】「若據大」下明大乘三學，文分為二：初，「若據大」下明戒；二、「且分大」下明定慧。

〔七〇〕**律儀一戒，不異聲聞**　簡正卷一七：「若約前一律儀之戒，與聲聞不異也。」（一〇二七頁下）鈔批卷二八：「案攝論云：三聚淨戒是菩薩有也，二乘但有攝律儀戒，無餘二戒。故論文云：二乘但有攝正護戒，（即攝律儀戒別名也。）無餘二戒。何以故？二乘但求滅解脫障，不求滅一切智障；但求自度，不求度他；不能成熟佛法，及成熟眾生。是故無攝善法戒，及無攝眾生利益戒。又論云：攝善法戒是得佛法生起依止，攝眾生利益戒是成熟眾生依止者。釋曰：攝善法戒，先攝聞、思、修三慧，一切佛法皆從此生起。何以故？以一切法，皆不捨智慧故也。攝眾生戒者，所謂四攝法也。（『四攝』之義如常。）論云：初明攝正護戒，是餘二戒依止者。釋曰：若人不離惡而能生善，及能利益眾生，無有是處，故正護戒是餘二戒依止。」（七六頁上）資持卷下四：「言不異者，

準業疏：圓宗謂同三聚，彼云戒分三品，約義收緣，不異諸律。（由非明制，故云『約義』。）如殺一戒，具兼三位：息諸殺緣，即攝律儀；常行慧命，即攝善法；護前生命，即饒益有清。此一既爾，餘戒例然。（疏文，『性戒』並例此說。）若論『遮戒』，如酒、寶等，離畜、飲過，即攝律儀；常行對治，即攝善法；息世譏嫌，即攝眾生。若取大小，戒本以分，則小教四夷，大乘十重。四夷大同，餘六並異。以至畜寶，然身等異相極眾，且云二、三意顯，同多異少故也。」（四一八頁中）

〔七一〕**非無二三有異**　簡正卷一七：「業疏云：寶壁開制戒異，若菩薩捉寶不犯，聲聞是犯；菩薩酤酒則重，飲酒卻輕，聲聞反此。有異也。」（一〇二七頁下）鈔批卷二八：「勝云：菩薩捉寶、壞生不犯，聲聞則犯是也。慈云：如菩薩戒，酤酒則重，飲酒則輕。聲聞反之，飲重酤輕，故曰異也。羯磨云：非無二三遮戒之別是也。」（七六頁下）

〔七二〕**護心之戒，更過恒式**　簡正卷一七：「謂約菩薩起心便犯，不假動用身口。此乃過於聲聞恒式也。」（一〇二七頁下）鈔批卷二八：「立謂：菩薩不擬動身口，但單心違理，則犯。若二乘，但護身口，不制單心，約菩薩起心即犯，過於二乘恒式，故曰更過恒式也。」（七六頁下）資持卷下四：「護心戒者，防瞥爾也。如下不起貪瞋等，如梵網制不慳不瞋等。又，涅槃：隔壁聞鐶釧聲，分別男女，心染淨戒之類。」（四一八頁中）

〔七三〕**菩薩住於實相，不得一法，得破戒不**　鈔批卷二八：「菩薩住於實相者，謂菩薩行於中道，故曰也。」（七六頁下）簡正卷一七：「謂初地菩薩得真如見道，證一分真如。此謂菩薩名住實相。雖得真見論（原注：『論』疑『諦』。），而無所得之心，故云不得一法。若如是者，正破戒時，亦無可破，不知得破戒不？」（一〇二七頁下）資持卷下四：「心冥妙理，空無所有故，不得一法。既無所得，則無善惡；既無善惡，則無持破；既無持破，則無有戒；既無有戒，則應任意施為，不須守戒。世多邪見，故問決之。」（四一八頁中）【案】此有三問，前二問會斷常二見，第三問決貪瞋二心。智論卷四九，四一五頁中。

〔七四〕**以住於實相故，尚不作福，何況作罪**　簡正卷一七：「答意：由住實相福上無可作，何況更作罪？以其罪福皆實相，故實相上不得，豈更有罪！福上不作者，玄云：非謂不作福，但不取相故。」（一〇二七頁下）資持卷下四：「答中，以福況罪。不作福者，不取福相，故云不作。」（四一八頁中）

〔七五〕**雖種種因緣，不破戒人**　簡正卷一七：「謂隨機利物，雖有種種因緣，於戒不

破也。」（一〇二七頁下）資持卷下四：「種種因緣，謂方便化導，隨所動用，皆離過故。」（四一八頁中）

〔七六〕問　簡正卷一七：「問意謂：地持勸令取有，謂身見有，不遣取空；佛藏勸令取空，謂斷滅是空，不令取有。兩言何以相違耶？」（一〇二七頁下）

〔七七〕**寧起身見，不惡取空**　鈔批卷二八：「案持地論云，有二種人，壞滅正法：一者，於色等不實法中，計為實有，謂於世間假名法中，妄想計著，故壞破正法也。二者，於色等諸法，內（原注：『內』疑『因』。）緣分齊毀滅都無，所有只是破壞正法也。此後人於假名所依，悉無所有，假名亦無。假名既無，假名真實亦無，所有真實、假名，是二俱謗者，是名『都無』。如此說者，是為自壞，亦壞世間。是故世尊為此事說言：寧破（原注：『破』疑『起』。）身見，不惡取空。（七六頁下）何以故？起身見人，於所知或不謗一切所知。（私云：此人於理，自或不謗於理。）不因此見，墮於惡道，少壞他信，亦能建立真諦正法，不於戒律而生懈慢也。惡取空者，於所知，或又復誹謗一切所知，以是緣故，墮於惡道，亦壞他信。又於戒律慢緣實法故，破壞佛法也。云何名為『惡取空』？謂於此、彼都空，是名『惡取空』。何等名『善取空』？若實處見有，空處見無，於有無之處，如實知之，是名不顛倒空，名為『善取空』也。」（七七頁上）

〔七八〕**二言何違**　資持卷下四：「初文地持論、佛藏經，斷常二見，取捨不同，故須通會。則（四一八頁中）明菩薩隨機立教，言乖趣合。總括邪見，不出有無，執有名常、著空名斷，身見我想，並常見也。」（四一八頁下）

〔七九〕**地持為存世法，則有善業**　簡正卷一七：「地持勸令取空，為破時人執有，莫（原注：『莫『下疑脫』不『字。）總為破病。故地持云：若人於色等諸法因緣，分齊毀滅，（一〇二七頁下）都無所有。如此說者，是為自壞世間也。佛為存世法有善惡業果報，故說寧起身見，不惡取空。何以故？起身見人，不謗一切所知正法，不因於此墮於惡道。」（一〇二八頁上）

〔八〇〕**交壞世人善心，無益自他**　簡正卷一七：「惡取空者，交壞世人信心，撥無因果。以是緣故，墮於地獄。云何名『惡取空』？謂於彼此俱空，則無利益。云何名『善取空』？若實據見有，從緣故有；空處見無，緣滅故無；是名不顛倒，名善取空。」（一〇二八頁上）資持卷下四：「『惡取空』者，謂撥棄因果，即斷見也。……交，猶能也。」（四一八頁下）

〔八一〕**佛藏勸斷滅見，雖現非善利，後因保著心少，便得解脫**　鈔批卷二八：「案佛

藏經中，廣斥著我見、人見、眾生見等。執此見者，當墮惡道。如此之人，不
聽受一飲之水也。（云云。）又，我見之人，多墮邪見。若斷滅見者，多疾得
道。何以故？是易捨故。因說過去有佛，名曰莊嚴，滅度之後五百年中，諸弟
子眾，分為五部：一名普事，二名苦岸，三名薩和多、四名將去，五名跋難陀。
此五比丘為大眾師。其普事比丘，知佛所說真實空義、無所得法。餘四比丘，
多說有我、多說有人，皆墮邪道。其普事比丘，為四部所輕，無有勢力。餘四
比丘，皆計有所得，說有我、人、眾生、壽命，徒眾熾盛，住於邪見，捨第一
義，無有畢竟空法，（七七頁上）滅佛正法，死後皆墮阿鼻地獄。經無量歲，
并所化者，凡有六百四萬億人，與此四師俱生地獄，盡其一劫。此世界壞，移
向他方地獄。此世界後成，還移生此間地獄。經無量世，此四惡師及所化人，
得免地獄，生於人中。五百世中，從生而盲。其普事比丘，我說此人於過去世
諸佛所種善根。」（七七頁下）【案】佛藏卷中，七九五頁。

〔八二〕**各有所明**　鈔批卷二八：「答意云：佛亦隨機，故說不定。持地（【案】『持地』
當為『地持』）勸取有為破世人著空，佛藏勸取意為破世人著有。皆為破病，
何有相違？」（七七頁上）

〔八三〕**菩薩寧起貪心，不一念起瞋，由瞋違生**　鈔批卷二八：「立謂：瞋是殺家之相，
故曰違生。若一念起瞋，障百法明門。又經云：劫功德賊，無過瞋恚，為此多
義故，故菩薩不起瞋。濟云：由瞋違生者，謂地前菩薩要留貪以潤生，以貪愛
能潤其生。如穀子漬水潤則生，菩薩亦示假貪愛之水潤生，則得塵形六道化
物。若斷貪愛，則不然故，不斷煩惱也。若准大乘及薩婆多等，一切煩惱，皆
能潤生。於中貪愛增故，說貪愛最能潤生也。『若爾，貪愛潤生地獄中，應是
愛故生耶？』答：『成實論云：眾生以痴力故，顛倒心生，將命終時遙見地獄，
謂是華池。以貪著故，則於中生。（述曰：）知亦是貪，故生也。然瞋則不能
潤生，故曰由瞋違生故。以不與生相應，故曰違生。此約『地前菩薩』為言耳。
（七七頁下）若『登地』已上，永本願力，自往十方界，變化而生，死（【案】
『死』疑『引』。）導眾生。煩惱已盡，則不疑貪愛，以潤其生也。以本願力
強，自能生故曰也。」（七八頁上）簡正卷一七：「謂貪輕瞋重，故云『寧起』
也。所以偏斷瞋者，謂菩薩度物為心，若起瞋便與物隔也，故曰違生。玄云：
古師皆說此是『地前菩薩』，要留貪以潤生。猶似穀子，須以水潤。菩薩亦爾。
假貪愛水以潤生，則能隨形六道化物。」（一〇二八頁上）

〔八四〕**若爾，得起貪不**　簡正卷一七：「既云寧起貪不起瞋，應當得起貪不？此即不

善行之貪，故生此問也。」（一○二八頁上）資持卷下四：「以菩薩修慈，殺業居首，瞋制重夷。華嚴云：一念瞋心起，百萬障門開。又云：一念起瞋恚，墜無間則知。菩薩偏制瞋心，而不制貪，故申此問。」（四一八頁下）鈔批卷二八：「此下答意可見。前言得起貪，據俱生煩惱也。此下不許起貪者，據分別煩惱，故不得起貪，故生此問。『汝既云寧起貪、不起瞋，未審得定起貪不？』引智論答：『如色界諸天，若不斷欲惡者，尚不得生，況出聖道而得起貪？上言寧起貪者，欲呵起瞋之人，故且云寧起貪也。然實二俱不可起耳。』」（七八頁上）

〔八五〕智論　簡正卷一七：「如色界諸天，若不斷欲惡者，上（【案】『上』即『尚』。）不得生，況得聖道！（一○二八頁上）而得起貪者，欲呵起貪之人，對之且云起貪，理實而言，二俱不可起也。」（一○二八頁下）【案】「智論云」至「何可得耶」為答句，鈔文無「答」字。智論卷二四，二三七頁上。

〔八六〕色界天，猶斷五蓋十不善　資持卷下四：「色界四禪天、五蓋、十惡，俱除貪故。聖道遠欲惡者，體清淨故。」（四一八頁下）鈔批卷二八：「五蓋者：一、貪欲，二、瞋恚，三、睡眠，四、掉戲，五、疑悔。此五者，能覆蓋人心，令善不起，故曰蓋也。以五蓋既有貪，貪尚不得生天，何況菩薩而許起貪也。宣云：五蓋者，一、貪，（應言『貪欲』也，以貪通三界，以欲簡之。）二、瞋恚，三、睡眠，（應言『惛沈睡眠』也。）四、掉悔，（應名『掉』，舉惡作也。『掉』即舉也，『悔』即惡作也。）五、疑。故婆沙四十八云：躭求諸欲是貪欲相，憎恚有情是瞋恚（【案】婆沙四十八此有『相』字。），身心沉沒是惛沈相，身心躁動是掉舉相，令心昧略是睡眠相，令心變悔是惡作相，令心行相猶豫不決是疑相。（述曰：）此中貪欲瞋恚，局在欲界；（若汎言貪，即通三界。）惛沉掉舉，各通三界；惡作在欲，疑通三界。此五覆障，故名蓋。（七八頁上）婆沙云：謂障戒、定蘊、慧蘊也。俱舍云：障五蘊前之四蓋，能障三蘊。同前婆沙論說。復由疑故，能障解脫、解脫知見二蘊不起。（私云：五蘊即五分法身也。）菩薩得無分別智，一切塵不顯現等。」（七八頁下）簡正卷一七：「五蓋者，俱舍云：一、貪欲，二、瞋恚，三、睡眠，四、掉舉，五、疑蓋。五中既有貪欲，上乃不得生天，何況菩薩而許起貪也！」（一○二八頁下）

〔八七〕本所不得　資持卷下四：「無始未經故。」（四一八頁下）

〔八八〕菩薩得無分別智，一切塵不顯現　資持卷下四：「無分別智者，以住唯識無外塵故。以諸外塵，皆唯識故，故云塵不顯現。彼論云：無分別智自性，應知離

五種相：一、離非思惟故，二、離非覺觀地故，三、離滅想受定寂靜故，（不住二乘空見。）四、離色自性故，（不住凡夫有見。）五、於真實義離異分別故。（不住菩薩中道。）」（四一八頁下）簡正卷一七：「謂初地菩薩，得人、法二空，證遍行真如。此真如體，是智家所證之境。理實真如，無其分別。由智能證此理，故從他境以立名，故曰得無分別智也。一切塵不顯現者，塵是境也。謂此菩薩得無分別智，更不妄執外諸塵境，性相皆空，但唯一識之所變用，故云一切塵不顯現也。」（一○二八頁下）鈔批卷二八：「得無分別智者，相云：初地菩薩得無分別智。濟云：智是分別，非無分別。以境是無分別故，故曰無分別也。以初地證真如之理，以真如是智家所證之境，真如體無分別，由智能證此理故。從境而言，名無分別。然智是分別也。言一切塵不顯現者，濟云：塵是境也，謂菩薩得無分別智時，更不妄執外諸塵境，但唯一識之所變用。既離外塵邪執，故曰一切塵不現。」（七八頁下）【案】攝大乘論卷下，一二八頁上。

〔八九〕**由有勝智方便，具行殺生等十惡**　資持卷下四：「『勝智』即無分別，『方便』謂誘化眾生。」（四一八頁下）簡正卷一七：「如涅槃經，佛務（原注：『務』疑『昔為』。）國王，見五百婆羅門邪見，愍彼故煞是也。又如華嚴經說：無獸足王以煞、盜化人等，由前有利益，內無染濁，所以應行，反此不可也。」（一○二八頁下）

〔九○〕**由前有利益，故自無染濁過失**　鈔批卷二八：「謂菩薩為化眾生，示行十惡，殺生、婬、盜等，內心無染，故曰無染濁也。」（七八頁下）鈔批卷二八：「謂外雖有益，而內有染，則不行也。應作四句：一、內無染，外有益，應行；二、內有染，外無益，不應行；三、俱有，不應行；四、俱無，亦不應行。案如意三昧經：有三人同反常行化，謂佛、菩薩、羅漢，以此三乘人不染世間故，其餘地前菩薩三果已還，皆不得行也。」（七八頁下）【案】攝論卷一，一二七頁上；卷一一，二三三頁上。

〔九一〕**縱有利益，有過失不應行**　資持卷下四：「前有利益，即利他。自無染濁，即自利。必具二利，方乃行之，故云『縱有』等。」（四一八頁下）鈔批卷二八：「謂外雖有益，而內有染，則不行也。應作四句：一、內無染，外有益，應行；二、內有染，外無益，不應行；三、俱有，不應行；四、俱無，亦不應行。案如意三昧經：有三人同反常行化，謂佛、菩薩、羅漢，以此三乘人不染世間故，其餘地前菩薩三果已還，皆不得行也。」（七八頁下）

〔九二〕**方得用此得無分別智，故地前不合**　資持卷下四：「『準』下，判位。初地已上者，故知十聖方許行之，地前三賢，猶制不合。況餘凡愚，安可僭濫？」（四一八頁下）簡正卷一七：「『准此』等者，謂未證真如，有分別故，則有染濁也。又如意三昧經云：有三種人，得反常行化，謂佛、菩薩、羅漢。此三乘人，不染世間故。已外地前及前三果，並不許也。」（一〇二八頁下）扶桑記：「資行云：一本『此』字下有『得』字。」（三七〇頁上）【案】底本無次「得」，據敦煌甲本、敦煌乙本、敦煌丙本加。

〔九三〕**持息世譏嫌戒，與性重戒無別**　簡正卷一七：「謂諸遮戒也。以護戒之心，寧死不犯，與性惡之戒不別。」（一〇二九頁上）資持卷下四：「涅槃初明持相。『息世譏嫌』即目遮戒。『遮』、『性』等持，故云無別。」（四一八頁下）【案】北本涅槃卷一一，四三二頁下。

〔九四〕**因說菩薩持戒相，羅刹乞浮囊喻，明五篇六聚護罪法**　資持卷下四：「『因』下，次，以喻顯。『度海人』喻菩薩，『羅刹』喻三毒，『浮囊』喻具戒。」（四一八頁下）簡正卷一七：「『浮囊』喻五篇，（一〇二八頁下）『全乞』喻初篇，『乞半』喻第二篇，『乞三分之一』喻波逸提，『四分之一』喻提舍尼。并五突吉羅戒，喻微羅刹，喻五陰煩惱賊也。」（一〇二九頁上）

〔九五〕**又云**　資持卷下四：「『又』下，判位。初，依經判，須至『八地』。」（四一八頁下）

〔九六〕**若未住不動地，有因緣故，得破戒**　簡正卷一七：「不動地者，玄云：是第八地也。此菩薩託無相觀相用不能動故，名不動。離過為名也。」（一〇二九頁上）鈔批卷二八：「濟云：『八地』得無功用，故曰不動地。『七地』已前，須有行用進修，名為有『功用』。『八地』已去，任運勝進，不假功行，無有加行，故曰不動地。喻如張帆，初張設著帆，料理調度，名為功用。若張了，任風吹進，不更藉於人功，故曰無功用。八地已上，義同此也。」（七九頁上）資持卷下四：「不動者，攝論云：由一切相，作意功用，不能動故，則知聖人復須深地。由事極難，恐有倚濫，是故經家復急於論。」（四一八頁下）

〔九七〕**此則八地以上，或可淨心地以上**　資持卷下四：「『或』下，次會論文。『淨心』即『初地』。無著論云：由見法心淨，離諸垢染故。」（四一八頁下）簡正卷一七：「謂第八地名不動。『已上』即第九地等，並是已上也；或可淨心地已上者。一說云：准無著論，『初地』為『淨心地』。二說云，准青龍，『二地』為『淨心地』。第二，是離垢地，離破戒垢，垢名為離，離垢即是淨心。若未離

垢，內既有染，外雖有益物，因緣亦不許。鈔前准初地已上之義，即取初地為淨心。謂此地中，見法心淨，離諸垢染。上約經文云不動，下約證真見道，不為垢染之義。『初地』即得以有利益，又無染濁之心故。」（一〇二九頁上）鈔批卷二八：「慈云：初地菩薩名為淨心地。」（七九頁上）【案】無著論即大乘莊嚴經論，見卷七，六二四頁下。

〔九八〕若論定慧　鈔批卷二八：「謂上來明大乘戒竟，已下明大乘定、慧二學也。」（七九頁上）資持卷下四：「由小菩薩涉於大小。小據觀智，大約志求，小大雖異，並菩薩乘。故且一往，通收大中。」（四一八頁下）

〔九九〕小觀相空　簡正卷一七：「能觀之心慧。所觀相空，令心不動即定，謂是地前小菩薩，加行位也。『煖』、『頂』二位，觀所取空，至『忍位』時，卻觀能取空。此位菩薩，帶相修心，未得真唯識性，故云小觀相空也。」（一〇二九頁上）鈔批卷二八：「即小菩薩觀事生滅，知無我、人、善惡等相，得人法二空，謂了色是空也。如經云『色即是空』等是也。聲聞人滅色證空，故與此異也。」（七九頁上）

〔一〇〇〕深觀唯識　簡正卷一七：「能觀是慧，唯識之體是定也。大菩薩，即『登地』已上，與真如合時，得無分別智，即真唯識性，故曰深觀唯識。」（一〇二九頁上）鈔批卷二八：「即大菩薩作唯識觀，觀事是心，意言分別，但作一識心之觀，了知一切塵色本無，更不緣之，但知唯是我一識心分別造作也。」（七九頁上）

〔一〇一〕鈍見空時，不分別色　簡正卷一七：「釋前小菩薩也。此小菩薩根鈍，見空之時，一向著空，不存於色，遂說空寂。不度群生，以得於空，不見有物可度，故云不分別色也。」（一〇二九頁下）鈔批卷二八：「結上小觀相空之菩薩也。此菩薩雖觀其生滅之色是空，然智行猶鈍，但見了外相即是空，未知唯識之照，故云不分別色等也。其人了色是空，更不假分別其色。若聲聞人，則分別其色。」（七九頁上）資持卷下四：「『鈍』下，次，校淺深。鈍，即小菩薩。在大為鈍，望小則利。不分別色，異上二乘析色故。」（四一九頁上）

〔一〇二〕利知唯識，不分別空　簡正卷一七：「釋前大菩薩也。謂此菩薩，既修真如，得唯識觀，色空雙遣，故云不分別空。雖入空，不取空為證，以具大悲故，常度眾生。以具智慧故，於有而不染，故處空而常化物，涉有而不迷空，恒不離於二諦也。」（一〇二九頁下）鈔批卷二八：「此結上深觀唯識大菩薩也。謂此菩薩作唯識之觀，（七九頁上）謂初地已上，智行明利，但作唯識

之觀，知一切相皆是意言分別。以了此外塵本無，更不分別此色。既不將此外塵為境，故言不分別空。」（七九頁下）資持卷下四：「『利』即大菩薩，不分別空，超過小菩薩故。由觀唯識，住於中道，了一切法，無非心識。識非色空，非不色空。尚不分別識，何況分別空？若知唯識，則住實相，無分別故。」（四一九頁上）

〔一〇三〕但相似道、相似善，難知難學，多墮邪林　資持卷下四：「『但』下勸學。初，勸揀擇似是而非，故云『相似』。邪徒之多，故如林焉。」（四一九頁上）簡正卷一七：「相似道者，謂諸外道鬱頭藍子，得非想空定寂，謂為涅槃，此（原注：『此』下一有『云』字。）涅槃同（原注：『同』疑『曰』。）上道，似佛教中涅槃也。相似善者，如調達五邪之法等，似佛四依之善也。又，如外道投坑赴火，持鷄狗等戒，食米齊而活命等，並是相似善也。上約外以論，今約內辨者。大乘持戒，不見『能持』及與『所持』，而常持戒修定習慧，熾然恒觀，而無得無證是真。若見『能持』及以『所持』，而常持戒修定習慧而有得證，名『相似道』。若不住色聲，而行布施，乃至經云不施等，是其真善。若隨情惠施，著相精進等，名『相似善』。如此之事，雖知，難學也。少而乖違，即是魔業，謂邪林也。」（一〇三〇頁上）鈔批卷二八：「立明：邪正兩體難明。今時學者，多墮邪見，謂聞說有著常，聞說無著斷，難離二邊之心，但觀言似解，故曰『相似善』也。理須修學，方堪正觀。」（七九頁下）

〔一〇四〕理須通學，方堪正觀　資持卷下四：「『理』下，次，勸攝修。『通學』即解也，『正觀』即行也。」（四一九頁上）

〔一〇五〕不以誦語而為道業　資持卷下四：「遮滯教也。」（四一九頁上）

〔一〇六〕如十住婆沙及十地中說　資持卷下四：「『十地』即十地經及論。」（四一九頁上）簡正卷一七：「十地論：菩薩修身戒、心慧方法也，以因多聞得智慧等。涅槃、華嚴並有文也。」（一〇三〇頁上）鈔批卷二八：「案十住婆沙論中廣明菩薩行行（【案】次『行』疑剩。）。從第一至第十四卷，唯明十地諸菩薩修身、修心方法。大略而言，謂常樂聞所聞法，聞已能如說行，依法依義，依如說行，隨順義趣，不惑言辭，不失戒定，清淨活命，破憍慢心，求其功德，遠惡知識，親近善友。若在家菩薩，應遠離諂曲，如木在稠林，難可得出。如是，有佛弟子雖入佛法，不能得出生死深煩惱林也。」（七九頁下）【案】十地卷二，一三七頁中。

〔一〇七〕以因多聞，得智慧故　資持卷下四：「『又』下，引示。舊云涅槃經。上二句示

漸學，多聞智慧，義兼思修，須具三慧。次句遮狂簡也。後句舉喻，令解如人
（【案】『人』疑『入』。）大海，漸漸深故。智論云：智度大海，唯佛窮底。
初心學者，不可躁求。良以道不遠人，理非事外，得之不離方寸，失之何啻千
山！固當優而柔之，使自得之，然後取之，左右逢其原，縱心所欲不逾矩。若
斯為學，可謂學矣。自餘記問，何足道乎？」（四一九頁上）簡正卷一七：「意
令先教持戒，然後修定智慧，猶如大海，漸漸深入也。」（一〇三〇頁上）

〔一〇八〕三事驗三道　資持卷下四：「簡示三道。即凡夫及大、小二聖也。」（四一九
頁上）簡正卷一七：「將凡夫自為二乘，兼他菩薩，唯為於他三事，驗於行
人，便識三道果之分齊也。」（一〇三〇頁上）鈔批卷二八：「立明：將下自
為、為他之事，驗其行人，則三乘分齊也。」（七九頁下）【案】「三事」即
凡夫自為、二乘兼他、大乘為他。

〔一〇九〕凡夫但自為，二乘自為兼他，大乘唯為於他　資持卷下四：「凡夫為善，力
不兼人，故『自為』也。二乘非不化導，而非正意，故云『兼他』。大乘發
心求道，正為度生。然凡夫自為，則耽五欲樂。二乘自為，則脫生死苦；二
乘為他，則說法現通。大乘為他，則拔苦與樂。發意是修因別，成果即所證
別。」（四一九頁上）

〔一一〇〕若論緣事，心乖事同　簡正卷一七：「如修一善事，事雖同起，心且有三種
乖別也。如涅槃云：下智觀十二因緣，得聲聞菩提；中智觀十二因緣，得緣
覺菩提；上智觀十二因緣，得無上菩提。事即同望，其智心即乖，以果別
也。」（一〇三〇頁上）鈔批卷二八：「相云：謂上三人，若論其所緣外塵之
事，更無不同，觀一切四大、五陰、山河大地等，故曰『事同』。謂境是同，
然心則別。（七九頁下）二乘人作空解為極，小菩薩知一切是妄有，又不作
空解，又未了唯識。若大菩薩，但作唯識觀解，故云心乖則是知別也。」（八
〇頁上）資持卷下四：「『若』下，示觀行同異。『事』即所觀境。如上三觀
並觀事，故云『事同』。『心』即能觀智，性相唯識，淺深有別，故云『心
乖』。」（四一九頁上）

〔一一一〕且知大略而已　資持卷下四：「『且』下，顯略以非宗故。然大小兩乘，教門
難辨，更以四義明之：一者，教別權實異故；二者，理別性相，唯識偏圓異
故；三者，行別諦緣度故；四者，果別三聖道故。（四一九頁上）又復，應
知小乘唯論釋迦一佛，大教則談三世十方。又，小宗戒定之境，局據大千；
大教則通該法界。餘如別敘，恐煩故也。」（四一九頁中）

就後段中，更分為五

一、明出家具緣，二、作法不同，三、受戒方式，四、隨戒相，五、雜行教示。

初中

僧祇：七歲解知好惡者，應與出家〔一〕。八十、九十太老；過七十，臥起須人，不聽度〔二〕；若能修習諸業，聽出家。若太老、太小，已出家，不應驅出〔三〕。比丘越悔〔四〕。央掘經：老母求佛出家，佛以偈止〔五〕：「汝今年衰老，出家時已過；但當深信心，以法自蘇息〔六〕。」淨飯王求佛出家，律中，佛言：但觀無常諸行，足以得道，不須出家〔七〕。智論云，若二根、無根〔八〕者，毘尼中，以無得道根故，不得出家：失男女相，其心不定，結使多，智慧淺薄〔九〕故。大乘中，無所不容〔一〇〕。但以其心邪曲，難可拔濟，如稠林曳曲木故，不得入佛法中〔一一〕。善見：欲燒寺者，聽不白父母，得度出家〔一二〕。五百問云：父母、王法不聽，盜度，犯重〔一三〕。此謂教化示導，令棄背課役故。如論中，得度〔一四〕。違王教，吉羅。自來者，得。又云：若賊捉比丘賣，後來投比丘，初時得，經主不得〔一五〕。若主賜姓放出，經無正文〔一六〕。

僧祇：欲新出家者，先說苦事〔一七〕。謂一食〔一八〕、一住〔一九〕、一眠〔二〇〕，少飲食〔二一〕，多學〔二二〕。問言「能不」，答「可」者，方得受之。

四分：不得畜二沙彌。若畜者，須乞〔二三〕。畜眾具德，如「度人法〔二四〕」中。祇中：不得畜眾多沙彌，聽一，極至三人〔二五〕。若大德比丘，多人與兒令度；苦勸與人，猶故不從，遣與餘人，得自教詔〔二六〕。有三品：從七歲至十三，名驅烏沙彌〔二七〕；從十四至十九，名應法沙彌〔二八〕；從二十至七十，名字沙彌〔二九〕。

五百問云〔三〇〕：若出家已後，盜本家中物，犯棄〔三一〕。何以故？初出家時，一切捨，非己物。本伏藏、本債息，亦同〔三二〕。

二、作法者

欲出家者，至僧伽藍中，立眼見耳不聞處〔三三〕。作單白和僧，使大眾知聞，為成問答無失〔三四〕。如律中，度巧師兒說〔三五〕。羯磨云〔三六〕：「大德僧聽：是某甲從某甲求剃髮。若僧時到，僧忍聽。某甲從某甲剃髮。白如是。」律云：若僧和合者，善；不爾者，房房語令知。

作已，應與剃髮〔三七〕。先請和尚，應具儀，教云〔三八〕：「大德一心念：我某甲請大德為和尚，願大德為我作和尚。我依大德故，得剃髮出家。慈愍故。」三請〔三九〕。其阿闍梨文，亦準此〔四〇〕。謂剃髮及受十戒二師〔四一〕。

應以諸部會明，立出家儀式〔四二〕。

在於露地，香水洒之〔四三〕。周帀七尺，四角懸幡〔四四〕，中安一座，擬出家者。復說二勝座，擬二師坐。

欲出家者，著本俗服，拜辭父母尊者訖〔四五〕，口說偈言：「流轉三界中，恩愛不能脫；棄恩入無為〔四六〕，真實報恩者。」乃脫俗服。出清信士度人經。善見云：以香湯洗浴，除白衣氣〔四七〕。仍〔四八〕著出家衣，正得著泥洹僧、僧祇支，未得著袈裟。便入道場。出度人經。

來至和尚前，互跪〔四九〕。和尚應生兒想，不得生汙賤心。弟子於師，生父想。應為說髮、毛、爪、齒、皮〔五〇〕。何以故？有人曾觀此五〔五一〕，今為落髮，即發先業，便得悟道。如羅睺羅，落髮未竟，便得羅漢〔五二〕；如熟癰待刺，蓮華待日〔五三〕。

為說法已，向阿闍梨前坐〔五四〕。出善見論。以香湯灌頂。讚云〔五五〕：「善哉大丈夫，能了世無常，捨俗趣泥洹，希有難思議。」

教禮十方佛〔五六〕竟，行者說偈言：「歸依大世尊，能度三有苦，亦願諸眾生，普入無為樂〔五七〕。」

阿闍梨乃為剃髮。旁人為誦出家唄云〔五八〕：「毀形守志節，割愛無所親，棄家弘聖道，願度一切人〔五九〕。」出度人經〔六〇〕。

與剃髮時，當頂留五三周羅髮〔六一〕，來至和尚前，互跪。和尚問云：「今為汝去頂髮，可不？」答言：「爾！」便為除之。

除已，和尚授與袈裟，便頂戴受〔六二〕。受已，還和尚。如是三反〔六三〕，和尚為著之。出善見論。說偈〔六四〕言：「大哉解脫服，無相福田衣。披奉如戒行，廣度諸眾生。」

禮佛訖，行遶三帀，說自慶偈〔六五〕：「遇哉值佛者，何人誰不喜，福願與時會，我今獲法利〔六六〕。」

禮大眾及二師已，在下坐，受六親拜賀〔六七〕。出家離俗，心懷遠大，父母等皆為作禮，悅其道意〔六八〕。

中前剃髮〔六九〕。出度人經。

毗尼母云：剃髮著袈裟已，然後受三歸五戒等〔七〇〕。

三、受戒法者

分三：初，緣；二、體；三、相。

初中

集僧已，安受者見處立，作法同前〔七一〕。白言：「大德僧聽：彼某甲從某甲出家〔七二〕。若僧時到，僧忍聽。某甲從某甲出家。白如是。」

五百問云：二人得度沙彌，一人不合〔七三〕。

五分、十誦：先與五戒，後受十戒〔七四〕。

善見：當禮僧足，往闍梨所，禮已，互跪、合掌〔七五〕。教言：「汝當隨我語，教汝受三歸。」答云：「爾。」出要律儀云捉師衣角者，出在人情〔七六〕，世末流變也。

律文，似對僧所〔七七〕。理須生建立勝緣，應問遮難，一同僧法〔七八〕。必若有者，五戒不發，何況具、十！文如僧中。

二明戒體

文云〔七九〕：我某甲，歸依佛，歸依法，歸依僧。我今隨佛出家，某甲為和尚。如來至真等正覺，是我世尊。三說。我某甲，歸依佛竟，歸依法竟，歸依僧竟。我今隨佛出家已，某甲為和尚。如來至真等正覺，是我世尊。三說。

次三明相

「盡形壽不殺生，是沙彌戒，能持不〔八〇〕？」答：「能。」不偷盜；不婬；不妄語；不飲酒；不著華鬘、好香塗身〔八一〕；不歌舞倡伎，亦不往觀聽〔八二〕；不得高廣大牀上坐〔八三〕；不得非時食；不得捉錢、生像、金銀寶物。竝準初法，一一牒問。答言「能」者。又云：「是沙彌十戒，盡形壽不得犯。」

授戒相已，為說出家功德〔八四〕：高於須彌，深於巨海，廣於虛空〔八五〕。自餘說法，隨時臨辯〔八六〕。云云。

戒相中未顯者，如「高牀」，謂八指以上〔八七〕。增一云「八種牀」等，如隨相中〔八八〕。「生像」〔八九〕者，僧祇、善見云「生色」「似色」。「似色〔九〇〕」即「像」也。生金、像銀，胡漢二彰〔九一〕。

四分大小持戒中，沙彌具得七支，并餘遮戒〔九二〕。準如僧、尼二律，下三眾通結吉羅。故知且列十戒，喜犯前標，餘所未知，二師別教——

如大僧「四重」之例〔九三〕。

又由志弱，未堪四依，故不列之〔九四〕。或略無也，豈得不行？

次為說五德

如福田經云〔九五〕：一者，發心出家，懷佩道〔九六〕故；二者，毀其形好，應法服〔九七〕故；三者，委棄身命〔九八〕，遵崇道故；四者，永割親愛，無適莫〔九九〕故；五者，志求大乘，為度人〔一〇〇〕故。

次為說六念法〔一〇一〕

大同僧中。不同俗人「佛、法、僧」等六也，由制通沙彌〔一〇二〕故。至第三念時云〔一〇三〕：「我今年若干，某年、月、日、時受十戒〔一〇四〕。」以律制「生年次第」，又「出家年次第」，二俱須知〔一〇五〕。

僧祇云，應為說十數〔一〇六〕：一、一切眾生，皆依仰食；二、名色；三、痛痒想；四、四諦；五、五陰；六、六入；七、七覺意；八、八正道；九、九眾生居；十、十一切入。沙彌法應如是數。準此，為破十種外道者：初，破「自餓外道」〔一〇七〕——彼以洮糠飲汁，餐風服氣等〔一〇八〕。二、為破「自然外道」〔一〇九〕——如犢子飲乳，棘尖烏黑，火上水下，風輕地重，竝無有因，自然而生〔一一〇〕。三、為破「梵天為因外道」〔一一一〕——自在、梵王，眾生父母，眾生瞋喜，由於彼天〔一一二〕。四者，破「無因果外道」〔一一三〕——如外草木，自生自死，人亦同之〔一一四〕。五、破「神我外道」〔一一五〕——執於身中別有神我，以為宰主〔一一六〕。六、破「一識外道」〔一一七〕——如一室六扃，獼猴遍歷——根亦如是，一識通遊〔一一八〕。七、為破「不修外道」〔一一九〕——以卻、順觀，見八萬劫外，更不見境，號為「冥諦涅槃」〔一二〇〕——如轉縷丸高山，縷盡丸止，何須修道等。八者，為破「邪因外道」〔一二一〕——或持烏、雞、鹿、狗、牛、兔等戒〔一二二〕，或修八禪，或修邪慧、邪進，以為真道，背於八正〔一二三〕。九、破「色、無色天計涅槃外道」〔一二四〕——以二界有無想定、非想定，心沈沒處，謂是窮理〔一二五〕——此乃眾生所居。十者，破「色空外道」〔一二六〕——以外道用色破欲有，以空破色有，謂空至極〔一二七〕。今立十處，但是自心運用多少〔一二八〕。實唯一識，本無前境，妄立是非，我見不除，還受生死〔一二九〕。故智論〔一三〇〕云：外道能生禪定船，度欲、色界海。無色如大海，深廣不能度，由不破「我」心故〔一三一〕。此上具出破相。擬輒賊住，來者問之〔一三二〕。善

見云：若欲試知是比丘眾，當問何法、持三衣等〔一三三〕。

四、明隨戒相

沙彌行事，法用同僧。羯磨一法，不在數例〔一三四〕，自餘眾行，並制同修。如說戒、自恣，既是常行，不得別眾〔一三五〕。約盡界集，自然遠近，亦同僧法〔一三六〕。明了論中：乃至優婆塞，亦有別界、別施〔一三七〕。

所對之人，昔用比丘〔一三八〕。今解不然，各別有法〔一三九〕。兩不足數〔一四〇〕，不可通用。還以沙彌為對；無者，同僧心念也。五百問中：無沙彌，大比丘亦同作法。亦隨所存〔一四一〕。

次明秉法

類通眾、別〔一四二〕。

先明對首持二衣法〔一四三〕。薩婆多：沙彌受戒已，應持上、下二衣：一當鬱多羅僧〔一四四〕，二當安陀會。財體是非、作之方法、失衣分齊，一同僧中。唯受持少別，應對一受戒無犯沙彌〔一四五〕，手執上衣云：「長老一心念！我某甲沙彌，此漫〔一四六〕鬱多羅僧受持。」三說。下衣準此。律無受法，準十誦文如此。

受持鉢法，受持坐具，一同僧法，唯改沙彌名為異〔一四七〕；乃至尼中二眾，亦同持之。百一供具，例同無異。若畜長衣，請二衣施主，亦同僧法〔一四八〕。說淨之本，亦同藥、鉢。準此，若得錢寶——薩婆多：亦請白衣為之。以沙彌戒中，正同僧故，不得自畜。

若犯長衣、鉢等，皆犯捨墮〔一四九〕；懺罪，一同僧法，界內集人作之。不受戒者，亦無別眾。文同大僧。唯以突吉羅一罪為別，至時改之。若犯提舍已下，上及僧殘，並須懺悔，有覆須治〔一五〇〕，唯以吉羅為定。若波羅夷，律云：三眾突吉羅，滅擯〔一五一〕。

餘有安居、受日等事，例同大僧。十誦：制五眾安居，五眾受日。四分：三時遊行戒〔一五二〕，三眾亦結罪。故須知之。

二明眾法。有通、別二途。

若通行者。大僧說戒日，沙彌多具華、香、湯、水、供僧眾具，於布薩處，張施羅列。鳴稚將了，並須盡集，有緣囑授〔一五三〕受籌。大僧作法，一如常式。至說戒序訖〔一五四〕，戒師云：「未受具戒者出。」諸沙彌等，各從座起，執坐具，在僧前，禮已互跪。上座告云：「此眾僧布薩說戒。汝未受具足，不豫〔一五五〕聞之，各隨本業誦習，謹慎莫放逸。至

鳴稚時，同赴堂來〔一五六〕。」告已，隨次出。

　　若別行者。沙彌有都集處，鳴稚訖，二眾各集〔一五七〕，十誦：令差一沙彌檢校〔一五八〕。行法一同僧中〔一五九〕。行籌訖，將至僧中，付僧維那，總合唱數，彼送籌者，還來本處〔一六○〕。差一人為說戒師，誦沙彌戒經，謂愛道尼經〔一六一〕，及五德、十數等。若誦訖，僧中未徹者，隨時誦經、說法。至鳴稚時，總來赴堂，隨次入僧中，於常坐處，互跪合掌。彼說戒師為說「明人能護戒」已後文。此與大僧相涉行用，看僧「說戒」中〔一六二〕。若自恣者〔一六三〕。準說戒中〔一六四〕，別堂作法，送籌合唱。若通作者，僧自恣已，五德來向沙彌處，互跪，說僧自恣之文，以犯、舉兩通〔一六五〕故。

　　若界中人少，對首作法，一同眾法對首。無人者，同眾法心念。

　　五、雜料簡〔一六六〕

　　其沙彌威儀進止，凡所造修，律竝制同僧，唯罪結一品，餘如沙彌威儀經、三千威儀，及隨戒中具明。不復重出，略指同也。

　　毗尼母：沙彌法應知慚愧〔一六七〕、善住〔一六八〕。奉事師法中，不應懈怠放恣。當自慎身口〔一六九〕，卑己敬人，常樂持戒，莫樂謂戲。不應自恃才力，復莫輕躁。應知羞恥，不說無定亂言〔一七○〕。唯庠序合理，自知淨不淨法〔一七一〕。常逐二師，讀誦經法。一切僧中，若有所作，皆不得違。如是廣知。薩婆多：沙彌不為三寶緣有利益者而掘地，犯罪〔一七二〕；五分：下三眾無故造罪，亦吉羅〔一七三〕。四分律結吉羅〔一七四〕，謂無緣而損傷，乃至不受食、殘宿、自煮等，無人則開。有淨人，故作，則結吉羅。例之。五分：若罰沙彌，先語其師。師亦不應非法助沙彌。若治罰，應作種種苦使：掃地、除糞、捷石治階道〔一七五〕。若不為和尚、闍梨及餘人作使〔一七六〕，應語：「如法供給和尚、眾僧作使，次至應作。」不應遮不與僧中利養〔一七七〕，此是施主物。四分：從大比丘下，次第與沙彌房舍臥具〔一七八〕。若不能愛護，不應與；若利養，隨次與之。

　　有人言：「下三眾，律竝制罪者，謂是謗結〔一七九〕，非是實罪。」此是人語，聖教正翻實錄，彌須敬行〔一八○〕。

【校釋】

　〔一〕七歲解知好惡者，應與出家　資持卷下四：「僧祇前明老少未度應簡。七歲已
　　　　上，七十已還，有智堪苦，則是教限。」（四一九頁中）【案】「簡人」文分為

三：「過七」下；「智論」下；「善見」下。僧祇卷二三，四一八頁上。

〔二〕**過七十，臥起須人，不聽度**　資持卷下四：「時有堪能，猶聽出家，謂作沙彌也。」（四一九頁中）

〔三〕**若太老、太小，已出家，不應驅出**　資持卷下四：「『若』下，次，制已度應攝。『太老』即八、九十，『太小』即未及七歲。」（四一九頁中）簡正卷一七：「謂與沙彌戒也。眾僧得吉，不應駈出。」（一○三○頁下）

〔四〕**比丘越悔**　鈔批卷二八：「立明：若駈出，得越毗尼罪。」（八○頁上）

〔五〕**老母求佛出家，佛以偈止**　資持卷下四：「老母即央掘摩羅之母。央掘受惡人所教，令殺千人，以耳指作鬘。彼即殺千人，但少一人，乃執劍欲斷母命。佛化之出家，母亦欲出家，故以偈止之。」（四一九頁中）【案】央掘摩羅經卷一，大正藏第二冊，五二○頁下。

〔六〕**汝今年衰老，出家時已過；但當深信心，以法自蘇息**　資持卷下四：「上二句勸止，下二句教修。『蘇』（【案】『蘇』鈔作『蘇』。）謂自省，息謂絕欲。淨飯緣出本律，先標舉，後引文。」（四一九頁中）

〔七〕**觀無常諸行，足以得道，不須出家**　簡正卷一七：「祇七歲者，祇云：減七歲太小，過七十太老。縱有所能，皆一向不許。若滿七歲，解好惡者，應與出家。若不知好惡，應不與度。若過七十太老，不聽出家。若滿七十，若康健，能修習諸業者，則許出家。若減七十，不堪造事，臥起須人，亦不許度。所以太老不聽意者，或大小便，諸根不禁，臥起須人，短氣連嗽，涕唾惡僧地，為人所呵故。涅槃亦云：老無三種味。准鈔：過七十，若能修習善業，亦聽出家。須跋陀羅，（一○三○頁上）年百二十，得出家也。」（一○三○頁下）資持卷下四：「『觀』即是智，『無常諸行』是境。」（四一九頁中）

〔八〕**二根、無根**　鈔科卷下四：「『智』下，簡根具。」（一三一頁中）資持卷下四：「智論，初明制教簡意。『二根』即身狹二形，『無根』謂無男女道。」（四一九頁中）

〔九〕**失男女相，其心不定，結使多，智慧淺薄**　資持卷下四：「『失』下，釋上無得道根，四句四事：失男女相，是報障心；不定』即業障；『結使』即煩惱障；四、智慧淺者，三障既重，故多愚癡。」（四一九頁中）簡正卷一七：「失男女相者，失男女根也。」（一○三○頁下）

〔一○〕**大乘中，無所不容**　簡正卷一七：「以大乘中，不簡老少、二形等，但解法師語，悉受得戒，皆名第一清淨也，即顯小乘不許也。」（一○三○頁下）資持

卷下四：「明化教通收。即梵網中，二形、黃門、婬男、婬女、八部、鬼神、畜生等，但解法師語，盡得受戒。準約制教，黃、形、非、畜，盡歸重難，化教並開，故云無不容也。」（四一九頁中）【案】佛說梵網經卷二，大正藏第二四冊，一〇〇四頁中。

〔一一〕但以其心邪曲，難可拔濟，如稠林曳曲木故，不得入佛法中　資持卷下四：「『但』下，顯示律中制簡所以。大教雖容受戒，律制不許出家。稠林曲木，喻其難拔。『稠』即密也。」（四一九頁中）簡正卷一七：「非林不容木，木自曲礙，不能入故。大乘雖言無所不容，但心邪曲，亦難與教理合也。」（一〇三〇頁下）

〔一二〕聽不白父母，得度出家　簡正卷一七：「准見論十七云：若有人欲求出家，比丘問言：『汝父母聽汝出家否？』答云：『不聽。』『若不聽者，不得出家。』彼語比丘言：『若不度我，我便燒寺。』若如是者，聽度不犯。」（一〇三〇頁下）【案】善見卷一七，七九二頁。

〔一三〕父母、王法不聽，盜度，犯重　資持卷下四：「五百問明制犯。」（四一九頁中）簡正卷一七：「鈔釋云：謂教化令棄背父母及課役故也。」（一〇三〇頁下）鈔批卷二八：「立云：謂令前人故，避王課者犯重。若無此心，但度不勸避課者得。」（八〇頁上）【案】五百問，九七六頁上。

〔一四〕如論中，得度　資持卷下四：「論即善見。初明度父母、王法人。」（四一九頁中）簡正卷一七：「是多論文也。」（一〇三〇頁下）

〔一五〕若賊捉比丘賣，後來投比丘，初時得，經主不得　資持卷下四：「『又』下，次，明度賊捉人。初時謂未賣與人，不損彼財故，經主損財，故不得度。」（四一九頁中）鈔批卷二八：「立謂：若經主已，主曾費錢買得，損他錢故。若但抄得，曾未經主，則未用錢，故得度也。」（八〇頁上）

〔一六〕若主賜姓放出，經無正文　鈔批卷二八：「立謂：此是論文說許，經中無正文。案出家功德經但云放奴婢出家得功德廣大，然不明許比丘度，故云無正文。又，律亦無文。」（八〇頁上）資持卷下四：「主賜姓者，令歸良也。據理得度，三藏無斷，故云無文。」（四一九頁下）

〔一七〕欲新出家者，先說苦事　鈔科卷下四：「『僧』下，先說苦事」（一三一頁上）資持卷下四：「先說若（【案】『若』疑『苦』。）事，欲令知難，免後悔故。文列五事：一住，『住』即是坐。疏云：一、坐加趺，周時方起。一、眠，即經云『中夜誦經，以自消息』。四、節食。五、勤學。四分則有十種，謂能耐風、

雨、寒、熱、飢、渴、毒、蟲、惡言、一食持戒。」（四一九頁下）鈔批卷二八：「羯磨疏云：為說苦事者，以世網苦辛，多厭求樂，初雖慈許，終有退敗。故經論中，有現世苦、未來樂者，出家人也。晝夜鞭心，（八○頁上）常收正念，不覺妄緣，尋悔訶責。三千云：必行坐禪等三。不爾，徒生徒死。即遺教經云：中夜誦經，以自消息；餘時須依律文，常爾一心念，除諸蓋也。」（八○頁下）【案】僧祇卷三二，四八九頁中。

〔一八〕一食　簡正卷一七：「業疏云：佛教之中，一食為本，託緣開二，不是長途。西域至今常行一食也。」（一○三○頁下）

〔一九〕一住　簡正卷一七：「一說云：獨住也。二、常住坐也。業疏云：一坐跏趺，周時方起，自非味重，何以致斯？」（一○三一頁上）扶桑記：「周時，謂盡一日。」（三七○頁下）

〔二○〕一眠　簡正卷一七：「夜三時中，二時坐、一時眠等。」（一○三一頁上）鈔批卷二八：「中夜之時，暫爾倚臥。分星月次，尋起緣念。」（八○頁下）

〔二一〕少飲食　簡正卷一七：「謂節量食也，多食致病苦等。」（一○三一頁上）【案】「飲食」，僧祇為「食飲」。僧祇卷三二，四八九頁中。

〔二二〕多學　鈔批卷二八：「慧心常運，不許浮散也。」（八○頁下）

〔二三〕若畜者，須乞　簡正卷一七：「玄云：多不自量，故欲受時，先須請乞，住僧籌議也。」（一○三一頁上）【案】四分卷三四，八一一頁上；卷二八，七六一頁上。

〔二四〕度人法　簡正卷一七：「謂指受戒犍度。二師，德有三：一、簡小取大，謂十夏已上；二、簡愚取智，謂明閑律藏；三、簡惰取勤，謂能勤教授。若不具此三，即不許。有人言：尼須乞畜，眾僧何不見制者？此未讀正律文，下結僧罪，故知同須也。」（一○三一頁上）【案】四分卷三四，八○六頁中。

〔二五〕不得畜眾多沙彌，聽一，極至三人　資持卷下四：「僧祇初示得畜制限。」（四一九頁中）

〔二六〕苦勸與人，猶故不從，遣與餘人，得自教詔　資持卷下四：「『若』下，次，明勸令他度。離多眷屬過，仍自教語，以法通濟，無彼此故。」（四一九頁下）【案】僧祇卷二九，四六○頁下。

〔二七〕驅烏沙彌　鈔批卷二八：「四分律中，有比丘將兒出家，入村乞食。若到市肆，見餅飯即舒手，言與我餅飯，人皆譏嫌。言：『云何出家，已故生兒，而將自隨？』以此白佛。佛言：『自今已去，不得度減十二歲者。』爾時，阿難有檀

越家，非人所燒，死盡，唯有一小兒在。將至佛所。佛問：『此何小兒？』阿
難具說。佛言：『何不度令出家？』答：『世尊先有教不度年減十二者，是以不
度。』更問此小兒：『食時能驅烏未？能如是者，聽出家。』阿難報言：『能驅
烏。』即度之。因此名驅烏沙彌。」（八〇頁下）

〔二八〕**應法沙彌**　簡正卷一七：「謂年十四至十九，正合為沙彌，正應沙彌之法故。」
（一〇三一頁上）鈔批卷二八：「約年未堪受具，體合只作沙彌。以其年歲，
應沙彌之法，故曰也。」（八〇頁下）資持卷下四：「應法者，正合沙彌位也。
以五歲依師，調練純熟，堪進具故。」（四一九頁下）

〔二九〕**名字沙彌**　簡正卷一七：「年月既登，合受大戒，非沙彌位。今但假號沙彌，
故云名字也。」（一〇三一頁上）鈔批卷二八：「此既年長，理合進具，非沙彌
位，但假名沙彌，故曰名字也。」（八〇頁下）資持卷下四：「名字者，本是僧
位，緣未及故。」（四一九頁下）

〔三〇〕**五百問云**　鈔科卷下四：「『五』下，出俗捨離。」（一三二頁上）簡正卷一七：
「彼論云：比丘本俗時，（一〇三一頁上）共父母兄弟藏物，出家之後，家內
人死盡，比丘還自來取，犯棄。若有所親白衣，可語使取作福，應半與官。何
以故？此物無主，應入官，不得全取。鈔約不得者，以初出家時，一切總捨，
非己物故，今取同盜也。」（一〇三一頁下）【案】五百問，九八〇頁下。

〔三一〕**犯棄**　資持卷下四：「犯棄即結重夷，則知出家捨心須決。」（四一九頁下）

〔三二〕**本伏藏、本債息，亦同**　鈔批卷二八：「案彼論云：問比丘本俗人時，失父母
兄弟藏物，出家已後，家人死盡，比丘還自來取，犯棄。若有所親白衣，可語
使取作福，應半與官。所爾者？此物無主，應當屬官，不得全取。」（八一頁
上）資持卷下四：「伏藏、債息，皆不得取，故云亦同。」（四一九頁下）

〔三三〕**欲出家者，至僧伽藍中，立眼見耳不聞處**　鈔科卷下四：「初，秉白告眾。」
（一三一頁中）資持卷下四：「初明安處，見而不聞，恐聽羯磨故。」（四一九
頁下）【案】作法分三：初，「欲出」下；二、「作已」下；三、「應以」下，又
分十二。

〔三四〕**作單白和僧，使大眾知聞，為成問答無失**　資持卷下四：「『作』下，次，明作
白。前出白意，仍引本緣，以明須作。今多不行，法滅故也。為問答無失者，
恐人相問，眾僧不知，答有差故。」（四一九頁下）

〔三五〕**度巧師兒說**　資持卷下四：「『巧師』謂工巧者，律因其子來求出家，比丘與
度，眾僧不知。後父母來尋問，僧皆言不見。後於寺中覓得，譏云：『度我兒

已，皆言不見。』佛言：『自今已去，應先白僧。』準於作法之前，敘致告眾，直陳情旨，不須廣誦華綺浮詞。』」（四一九頁下）【案】四分卷三四，八一○頁上～中。

〔三六〕羯磨云　資持卷下四：「『是某甲』者，即俗士也。『從某甲』者，即和尚也。若據隨機羯磨，第二句牒緣，云『彼某甲欲求某甲比丘剃髮』，第四句云『與某甲剃髮』。言相顯了，宜準彼文。」（四一九頁下）

〔三七〕作已，應與剃髮　鈔科卷下四：「『作』下，陳詞請師。」（一三二頁中）簡正卷一七：「若欲於僧中剃髮者，當白一切僧。若不和合者，亦須房房語知已，乃為剃度，令問答無失故。」（一○三一頁下）

〔三八〕先請和尚，應具儀，教云　資持卷下四：「請師中。初，請和尚。『教云』者，準須旁人教示，今時所謂『引請人』也。」（四一九頁下）應先示云：所以請和尚者，由是出家根本所歸投處。若無此人，則承習莫由，闕於訓導。汝當竭誠事奉，剋志陳詞，恐汝未能，我今教汝，然後請之。」（四二○頁上）

〔三九〕三請　資持卷下四：「示殷重故。今有三唱『慈愍故』即當三遍，傳謬故也。」（四二○頁上）

〔四○〕其阿闍梨文，亦準此　資持卷下四：「『其』下，次請闍梨。請詞一同，但改名耳。闍梨多種，故注簡之。作法詞中，義須標別。」（四二○頁上）

〔四一〕剃髮及受十戒二師　簡正卷一七：「剃髮和上、阿闍梨，及受十戒和尚闍梨也。玄云：依之出家和尚也。准出家和尚、十戒和上、大戒和上，一人經三，或三人各一，闍梨亦爾也。」（一○三一頁下）

〔四二〕應以諸部會明，立出家儀式　鈔科卷下四：「『應』下，剃髮儀式。」（一三二頁中）資持卷下四：「本律事儀多不具故，如下一一標之。釋中節文為十二段，次第行事，不相混也。」（四二○頁上）【案】「儀式」即此下十二項次第內容所及。

〔四三〕在於露地，香水洒之　鈔科卷下四：「初，莊嚴設座。」（一三一頁下）簡正卷一七：「覆（【案】『覆』疑『露』。）地，香水洒之。表云：火（【案】『火』疑『大』。）殿向東邊露地，或西邊亦得，但不許背佛也。」（一○三一頁下）資持卷下四：「在露地者，令眾見故。香水洒者，令潔淨故。」（四二○頁上）

〔四四〕周帀七尺，四角懸幡　簡正卷一七：「都只要七尺地也。今云：一面各取七尺，四角每角著一竿小竹子，上留二十葉，以彩繩子遶之，（一○三一頁下）開前一面，恐妨人出入。三邊皆以小幡子繫，著繩子上懸之。於中立一卑座，擬欲

出家者坐。又設二勝座，擬和上及剃髮師坐。即先教欲出家人向佛前禮拜，拜了卻行（【案】『卻行』義即『退行』。）下。殿前鋪席，拜辭父母。若父母在他處，亦須望本鄉拜之，然後說偈等，如文中也。若自不解說，旁人教之亦得。」（一〇三二頁上）資持卷下四：「周七尺者，使相近故。四角懸幡，莊嚴生善故。令（【案】『令』疑『今』。）時多在殿堂，但令嚴飾，隨時所宜。然多有背佛設座而坐，無知慢聖，慎勿傚之。」（四二〇頁上）

〔四五〕欲出家者，著本俗服，拜辭父母尊者訖　鈔批卷二八：「辭父母訖，口說偈言，流轉三界中者，立謂：出家者自說此偈也。」（八一頁上）資持卷下四：「初明辭親者，令（【案】『令』疑『今』。）時又加辭國王者，以入道位，尊君親禮，絕不復拜故。口說偈者，應令互跪，旁人教之。偈文上半明在家之損，下半明出家之益。」（四二〇頁上）

〔四六〕棄恩入無為　資持卷下四：「『棄恩』割愛情也。『入無為』者，趣聖境也。則知儒中順色承意、立身揚名，皆是世情，未為實報。」（四一九頁上）

〔四七〕以香湯洗浴，除白衣氣　資持卷下四：「善見令浴。今恐時久滯眾，預令浴之。（有以香湯灌頂，為除白衣氣者，未詳文也。）」（四二〇頁上）

〔四八〕乃　【案】底本為「仍」，據義改。有本改為「雖」。

〔四九〕來至和尚前，互跪　鈔科卷下四：「『來』下，師為說法。」（一三一頁下）資持卷下四：「初令相攝。」（四二〇頁上）

〔五〇〕應為說髮、毛、爪、齒、皮　資持卷下四：「『應』下，次，為說法。『髮毛』等者，令觀不淨、虛幻不實，即能厭患生死故。」（四二〇頁上）鈔批卷二八：「立謂：恐此沙彌過去曾觀此事來，今若聞說或得悟解，故下文引羅云事來證也。」（八一頁上）簡正卷一七：「論云：度沙彌時，和上應說五種之法，謂髮、毛、爪、齒、皮。此五和合，共成此身，無有實法，令生猒離。所以說者，有人前世曾修此法，今髮將落，便發先業，得阿羅漢果，是故先說。」（一〇三二頁上）

〔五一〕有人曾觀此五　資持卷下四：「『有』下，明說之所以。『曾觀』謂宿習也。」（四二〇頁上）

〔五二〕如羅睺羅，落髮未竟，便得羅漢　鈔批卷二八：「案善見論云：度沙彌時，和上應為說五法：一者髮，二、毛，三、爪，四、齒，五、皮。所以說者？有人前身曾觀此五法，今為剃髮落地，（八一頁上）即發先業，便得羅漢，是故先教五法，然後如（原注：『如』疑『加』。）剃髮。如羅睺羅髮落未竟，便成羅

漢。如癰熟，須人刺，然後得破，亦如蓮華須待日出，而得開敷。此欲出家人亦復如是。因說五陰，便得悟道也。疏云：<u>羅睺</u>是沙彌之初，如九歲出家。<u>西方沙彌</u>，每至夏末，多以香華於空中奉散（【案】『奉散』疑『散奉』。）<u>羅睺</u>。」（八一頁下）

〔五三〕如熟癰待刺，蓮華待日　<u>資持</u>卷下四：「癰、蓮喻機，刺、日比法。然而說法，當須量機。隨時用捨，不必專此據本。和尚為說，今多闍梨耳。」（四二〇頁上）【案】<u>善見</u>卷一六，七八八頁中。

〔五四〕為說法已，向阿闍梨前坐　<u>鈔科</u>卷下四：「『為』下，灌頂贊歎。」（一三二頁下）<u>資持</u>卷下四：「令向坐者，準須跪膝。」（四二〇頁上）

〔五五〕讚云　<u>鈔批</u>卷二八：「<u>立</u>謂：此偈是剃髮師說也。」（八一頁下）<u>資持</u>卷下四：「使身器清淨，堪受善法故。偈中，上句讚志幹剛決，次句讚心智開悟，第三讚返妄歸真，末句指上三種。總讚難能。」（四二〇頁上）

〔五六〕教禮十方佛　<u>鈔科</u>卷下四：「『教』下，禮佛歸依。」（一三二頁下）<u>資持</u>卷下四：「教禮佛者，創入道門，令知歸慕故。」（四二〇頁上）

〔五七〕歸依大世尊，能度三有苦，亦願諸眾生，普入無為樂　<u>鈔批</u>卷二八：「<u>立</u>謂：此偈是出家者自說。」（八一頁下）<u>資持</u>卷下四：「偈中。上二字述能歸心。次句半（【案】『句半』疑『半句』），歎所歸境。大世尊者，人天師故。度三有者，大慈悲故。下二句立期誓，自他兼利，大士行故。無為樂者，涅槃道故。」（四二〇頁中）

〔五八〕旁人為誦出家唄云　<u>資持</u>卷下四：「文令旁教。今或合眾，同唱亦甚。」（四二〇頁中）

〔五九〕毀形守志節，割愛無所親，棄家弘聖道，願度一切人　<u>鈔批</u>卷二八：「此偈是傍人說也。」（八一頁下）<u>資持</u>卷下四：「生善偈文，上二字明外儀，次三字言內志。持之無變，故云守也。第二句言智用，三、四兩句彰所為。弘道度人，出家本務故。」（四二〇頁中）

〔六〇〕度人經　<u>資持</u>卷下四：「此偈亦出福田經。」（四二〇頁中）【案】<u>佛說諸德福田經</u>，<u>西晉</u>沙門<u>法立</u>、<u>法炬</u>共譯，<u>大正藏</u>第十六冊。

〔六一〕與剃髮時，當頂留五三周羅髮　<u>鈔科</u>卷下四：「『與』下，師除頂髮。」（一三二頁下）<u>鈔批</u>卷二八：「『周羅』者，<u>立</u>謂：是周羅要留與和上剃之。」（八一頁下）<u>簡正</u>卷一七：「『周羅』者，<u>玄</u>云：是梵語也，此云『小結』，或云『胎髮』。謂諸小兒剃頭多留頂髮故。小結者，如外道斷下界或盡，無色界頂有少

餘，或名曰『周羅』。此外道頂上留少許者，謂表此一地或未盡也。今亦効之。剃髮表出，三界業無。上界或留和尚除之。」（一〇三二頁上）資持卷下四：「『周羅』，經音義云：此翻為『小』。梵僧云：小髻也。（乃彼自引。）留五三者，趣舉其數留一，亦得準知落髮本是和尚恐其煩久，故令闍梨為除餘者。但留少許，和尚親落。今時先自剃作小髻，非本教意。又云：四邊須作八小髻，表下八地煩惱。最上一髻，表有頂一地煩惱。上地難斷，故令師剃。傳謬久矣，有識宜改。正落時，合眾誦前出家唄。」（四二〇頁中）

〔六二〕**除已，和尚授與袈裟，便頂戴受** 鈔科卷下四：「『除』下，授衣披著」（一三二頁下）

〔六三〕**如是三反** 資持卷下四：「示勤至也。三還者，表辭讓也。」（四二〇頁中）

〔六四〕**說偈** 鈔批卷二八：「立謂：此偈和上說也。」（八一頁下）資持卷下四：「偈詞本是和尚說。今亦旁人教之。上二句，歎衣解脫者，染壞割截，不著世故。無相福田者，出世無漏之福，離有為相故。（有云『無相』即縵衣者，非也。）下二句勸勵：上句自行如依也，下句利他行。」（四二〇頁中）扶桑記引會正：「無相，謂沙彌但許著縵衣，無條葉等相也。」（三七一頁下）

〔六五〕**禮佛訖，行遶三市，說自慶偈** 鈔科卷下四：「『禮』下，施繞自慶。」（一三二頁下）資持卷下四：「今禮佛者喜形於身也。復說偈者，形於言也。」（四二〇頁中）

〔六六〕**遇哉值佛者，何人誰不喜，福願與時會，我今獲法利** 資持卷下四：「偈詞上半是能喜：上句自喜，下句他喜；下半即所喜：上句喜緣會，下句喜得法。福願並宿因，時即今緣。」（四二〇頁中）

〔六七〕**禮大眾及二師已，在下坐，受六親拜賀** 鈔科卷下四：「『禮』下，辭親受賀。」（一三二頁下）資持卷下四：「初設禮者，謝證明也。在下坐者，即令預眾，令忻躍也。受親拜者，形貌纔殊，尊卑即別也。」（四二〇頁中）

〔六八〕**出家離俗，心懷遠大，父母等皆為作禮，悅其道意** 資持卷下四：「『出』下，示堪受之意。據文坐已方賀，似令坐受，理亦無損。今或立者，亦是其儀。」（四二〇頁中）

〔六九〕**中前剃髮** 鈔科卷下四：「『中』下，剃髮時節。」（一三二頁下）資持卷下四：「取陽生也。」（四二〇頁中）

〔七〇〕**剃髮著袈裟已，然後受三歸五戒等** 鈔科卷下四：「『毗』下，即受歸戒。」（一三二頁下）資持卷下四：「據論，五戒本在家所受，今雖出家，形同體俗，故

得受之。（四二〇頁中）若不受者，失漸次故。此乃明文。世有不曉，輒欲廢者，便謂母論是他部耳。且前云『應以諸部會明，立出家儀式』，何獨不用此文耶？豈非情之所蔽乎！問：『剃髮披衣已，那名優婆塞耶？』答：『形同出家，體是婆塞。如足數中，本受不得者，雖復剃染，尚名白衣。今名婆塞，有何不可？疏云：以法分俗，方絕彼此，（謂受十戒已，方是出家。）豈以形服而為妨乎？應分二種：一者形同，出家體猶是俗，不妨俗戒；二者法同，既納十戒，已是出家，則不可受在家戒也。』問：『縱廢不受，為有戒否？』答：『縱不受十，直爾受具，亦獲三戒，以頓得故，則知五戒無由廢之。』若爾，頓得，今廢不受，為有何過？答：『失漸次故。疏引婆論云：染習佛法，必須次第，得佛法味，好樂堅固，難可退敗，不破威儀。一時受者，反上失次，又破威儀等。又，準尼鈔，不受五戒，直受十戒，得戒得罪。餘如業疏受法廣為辨之。』（四二〇頁下）扶桑記釋「以法分俗，方絕彼此」：「濟緣：以法分俗，謂須十戒，方名出家。『彼此』即俗與道。」（三七一頁上）【案】毗尼母卷三，八一六頁中。

〔七一〕作法同前　資持卷下四：「即剃髮中二法，並闍梨秉。」（四二〇頁下）

〔七二〕彼某甲從某甲出家　資持卷下四：「『彼某甲』即受者。『從某甲』謂和尚。」（四二〇頁下）

〔七三〕二人得度沙彌，一人不合　鈔科卷下四：「『五』下，能受是非。」（一三二頁中）簡正卷一七：「謂須得一和上、一闍梨。不得單有戒師，遙牒和上，名入法也。」（一〇三二頁上）鈔批卷二八：「立謂：須一和上、一闍梨，不得單有羯磨師。仍遙牒和上，名為一人也。」（八一頁下）資持卷下四：「以出家人必依和尚。不同五、八，唯一人故。」（四二〇頁下）【案】五百問，九七五頁下。

〔七四〕先與五戒，後受十戒　鈔科卷下四：「『五』下，受法次第。」（一三二頁中）資持卷下四：「以『五』為『十』緣，『十』為『具』緣，故必先『五』後『十』。智論云：因五戒生十戒，因十戒生具戒。善戒經云：先五，次十，三具，四菩薩。譬如重樓四級，不由初級至二級者，無有是處。乃至不由三級至四級者，無有是處等。」（四二〇頁下）【案】五分卷一七，一一六頁下。十誦卷二一，一四九頁下。

〔七五〕當禮僧足，往闍梨所，禮已，互跪、合掌　鈔科卷下四：「『善』下，示威儀。」（一三二頁中）簡正卷一七：「禮僧足者，以我貴頂，禮彼至卑之足，表敬重

之甚矣。互跪者，身既翹仰，表敬之極，理須右膝、右足、足指，三輪距地，曲身前諸（原注：『諸』疑『詣』。）是本儀也。合掌，表心專一，無二緣也。」（一〇三二頁下）資持卷下四：「初，示正儀；次，斥非法律文。但制五法：偏袒、脫屣、互跪、合掌、禮足。本無捉衣之式，復非尊敬之意，故特點之，絕後濫用。」（四二〇頁下）【案】善見卷一六，七八八頁下。

〔七六〕捉師衣角者，出在人情　簡正卷一七：「玄云：十誦中，說目連將入定，觀往業，騰空而去，令弟子捉袈裟角也。又，出要律儀云：捉師衣角者，未可依承。若准十誦，明目連將弟子觀往業，遂令捉衣，若受戒即不用也。此盖是十誦中古師妄行也。」（一〇三二頁下）鈔批卷二八：「和上云：十誦中明目連將人觀往業，遊騰空中，令此人捉袈裟角。今時，十誦師為人受戒，令捉衣者，妄行也。」（八一頁下）

〔七七〕律文，似對僧所　鈔科卷下四：「『律』下，教問緣。」（一三二頁中）資持卷下四：「初，示處。既作單白，義是對僧。」（四二〇頁下）簡正卷一七：「唯律文中，似對僧為受十戒，謂律令集僧已作白等，似對僧也。五百問又云：一人不合，即非對僧。若別處受戒，即不須作單白也。理須生其戒善，立發戒緣，應問遮難，一同僧法。玄云：准與沙彌戒，要問遮難，但五逆中，不要問破僧之逆。餘四須問也。」（一〇三二頁下）

〔七八〕理須生建立勝緣，應問遮難，一同僧法　資持卷下四：「『理』下，次，示問緣。立勝緣者，為說法開導，委示心境，及問遮等。舊云：五逆中，但不問破僧。今謂不然，雖非正破，不無伴助。如女不能破尼受，問之足為明準。今須具問十三重難。遮中，除年歲、衣鉢，但問十三耳。下指『同僧』，即受戒篇。」（四二〇頁下）鈔批卷二八：「立謂：准與沙彌戒而問遮難。但五逆中，不須問破僧之逆，餘盡須問。」（八一頁下）

〔七九〕文云　資持卷下四：「三歸言下，發得業體，故指正加為戒體耳。準業疏分五。初，陳己名。二、歸『三境』。三，『我今』下，別指所重，言隨出家。（準知，爾前形雖入道，體未出家。疏云：以法分俗，力絕彼此是也）。四，某甲為和尚者，親依有本，寄法傳心也。五、『如來』等者，恐濫餘尊，故別指也。（謂三寶通邪正，明前所歸是真正也。）」（四二一頁上）簡正卷一七：「羯磨疏中，分之為五。初，『某甲』，陳己名也；二、歸『三境』；三、別指所重，言隨出家；四、親依有本，即和上也，彼此相攝，寄法傳心；五、『如來』下，恐濫餘尊，非同別部調達師也。結文可知。」（一〇三二頁下）鈔批卷二八：「此

『三歸』與五、八戒『三歸』亦別。若『翻邪三歸』，（八一頁下）則直言『歸依佛、法、僧』，無有立誓。若『五戒三歸』，則有立誓，言『盡壽為五戒優婆塞，如來至真等正覺是我世尊』。若八戒立誓，則言『歸依佛、法、僧，為淨行憂婆塞』。今十戒立誓言：『我今隨佛出家，某甲為和上、如來至真等正覺，是我世尊』，故知各別不同。故多論云：三歸言下，有所加得戒。若三歸言下無所加，有歸無戒也。又母論云：有五種三歸：一、翻邪三歸；二、五戒三歸；三、八戒三歸；四、十戒三歸；五、具戒三歸，此一，佛在時已廢。（云云。）十戒頌曰：殺盜婬妄酒，香舞床非錢。」（八二頁上）【案】「文云」下分五：初，陳己名；二、歸三境；三、『我今』下，別指；四、某甲為和尚者；五、『如來』等者下。

〔八〇〕盡形壽不殺生，是沙彌戒，能持不　鈔科卷下四：「初，正教說相。」（一三二頁下）資持卷下四：「盡形壽者，明所期也。不殺生者，示戒相也。是沙彌戒者，指法從人也。……從『殺』至『酒』為五，六、華鬘，七、歌舞，八、高床，九、非時，十、捉寶。」（四二一頁上）【案】「明相」文分為四：初，「盡形壽」下初列戒相；次，說五功德；三、說六念法；四、「僧祇云」下說十數。初又分五：分五：「盡形」下、「授戒相」下、「戒相」下、「四分」下、「又由」下。四分卷三四，八一〇頁中。

〔八一〕不著華鬘、好香塗身　資持卷下四：「華鬘，西竺風俗，多以眾華結鬘，貫於肩項。或以香油塗身。」（四二一頁上）

〔八二〕不歌舞倡伎，亦不往觀聽　資持卷下四：「業疏云：『倡』謂俳優，以人為戲弄也。『伎』通男女，即奏樂者也。」（四二一頁上）

〔八三〕不得高廣大牀上坐　鈔批卷二八：「案首疏云：高尺六已上，廣謂方三肘者，不可俱有。單高亦制。祇云，高有二種：一、『高大』名高，即簡尺六已下，卑者開用；二、『妙高』名高，增一云：大床有八，四就寶體說大，一金、二銀、三象牙、四角床；以人情寶翫，不問大小。以四種從人說有大，一佛床、二羅漢床、三辟支床、四和上闍梨床。此四人大，不問大小，不得於此八種床上坐也。」（八二頁上）【案】「坐」，底本為「座」，據大正藏本、貞享本、敦煌乙本、敦煌丙本及僧尼羯磨改。

〔八四〕授戒相已，為說出家功德　鈔科卷下四：「『授』下，說功德。」（一三二頁下）資持卷下四：「知己尊勝，不令自輕。」（四二一頁上）

〔八五〕高於須彌，深於巨海，廣於虛空　資持卷下四：「山喻無以過，海喻不可窮，

空喻不得其邊。以是無漏解脫功德出,過有為一切法故。」(四二一頁上)【案】賢愚卷四,三七六頁中。

〔八六〕**自餘說法,隨時臨辯** 資持卷下四:「應須引前勸障損益,善巧開演,取悟為先,不唯誦語。」(四二一頁上)

〔八七〕**戒相中未顯者,如「高牀」,謂八指以上** 鈔科卷下四:「『戒』下,隨難解。」(一三二頁下)簡正卷一七:「八指已上者,即尺六已上,名高床也。然大約有三:據相,即八指已上也;據體,即金、銀、像牙角也;據位,即佛、羅漢、緣覺、和上也。」(一〇三二頁下)資持卷下四:「八指,約佛即尺六也。」(四二一頁上)

〔八八〕**如隨相中** 資持卷下四:「前釋高床,八指約佛,即尺六也。增一:金、銀、牙、角、佛、師、父、母是為八種。隨相即九十中。」(四二一頁上)【案】增含卷一六,六二五頁下。

〔八九〕**生像** 資持卷下四:「『生色』即金,天生黃故。『似色』即銀,可塗染故。『似』即像者,會上名也。『生像』是翻胡為漢,未詳胡語。」(四二一頁上)標釋卷一九:「外國喚金為生,稱銀名像。謂金生色本自黃,故云生。像者,似也,謂銀可以染色似金,故云像。」(六九〇頁上)扶桑記引正源記:「『叩刺拏』是『生色』之梵語,『阿路婆』此『似色』梵語。」(三七一頁下)【案】僧祇卷一〇,三一一頁中。

〔九〇〕**似色** 【案】底本無,據弘一校注加。

〔九一〕**生金、像銀,胡漢二彰** 簡正卷一七:「祇云:生色者金,似色者銀。似,由像也。故知『生像』是梵語,『金銀』是漢言,文中双□(原注:『□』疑『舉』。),故曰二彰也。」(一〇三三頁上)鈔批卷二八:「謂胡音呼『金』曰『生色』,『銀』曰『似色』,即像也。故知『生像』是胡音,『金銀』是漢語。文中雙牒,故曰二彰。(八二頁上)羯磨疏引古師云:文列生像者,是世中鈇具,似人畜形者,不許捉也。如律所制,不持樂器,亦是比擬。今不同之。然僧祇中,『生色』金也,『似色』銀也。『似』,即像也,銀之異名耳。有人不許胡、漢二彰。若『金銀』既是可翻,但須翻『胡』為『漢』,何須雙彰?經律之中,不有此例。若梵音不可翻者,如『涅槃』『佛陀』『薄伽梵』等,以名含多義,故從本,不可就別翻之,故依梵言也。若『水』『火』等可翻者,即依此漢語,何處有梵、漢兩彰之例也。今詳。亦有兩彰,如法華經云『安禪合掌』,『合掌』漢語,『安禪』梵言也,謂生像是未成金銀,如非牒之例,故曰『生像』。基法師云:

生者，金生於土，故曰也。如『金』字左右，音俱是土字。鈴，賓云：生像者，應言『生色』。字有二種：一者生色，二者可染。且如黃金不可變色，天生然也。白銀等類，其色可變，名為可染。『像』即色義，故云『生像』。」（八二頁下）資持卷下四：「『金銀』全是漢語，重疊言之，故云『二彰』。胡、漢合云華、梵，循古為言。古者召『梵』為『胡』，以法初來漢地故也。」（四二一頁上）【案】「生色、似色，即像也」之句，弘一加「似色」二字，成「生色、似色，似色即像也。」

〔九二〕大小持戒中，沙彌具得七支，并餘遮戒　鈔科卷下四：「『四』下，明餘戒。」（一三二頁下）資持卷下四：「前準二文。初，準大小持者，具云大小持戒犍度，即雜犍度後文。明大僧、沙彌持戒同相。彼明遮性奉持，並同僧故。」（四二一頁上）簡正卷一七：「羯磨疏云：據論，業體具受七支。如律文中大小持戒并餘遮戒者，疏云：說境同僧，謂情、非二境，何事非持等。」（一〇三三頁上）【案】四分卷五三，九六二頁中。

〔九三〕如大僧「四重」之例　資持卷下四：「『故』下，次準決。僧受既遍塵沙，說相但示四重，故可相例也。」（四二一頁中）

〔九四〕又由志弱，未堪四依，故不列之　資持卷下四：「二釋：一是理無，二即略無。」（四二一頁中）

〔九五〕福田經云　資持卷下四：「福田經：佛告帝釋，僧有五淨德，名曰福田。（由具此五德，能生世福故。）今撮業疏釋之。……此之五德，出家大要。五眾齊奉，不唯小眾，終身行之，不唯初受。疏云：斯德始終，通於五眾，俱堪物養，人天師範。故使誦持，無輕受體及形服也。」（四二一頁中）【案】佛說諸德福田經，大正藏第一六冊，七七七頁上。

〔九六〕懷佩道　簡正卷一七：「『佩』謂帶持義也。」（一〇三三頁上）資持卷下四：「初德者，既厭塵俗，出世聖道，常懷佩故。」（四二一頁中）

〔九七〕應法服　簡正卷一七：「道俗路乖，反形易性也。」（一〇三三頁上）資持卷下四：「反形易性，志絕奢靡，形服相應故。」（四二一頁中）

〔九八〕委棄身命　簡正卷一七：「謂寧死不犯也。」（一〇三三頁上）資持卷下四：「奉崇三學，死而有己也。（彼經及羯磨並列第四，今鈔傳寫倒也。）」（四二一頁中）

〔九九〕無適莫　簡正卷一七：「論語云：君子之於天下也，無適也，無漠也。解云：適，厚也。漠，薄也。謂君子乎視天下，無厚薄故。佛法亦爾，四海為家，誰

可親愛？」（一〇三三頁上）鈔批卷二八：「有云：既捨親出家已，心行平等，無有的的之親，無落漠之疎也。俗儒云：『適』『莫』謂厚、薄也。案論語第二曰：君子之於天下也，無適也，無莫也。儒生解云：適，厚；莫，薄也。言君子之人，心平等視天下之人，（八二頁下）無厚薄也。」（八三頁上）資持卷下四：「割愛從道，兩捨親疎故。適，音『的』，『適』『莫』即親疎。」（四二一頁中）

〔一〇〇〕志求大乘，為度人　簡正卷一七：「奉行極教，兼濟於他，斯德始終，通於五眾，俱堪物養，人天師範。故使誦持，無置輕脫，受體及形服也。」（一〇三三頁上）資持卷下四：「五德者，奉行極教，兼濟於他，大士行故。」（四二一頁中）扶桑記：「大乘窮理盡性，謂之極教。」（三七一頁下）

〔一〇一〕六念法　資持卷下四：「『化教』令念三寶，及戒、天、施，名為『六念』。」（四二一頁中）

〔一〇二〕由制通沙彌　資持卷下四：「制通沙彌者，明須念所以也。五眾通制，不唯大僧。」（四二一頁中）

〔一〇三〕至第三念時云　資持卷下四：「『至』下，顯別。」（四二一頁中）

〔一〇四〕我今年若干，某年、月、日、時受十戒　資持卷下四：「『今年若干』即生年也。『某年』等受戒，出家年也。」（四二一頁中）

〔一〇五〕以律制「生年次第」，又「出家年次第」，二俱須知　資持卷下四：「『以』下，示意。大僧但記得戒時分，不念生年。沙彌生法，二年以分上下，故須雙念。」（四二一頁中）【案】四分卷五〇，九四〇頁中。

〔一〇六〕應為說十數　鈔批卷二八：「疏云：有三意須明也：一者斥邪徒，二者顯正義，三者擲賊住。若識此三意，則可知也。言十數者，即是十種增數法門，故曰也。祇二十三云：因有賊住，便以十數試驗是非。」（八三頁上）【案】僧祇卷二三，四一七頁上。

〔一〇七〕破「自餓外道」　簡正卷一七：「初破自餓外道者，指前一切眾生，依仰飲食而住也。」（一〇三三頁上）資持卷下四：「第一，但出外計。業疏續云：佛法不爾。身假食資，食取濟形，道取濟神。故假形食，緣修道行，至論道也。要修離著為本，不識道元，乃以斷食為道，故須破之。」（四二一頁中）鈔批卷二八：「一者，眾生依仰食者，為破自餓外道者。羯磨疏云：或以飡風服氣，餌藥存生，是邪道也。佛法不爾。身假食資，欲界段食，根塵觸食，卵生多思食。上界識食，或有兼者，如別所陳，食取濟形，道取濟神，故假

形食，緣修道行，至論道也。要修離著為本，不識道元，乃以斷食為道，何也？」（八三頁上）

〔一〇八〕彼以洮糠飲汁、餐風服氣等　簡正卷一七：「辨自餓之相也。佛言：『一切有情，須依飲食而住，我於菩提樹下，獨悟一法。』外道聞之，撫然大笑，以問如來，因茲與說四食，假此資神，乃得聖果。然則離著為本，汝今不識道原，（一〇三三頁上）便將絕食為道者，非道也。為對治此外道，所以五（原注：『五』疑『立』。）第一故。」（一〇三三頁下）

〔一〇九〕為破「自然外道」　簡正卷一七：「指前『名』『色』也。此輩外道，計一切皆無其因。」（一〇三三頁下）資持卷下四：「疏云：佛法不爾。內報外報，皆有本因，諸眾生有，皆因『名』『色』。（『名』即『心』也。）心不可見，止可名談。初始識支，故轉為『名』。假染持識，即染為『色』。託彼胎藏，展轉增長，月滿便生，何得自然也！」（四二一頁中）鈔批卷二八：「羯磨疏云：外道計一切皆無其因。佛法不爾。內報外報，皆有本因，諸眾生有，皆因『名』『色』，『心』不可見，止可『名』談。初始識支，故轉為『名』，假染持識，即染為『色』，故哥羅邏時，凝滑不淨中含心故，展轉增長，三十八轉，九月便生，託彼胎藏，何得自然也！有人云：於過去無明緣行，以由行故，隨行感業，得今此身。又，假父母和合，生、此『名』『色』之身，何得自然？有云：名色者，業識種子為因曰『名』，父母精血體分為緣曰『色』。（八三頁上）此相假藉，故有此身也，何得自然！」（八三頁下）

〔一一〇〕如犢子飲乳，棘尖烏黑、火上水下、風輕地重，竝無有因，自然而生　簡正卷一七：「『如犢子』下，辨所執相也。佛言不爾，內報、外報皆有本因，故立第二『名』『色』也。五蘊成身，四蘊心、心所是『名』，一蘊是『色』。『心』不可見，只可談『名』，故在胎時三十八轉，九月便生，託彼胎藏，可是自然耶。」（一〇三三頁下）鈔批卷二八：「如犢子生求乳，風輕地重，烏黑刺尖，亦因眾生業報相感，由其內報善惡不同，故感外事淨穢差別。」（八三頁下）扶桑記：「有云自然外道有二類：一者，自然為因；二者，自然無因。今自然無因是也。」（三七一頁下）

〔一一一〕破「梵天為因外道」　簡正卷一七：「指前痛痒想也。」（一〇三三頁下）資持卷下四：「古翻語質，即『三受』也。『痛』即苦受，『痒』即樂，『受』想即捨受。（四二一頁中）文出外計。疏云：佛法不爾。生憎愛者，實由陰本，何千天也。初，念緣色名『識』，了達染淨為『想』，領納違順曰『受』。由『三想』

（苦、樂、捨也。），便生『三受』。由三受故，便有『三行』。故長淪歷，無解脫也。」（四二一頁下）鈔批卷二八：「古人翻譯未巧，曰『痛癢想』，今名為『三受』也。濟云：古人譯經，中、邊未相領解，欲翻『樂受』『苦受』『捨受』。而漢不解三藏之意，將手打漢背令痛，意顯其苦受。而漢不會，遂翻為『痛』也。又以手搔癢以示，其漢欲表『樂受』，而不相領解，翻為『癢』也。言『想』者，即『捨受』也。彼計眾生嗔恚，由彼梵天。梵天是色界初天也。羯磨疏云：言痛癢想者，即是『受』之異名，亦云『三受』：痛者苦受，癢者樂受，想者捨受。此破為計梵天因者，以劫初成，梵天創下，因有人物，諸眾生等，便計彼天以為父母。以三災起時，梵天教人、修羅得生上界，梵天後方生彼，乃至世界成立，梵天前下生四、三、二禪，乃至前下生人間，以眾生前去，去時見梵天猶在。至今日，下來復見梵天在，謂言是『常』，呼為父母。（云云。）如僧網六十二見義中說也。此生嗔恚，還由彼天。佛法不爾，廣如下明也。復有一分外道，計大自在天為父母，即是色界頂，（八三頁下）亦名色究竟天，事此天王用為至極，故今西域多立天廟，中安天像，上俗所歸，號『大自在天』，是我父母也。梵言『摩醯首羅』，此翻為『大自在』。若男聲呼，應言『摩訶首羅』。（『摩訶』，大也。『首羅』，自在。）今以女聲呼，故『摩醯醯訶』。二聲輕重稍別，男女二聲，同一囀也。所以女聲呼者，以外道等計此天為父母，母即是女。女有能生之義，故女聲呼之，故曰『摩醯首羅』。故西域廟中，置茲天像，白銀為體，面上三目，目精內轉，其光外體（原注：『體』疑『射』。），見者失魂。有提婆菩薩，能降外道，故登梯像面，鑿其眼精。（云云。）佛法不爾。生憎愛者，實由本陰，何干天也？以初一念，緣色之心，名之為『識』；了達染淨，名之為『想』；領納違順，名之為『受』。由三想故，便生三受，由三受故，便生三行。故長淪歷，無有解脫也。」（八四頁上）

〔一一二〕自在梵王，眾生父母，眾生瞋喜，由於彼天　簡正卷一七：「正辨彼所計之相也。外道執云：以劫初成時，梵天朔下，始有人物，便相認作尺子，豈不由梵王為因！今有嗔恚，還因彼天故。佛言不爾，故立痛癢想，此蓋依古經論文也。『痛』是苦受，『癢』是樂受，『想』是捨受。無因三受而生，不由彼上，以初一念緣色之心，名之為識，了達染淨，名之為想，領納違順名之為受。由二想故，便生三受故，便有三行，故長輪歷無有了期。」（一〇三三頁下）

〔一一三〕破「無因果外道」　簡正卷一七：「指前『四諦』也。」（一〇三三頁下）資持卷下四：「疏云：佛法不爾。『苦集』世俗因果，『滅道』出世因果，『眾生』

知苦無諦，『聖人』解苦有諦。凡聖皆由因果，那云無也？」（四二一頁）鈔批卷二八：「彼計一切萬物不從因生，如草木等自生自死，人亦同之。佛法不爾。有因有果，出世亦有因果，世間亦有因果。且舉四諦。如『集諦』是世間之因，『苦諦』是世間（原注：『間』下疑脫『之果』二字。），『道諦』是出世之因，『滅諦』是出世之果。故首疏云：諦雖四位，分為二種：苦、集二諦，世間因果；滅、道二諦，出世間因果。（八四頁上）羯磨疏云：諸眾生等，知苦無諦，不思惟故，終不厭離。諸出聖人，解苦有諦。廣如涅槃盛開釋。私云，問：『此無因果外道，與自然外道有何異？』答：『聲云：前第二計自然，與此無因外道有異。自然外道，不執無因，還將自然為因則異。此方莊、老之執，此方計自然，亦不從因緣生也。有人云：前自然者，計一切法不為物造，天然自有也。言無因者，直是撥無因果，義有別相也。』」（八四頁下）

〔一一四〕如外草木，自生自死，人亦同之　簡正卷一七：「佛言不爾，凡一切法，有因則有果，故說四諦。如苦集二法是世俗因果，滅道二諦是出世因果。凡夫造於集因，招於苦果，聖人修道為因，感得滅諦之果，豈可無耶！（一○三三頁下）問：『此無因果外道，與上自然外道何殊？』答：『前自然，計一切物，不為物造，天然自有。今無因者，直是全分，撥無因果，義有別也。』」（一○三四頁上）

〔一一五〕破「神我外道」　簡正卷一七：「指前『五陰』也。」（一○三四頁上）資持卷下四：「疏云：佛法廣破，我在何處，為在色中，為在識中？計此身中，但有五陰，隨陰計我，則有五種。如是離合，（為復五陰，各有一我，則是離也。若惟一我，則在色時，餘四應無，即是合也。）次第求之。覓我無從，便悟妄執，得無我理，分成無漏，相似聖人。」（四二一頁下）鈔批卷二八：「陰者，古人翻譯未達其義，故言『陰』。此亦令無義理。若取陰陽之義，須平聲呼。若言覆陰之義，又須加『草』。今既去聲，未詳何理，故今新譯名為『五蘊』。蘊是藏積為義，積集五種，以成其人，故曰『蘊』也。昔言『中陰』等，今不同之，乃言『中有』、『本有』、『後有』等。（云云。）羯磨疏云：彼計身中別有宰主，謂是神我，如麻米等，統御心識。佛法不然。直有『五陰』，『名』『色』和合名『身』。初陰是『色』，下四是『名』，皆是無我，虛妄為本，無別神我。即涅槃云：色亦非我，受想行識，亦復如是。我在何處？為在色中、為在識中？但有五陰，隨陰計我，則有五種。如是離合，次第求之。覓我無從，便悟妄執，得無我理，分成無漏（八四頁下）相似聖人。」（八五頁上）

〔一一六〕**執於身中別有神我，以為宰主**　簡正卷一七：「『執於身中』下，辨所計之相也。彼說：大我遍虛空，小我在身中。如麻米許潛，轉作諸事業。知有冷熱，行來去住，皆由其我也。佛言不爾，故立五陰治之。即涅槃云：色亦非我，受、想、行、識亦復如是。我在何處？為在色中、為在識中？計此身中，但有五陰，計我則有五。如是離合，次第求之。覓我不得，便悟妄執，獲無我理，分成無漏，想似聖人。」（一○三四頁上）鈔批卷二八：「濟云：此是異陰求我，謂五陰之外，別有神我，通用五陰為窟宅，是我所依之處也。或有外道即陰求我，謂將色為我，受想行識為窟宅；或將行陰為我，餘四陰為窟宅、妻子、奴僕等，如是五陰互作等也。」（八五頁上）

〔一一七〕**破「一識外道」**　簡正卷一七：「指前『六入』也。」（一○三四頁上）

〔一一八〕**根亦如是，一識通遊**　簡正卷一七：「『如一室』下，正辨所計之相也。彼計一識，遍於六根，猶如獼猴窺歷六局。無識之人，謂有六識，其實一也。亦似根門乃六，一識通行。佛言不爾，若但一識，豈向眼根內聞聲？今說六入，以對治之。」（一○三四頁上）資持卷下四：「『局』即門戶，疏作六窗。佛法不爾，識隨根起。若是一識，豈眼根中而聞聲耶？」（四二一頁下）鈔批卷二八：「羯磨疏云：彼計一識，遍於六根。如獼猴窺磨歷六局（原注：『磨局』疑窗『窻』【案】此處句義是：雖然一只獼猴可以分別從六窗中窺見，但獼猴並無六只，而仍為一只。），無識之人，謂有六猴，其實一也。人亦如是，根門乃六，一識通行。佛法不爾。識隨根起，內有六識，外有六塵，識（原注：『識』下疑脫『塵』字。）相對，故有六入。若是一識，耳應能見，眼應聞聲。私云：然此外道所計，與佛法無多異，然實識本唯一，體無有六。而外道計云：『識能透入耳鼻，約此來去而明，故判方耶？』然佛法可識遍一切處，且如人身，雖有六根，識遍身內，舉體皆識，但凡夫無明，惑重六根，本有見聞覺知：但約眼門，唯能見色，耳聞等例然。若得六遍，互皆能用。今既識遍於身，六根之處，俱有於識，但識苟或可翳，不能自見，假眼根之處，以通其見，猶亦身在障中，不見外物。若穿障作孔，（八五頁上）得見於外，即眼耳根處也，明了識也。眼識既爾，餘五例然。猶識遍體，假根能有六用，識體本遍，何有去來？透歷之用，故喻獼猴者，非也。濟云：然識體是六，由當處從用不同，故成六也。外道計唯一識則是邪也。外道或計識大如虛空，或計大如人身，則識遍身內也。或云指，或云如麻米，或云如極微，可以能通身者，如旋火作之似大也。其識在中實小，而

來去六根中，故言遍身。外道自執不同，相破云爾也。今據佛義，識實是六，不得言一。若至佛果，六識互用，此是佛地不關凡也。」（八五頁下）【案】此處可參見大乘義章卷四，五三八頁上；大乘起信論義疏卷四，一九六頁上。

〔一一九〕破「不修外道」　簡正卷一七：「指前『七覺支』也。」（一〇三四頁上）

〔一二〇〕以卻、順觀，見八萬劫外，更不見境，號為「冥諦涅槃」　簡正卷一七：「『以卻順』下，正辨所計之相也。謂此外道以得五通，逆順觀過、未，各齊八萬劫。八萬劫外，冥然不見境，呼為冥諦。涅槃舉縷丸之喻，一切眾生，端拱任運，至時生死自盡，自證涅槃，不要修道也。佛言不爾，須方便增修，（一〇三四頁上）故立七覺支。一念乃至第七捨覺支。此七覺支，簡釋正理，云有至詣。豈可不修而獲果證也！」（一〇三四頁下）資持卷下四：「『卻』即逆也。觀前為『逆』，觀後即『順』。疏云：由得五通，逆順觀中，八萬劫外，冥然不委，計為冥諦。轉縷丸者，舉喻顯也。謂以縷繫丸，高山放下，縷盡丸止，以喻無修。疏破云：佛法不爾。要須方便增修乃剋，如七覺支，簡擇正理，方能至詣，何有不修耶？」（四二一頁下）鈔批卷二八：「羯磨疏云：以得五通，逆順觀中，八萬劫外，冥然不委，即謂冥漠，以為冥諦。涅槃之所，任運至窮，終歸果剋，何須修也。謂一切眾生經八萬劫，自然得脫。如轉縷丸，山頭放之，縷盡丸止。濟云：彼觀唯見八萬劫事已外不了，即諂冥冥之處以為涅槃，是為冥諦。若此處是涅槃任運，當至何須修道也？佛法不爾。要須方便增修，乃剋解脫之果，如七覺支，簡擇正理，方能至詣，何有不修而能入於聖也？（八五頁下）言七覺分（【案】『分』鈔作『支』。）者，名教云：一、擇法覺分，二、精進覺分，三、除覺分，四、喜覺分，五、定覺分，六、念覺分，七、捨覺分。除惡行善，名之為擇覺。心無懈怠，名為精進。身心離惡，名之為除。慶他得樂，名之為喜。於緣不亂，目之為定。錄心不散，名之為念。施而不惓，目之為捨。明茲七種覺為因，故曰覺分也。亦可能支其覺，故曰覺支。言逆（【案】『逆』鈔作『卻』。）觀、順觀，見八萬劫事者，據極利根者言之。餘鈍根者，或六萬劫、四萬劫也。」（八六頁上）【案】此處引涅槃之喻，以批評持「何須修道」觀點的人。涅槃經正是批評「縷盡丸止」之觀點。

〔一二一〕破「邪因外道」　簡正卷一七：「指前『八正道』也。」（一〇三四頁下）鈔批卷二八：「彼以持雞、烏、鹿、狗等戒，計之為道，故曰邪因，此迷道諦故也。」（八六頁上）【案】婆沙論卷一一一四，五九〇頁中。

〔一二二〕或持烏、雞、鹿、狗、牛、兔等戒　資持卷下四：「外道三學皆邪。『烏雞』

等者，以見禽畜，今報已盡，遠業將起，生彼色天，不思遠因，謂即報是，便效彼畜，嗽草不淨等。」（四二一頁下）簡正卷一七：「『或持』下，正辨彼所執之也。彼見雞、狗、牛等報盡，遠業將熟，生彼色天，不知他是遠遠善因，將謂是今修證。乃効彼嗽不淨之物等為戒，乃至修世八禪用為涅槃。邪進、邪慧皆爾。佛言不爾。故立八支聖道，語業等為聖道之因，並乃資神，者超世表。」（一〇三四頁下）

〔一二三〕或修邪慧、邪進，以為真道，背於八正　資持卷下四：「『八禪』，謂修世禪，謂為涅槃。『邪慧』即彼所見，『邪進』如投嵓、臥灰棘等。佛法不爾。『四依』為聖道緣，『八正』為聖道因。並濟心神，觀用籌度，深見倒想，便得出也。」（四二一頁下）鈔批卷二八：「案智論云：外道以灰身裸形無恥，以髑髏盛屎而食，據頭髮刺上，倒懸慲自卑。冬則入水，夏則火炙。羯磨疏云：彼得者，見雞、狗、牛、鹿，今報已盡，遠業將起，生彼色天，不思遠因，謂即報是，便効彼畜，嗽草為戒，乃至修世八禪，用為涅槃。邪進邪慧，例皆爾也。佛法不爾。乞食等四，為聖道緣，並濟形也；正語等八，為聖道因，並濟心神，觀用籌度，深見倒想，便得出也。私云：畜生嗽草，後得生天，謂此嗽屎艸，是生天因。不起此畜生過去惡業，承昔行善。（八六頁上）今得生天，外道學之，故食屎草。濟云：外道證非想定，利根根（【案】次『根』疑剩。）觀見八萬劫事，中根順見六萬劫事，鈍根見四萬劫，故見犴狗命終生天，謂言嗽艸，是因不起此畜八萬劫前有善業也。賓云：此報烏、雞、牛、狗等戒者，此由二因生此妄計：一、以由天眼，見有眾生，從烏、雞中即生天上；二、由非理尋，妄生此計。婆沙百一十四云，有二外道：一名布賴拏憍難迦（【案】『賴』『難』論為『刺』『雉』），受持牛戒，二名頞制羅栖你迦（【案】『栖你』論作『迻爾』），受持狗戒。二人異時俱往佛所，種種愛語，相慰問已。時布刺拏，先為他問：『此栖你迦受持狗戒，修道已滿，當生何處？』世尊告曰：『汝止，莫問！』復再三請。佛以慈心告言：『諦聽！受持狗戒，若無缺犯，當生狗中。若有缺犯，當生地獄。』聞佛語已，悲泣哽咽，不能自勝。世尊告曰：『吾先告言，止不須問，今果懷恨。』，布刺拏白佛言：『不以彼人當生狗趣，故我悲泣。然我長夜受持牛戒，恐亦當爾，唯願大慈，為我實說。』世尊告（准前應知）等，皆由不了真道。婆沙又問：『云何受持牛戒、狗戒，名無缺犯？』答：『一如牛法，一如狗法，名無缺犯。』此等妄計，並非道諦。佛法不爾。用八正道以為因也。言八正者，（八六頁下）一、正見，二、正業，三、正思

惟，四、正精進，五、正命，六、正念，七、正定，八、正慧。於理明白名正
見，身行動作名業，於緣審慮故曰思惟，策而不住目命，緣心不散名為念，安
住不動名之為定，觀達於緣名為慧也。今言正者，體絕偏邪名之為正，以通於
理名之為道也。有人就因果、苦樂作四句：一、因樂果苦，如世中五欲是；二、
因苦果樂，如下品人持戒是；三、因果俱樂，謂上品人持戒是；四、因果俱苦，
即此外道是。自餓苦體是因，為行既邪，便招苦果，定入地獄。又有外道，計
微塵世性，以為身因也。且敘微塵者，如順世外道，計一切色心等法，皆用四
大極微為因。能四大中最精靈者，然有緣慮，即為心法。猶如諸色，雖皆是
火，而燈發光。餘則不爾，故四大中有能緣慮，其義無失。若論色法，四大為
體，其義極成。又如『勝論外道』，執有常散極微為因，成器世間。此外道出
在成劫之始，人壽無量歲時也。梵名『嗢（『烏沒』反）路迦』，此云『鵂鶹』，
私云鴟鶹鳥也。其人晝避聲色，云妙欲發動人心，故於夜分，人間乞食。時人
因此號為『鵂鶹』，又名『羯拏卜』，此云『食米齊』。此人形貌醜陋，（八七頁
上）頭髮蓬亂，人見怖之。後遂不乞，但於夜分，舂簸之處，穅檜之中，洮取
米齊。吳人曰『米栖』是也。食而存命，因此號為『食米齊仙人』也。又名『勝
論』者，梵云『吠世色迦』，此云『勝論』，舊名『衛世師』是也。造六句義論，
其論勝異，故所造之論得名，名然（原注：『然』疑『勝』。）論也。（六句義
者，如飾宗記第七受戒犍度四諦章中明也。）其外道執地、水、火、風，四大
極微有常。其常住者，劫壞之時，各各散住，劫欲成時，兩兩和合，生一子微。
然其子度量等父母，二二子微，復生孫微，乃至展轉，生麤也相，成大地等。
子微已去，即是無常也。上釋微塵義竟。次言『世性』者，經論中或名『勝
性』，或名『最勝』，或名『冥性』，或名『冥諦』，或名『自性』，其是一也。
此謂『數論外道』也。謂所造從慧數生，亦生慧數，故名『論』。梵名『迦毗
羅』，此翻『黃赤』，此人頭面俱黃赤，故因以為名。所造論中，廣辨二十五
諦。然彼仙人，恐身滅其法滅，便遂往大自在天所，請延壽法。其天報言：頻
陀山下有『餘甘子』，初散之時，其味酸苦，食已飲水，甘味如蜜，故餘名甘
子（【案】『餘名』疑倒。），寬（【案】『寬』疑『梵』。）云『何阿摩勒』也。
汝食此果，可得長生。時彼仙人即取食之，心猶不決，更請要術，自在天云：
『變為一石，（八七頁下）可得久住。』遂即變之。其不（原注：『不』疑『石』。）
可如一床許大，在頻陀山下餘甘子林中，後至千年之餘，有陳那菩薩，出現於
世，廣造諸論，破斥彼宗。彼宗門人既不能救，共往石所，以所造論，書其石

上。創書之時，有經一宿而釋通，頻頻更難；有經七日，方始解者；最後更書，不復能解。其石流汗，發聲震吼，自然而破。（其二十五諦義，如四諦章中述。）其二十五諦義，亦如金七十論釋之。昔於此外道部中，有一眾首，至金地國，頭戴火盆，鐵鍱纏腹，聲（原注：『聲』疑『擊』。）王論皷，命僧論義。東天竺有僧，與此外道論義彼立世界是常。此僧難云：『今必有滅，以劫壞時，世界滅故，證知今滅。』彼反難云：『彼必不滅今山等。』彼王于時，朋此外道，遂令此僧乘驢受辱。（彼國之法，騎驢而逝者，將為極恥。有墮負者，乘驢而出，打破器隨後逐之也）。王重外道，以七十片真金遺之，因造金七十論，有七十行頌，廣敘彼宗，以金標之，冀揚其德。復有世親菩薩，出世之時，造勝義七十論，廣破彼宗，救前僧義。爾時，國王重世親論，復令國人廣斥其論。於是世親發數論外道屍及證義者，以鞭其骨。故有法師云『世親習舊，五支鞭骨彰德；（八八頁上）陳那創勒，三分吼石麼能』是某（【案】『某』疑『其』。）事也。復有外道計自在天以為因者。西方有『裸形外道』，亦名『塗莊外道』，并諸婆羅門共為此計也。彼宗計大自在天，有二住處：一、在雪山北，二、在南海末剌耶山。昔摩竭陀國有兄弟，又事自在天，同住（【案】『信』疑『往』。）雪山，求見彼天。至山，忽見一婆羅門，云大自在天：『事汝國釋迦牟尼佛，何不禮事？』兄弟報云：『我先承習，但事天神。』時婆羅門變為天形，面上三目，復現四臂，或現八臂，告兄弟曰：『汝可還國，菩提樹東，造釋迦降魔之像。菩提樹南，復穿池，濟渴乏者。』彼宗因此計二住處，以為不謬也。復有三身：一者法身，體常周徧，量同虛空，能生萬物；二受用身，在色天之上；三變化身，隨形六道，教化眾生也。又計梵王能生萬物，如提婆菩薩，造破外道小乘。涅槃論云：從那羅延天齊中，生大蓮華。蓮華之上，生梵天祖。云〔『梵天』即愛（原注：『愛』疑『是』。）萬物祖公也。〕彼梵天作一切命無物，（謂造作一切情、非情物也。）從梵天口生婆羅門，兩臂中生剎利，兩髀中生毗舍，兩腳跟生首陀。此等妄計，其類繁多，不能具敘，此並不了集因，故作計也。（謂迷於集諦也，故佛法將四諦破之。）」（八八頁下）【案】婆沙論卷一一一四，五九〇頁中。

〔一二四〕破「色、無色天計涅槃外道」　資持卷下四：「初示外計，欲界合為一。四禪、四空是為九居，無想即色界定，非想即無色定。」（四二二頁上）簡正卷一七：「指前用（【案】『用』疑『言』。）九眾生居也。」（一〇三四頁下）鈔批卷二八：「羯磨疏云：謂彼計非想，及以有頂，並心沉沒，麤心不覺，

謂會大理。計彼天極地窮理、涅槃之處。<u>賓</u>云：然此外道<u>阿藍迦</u>等，執不用處及非想處二空為涅槃，亦計無想天為涅槃處。佛即相從總破，故說九居並是眾生所止。若取對破，但應言無想天，及不用處，及非想、非非想處，是眾生而居也。佛總判云：此及三界九居諸天，是眾生所止之處，還是無常等，命終還墮二途。<u>賓</u>云：理實外道，妄計涅槃，其相眾多，且約妄計。二空定為滅諦。又，外道亦計<u>無想天</u>為涅槃，以<u>無想天</u>多是外道，修世禪生其中，由此邪定，皆生其中，餘業不生此天。故<u>經</u>云是愚人生處也。言『九居』者，一者欲界（總有六天。），二者初禪，三者二禪，四者三禪，五者四禪，（已上屬<u>色界</u>，束為四禪，離有十八天。）六空處，七識處，八不用處，（亦名無所有處。）九非想非非想處，（此四天<u>無色界</u>。）<u>羯磨疏</u>云：夫涅槃者，寂寥虛曠，非復色心，此乃眾生所居，何名絕有之法也？」（八九頁下）

〔一二五〕**以二界有無想定、非想定、心沈沒處，謂是窮理**　<u>資持</u>卷下四：「心沈沒者，<u>疏</u>云：麁心不覺，謂會大理，大識妄也。『此』下，點破三界九居。既是眾生居處，即非涅槃。」（四二二頁上）<u>簡正</u>卷一七：「『以二界』下，正辨彼所計之相也。謂無想定在色界頂，非非想定無色界頂。彼二天，滅心、心所法皆盡。既若無心，心並沉沒，分（原注：『分』字疑剩。）麁心不覺，便是大理，故說此二號曰涅槃也。佛言不爾。此是妄心，外人不識。夫涅槃者，寂寥虛曠，不屬色心，此乃三界九地眾生所居，何名絕有之法！故說九眾生居對治也。（所言九者，『四禪』『四空處』為八，更并『滅受想定次第定』，便成九也。）（一〇三四頁下）<u>鈔批</u>卷二八：「<u>濟</u>云：外道得非想定，滅其六識麁心，故言心沉沒處也。佛法之中，滅其六識之心，但名入滅。（八九頁上）外道則計為涅槃，故曰謂是窮理。滅六識麁心，然臨命終時，見中陰之形則起，未證真理，便起念言無有涅槃。既撥無因果，則墮地獄。」（八九頁下）【案】「十一切入」即「十個」「一切入」，或稱為「十遍處」、「十一切處」，如下文所釋。

〔一二六〕**破「色空外道」**　<u>簡正</u>卷一七：「指前『十、一切入』也。」（一〇三四頁下）<u>資持</u>卷下四：「初出外計。<u>疏</u>云：彼增修定，緣色住心，以色滅欲有，以空滅色有。」（四二一頁下）<u>鈔批</u>卷二八：「一切入者，一、青，二、黃，三、赤，四、白，五、地，六、水，七、大，八、風，九、空，十、識。破色空外道等者，<u>威</u>云：此外道計色異空，先來修色有之業，猒於欲界，計色界為涅槃，故言用色破欲有。既猒欲界，修色界法，得生色界，知累未盡，還猒

色有，想色為空，然未得理空。云何為理空？如經云『色即是空』等，此色空義，名為理空，外道未得此理。解之空但猒色修空，生無色界，謂是涅槃。即如既云外道修六行，攀上勝妙出，猒下苦重麤，此為六行，故曰以空破色有也。彼無色界為至極，佛即破其此計，云一切色，青、黃、赤、白，地、水、火、風、空識等，但是根麤（原注：『麁』疑『麈』。）相入識想分別，實非涅槃也。故涅槃下文云：有無量想，謂十一切入也。以此證知，此十是相耳。又涅槃有十，一切處三昧，謂青色三昧、黃色三昧等。謂於此十處而得定心，故曰也。」（八九頁下）

〔一二七〕**以外道用色破欲有，以空破色有，謂空至極**　簡正卷一七：「『以外道』下，正辨彼所計相也。彼六行斷惑，忻上猒下。忻初禪觀，欲（【案】『欲』前疑脫『厭』字。）界如癰瘡毒箭等。（以色破欲有也。）又猒四禪，忻空處，謂空為極。（以空破色有也。）佛言不爾。」（一〇三四頁下）鈔批卷二八：「以外道亦能學此十種三昧。但除麤相，離散色界結，猶有細想，不能出無色界。（八九頁下）故鈔云：外道能持禪定船，度欲界海，無色界深廣不能度也。謂外道未盡行此三昧，故不能出三界也。唯除麤想不盡，如水魚蟄虫，似死猶活之。又，外道計非想非非想為涅槃者。案涅槃經三十六云：須跋陀羅白佛言：『我先思惟，欲是無常、無樂、不淨，觀識是常樂清淨。作是觀已，欲界結盡，獲得色界。次復觀色，色即是無常，如癰如瘡、如毒如箭，見無色是常清淨寂靜。如是觀已，色界結盡，得無色處。次復觀想，即是無常癰瘡毒箭，如是觀已，獲得非想、非非想處，是非想非非想，即一切智寂靜清淨常恒不變。』佛即破言：『汝今所得，非想非非想定，猶名為想，涅槃無想。汝云何言獲得涅槃，汝已先能訶責麤想。今者云何？愛著細想，不知訶責，如是非想非非想處，故名為想。如癰（【案】經文為「癱」。）如瘡如毒如箭，汝師鬱頭藍弗，利根聰明，尚不能斷如是非想非非想處，受於惡身，況其餘者。解云：此外道猒下苦重麤，攀上勝妙出。至其非想定三界之頂，無上可攀，故不能出。而於此處，但見八萬劫事，自外冥然寂莫，不知始終，呼此冥冥之處，以為涅槃，號為冥諦涅槃也。」（九〇頁上）佛言：『汝所稱涅槃者，猶屬生死，汝雖斷麤想，仍是細想，故語言汝此非想、非是非想，故言非非想。汝師鬱頭藍弗，尚不能斷者，謂其人退受飛狸身，所以墮此身者，先在林中修定，有鳥在樹鳴噪，不能得定，生惡念心，願為飛狸噉此眾鳥，即移向水邊習定。復聞水中魚動相亂，復起惡願生於狙中，由斯願故，於後

福盡，生飛狸中，入水食魚，飛噉飛鳥。此是汝師，尚其如此，況汝弟子耶。今欲修者，應修八聖道、斷愛水竭，業種燋，苦報盡。行者清昇，名為解脫也。』今言非想非非想者，上二字是外道立，下三字是佛破之言。云此非想、非是非想，故曰非非想。智論同此解也。濟云：此意明十個皆是心所計想，運用所成，如得青色三昧，見一切世界盡青，乃至黃色、赤色三昧例然，豈非心所成法也。而外道計定計色為涅槃，將十一切入處，並是心作，以想破也，故曰但是運用多少也。」（九〇頁下）【案】北本涅槃卷四〇，六〇三頁。

〔一二八〕今立十處，但是自心運用多少　簡正卷一七：「今立十處，但是根塵相入，（一〇三四頁下）識想分別，實非涅槃也。蓮（【案】『蓮』疑『運』。）用多少者，如依初禪，作青觀之時，先觀世界，一點青色，漸漸廣大，遍滿天下，即是青遍一切處三昧。餘皆例爾。」（一〇三五頁上）鈔批卷二八：「言運用多少者，且如作青觀時，紙上作青點，即想此點漸漸作大想，乃至如疊大屋，大以遍世界。如是純熟，漸以退縮，還歸一點。若熟已去，大小自由，此皆想作故曰也。黃、赤（九〇頁下）等觀，例然。」（九一頁上）資持卷下四：「『今』下，正破，上二句點非。『十處』即是定相，謂地、水、火、風、青、黃、赤、白、空、識。趣道初門，故名『十入』，亦名『十遍處』。如觀青色。初以少分青色觀之，使遍一切處皆青。乃至空、識亦爾，故云自心運用。」（四二二頁上）

〔一二九〕實唯一識，本無前境，妄立是非，我見不除，還受生死　資持卷下四：「『實』下，顯正法。」（四二二頁上）簡正卷一七：「後卻退滿（原注：『滿』疑『漏』。），初觀之處，若得純熟，大小自由，斯皆想得。（依上，三禪亦爾。）次，上界漸細，不以色為禪境，即四空等。空之與色，皆是禪境，不可計為涅槃。若見有境，便是虛妄，實唯識之所變，故曰實唯一識也。佛言：此十並是心、心所法，濟入之處，故說十一切入，非謂涅槃也。」（一〇三五頁上）鈔批卷二八：「私云：問：涅槃云唯斷取著，不斷我見，此文何故云我見不除還受生死？』解云：『此文外道計我是常，此計生死之妄我為常，故非也。涅槃云：不斷我見，此我屬真我，故二文不相違。故槃疏云：唯斷取著，不斷我見者，生死非得自在，故稱為我體是大明，故名為見。能生一切諸佛，目之為性。性者，種者為義。斯理不增，故曰不斷我見也。』」（九一頁上）

〔一三〇〕智論　資持卷下四：「示不得出離所以。」（四二二頁上）【案】智論卷一〇〇，七五二頁中。

〔一三一〕**無色如大海，深廣不能度，由不破「我」心故**　簡正卷一七：「如今人欲過海東者，此是小海，凡夫能度。若是鐵圍邊大海，則非凡夫能度。今欲色如小海，無色喻大海。」（一〇三五頁上）

〔一三二〕**此上具出破相，擬輒賊住，來者問之**　簡正卷一七：「准祇云，應問彼：『誰是汝和上，誰是汝餘師？沙彌有戒，應數有幾？初名何等？』如此問之，則用光正道，以驗邪人也。」（一〇三五頁上）【案】「此上」下為「說十數」文的結語。

〔一三三〕**若欲試知是比丘眾，當問何法、持三衣等**　資持卷下四：「『何法』即依何部受戒。更問誰是和尚闍梨，故云『等』也。」（四二二頁上）鈔批卷二八：「案見論，有眾多比丘路中遇賊劫奪衣物，裸形而行。撿問者言：『汝是裸形外道耶？』答曰：『我是釋種沙門，非外道也。』諸比丘聞已，疑，往問憂波離。憂波離即撿問：『汝既是沙門，幾臘？何時受具？師僧是誰？云何受持三衣？』問已，方乃知是比丘也。」（九一頁上）【案】善見卷一四，七七四頁下。

〔一三四〕**不在數例**　資持卷下四：「羯磨不在數者，以作眾法必簡除，故說恣。」（四二二頁上）【案】「隨戒雜相」文分為二：初，「沙彌行」下；次，「次明秉法」下，又分二。

〔一三五〕**不得別眾**　資持卷下四：「望本眾為言。」（四二二頁上）

〔一三六〕**約盡界集，自然遠近，亦同僧法**　簡正卷一七：「自然遠近者，謂沙彌在六種自然界中作法，亦准大僧法則通局集沙彌僧也。」（一〇三五頁上）鈔批卷二八：「立謂：沙彌在六種自然界中作法，還須遠近，集沙彌僧等。」（九一頁上）資持卷下四：「文指自然。準須二界，作法一界，依僧分齊。以眾別二法，必託界故。」（四二二頁上）

〔一三七〕**乃至優婆塞，亦有別界、別施**　資持卷下四：「『明』下，引證。彼有十七別住，如結界引尼等下眾，皆有別住，故云『乃至』。『別界』謂各有住處，非作法結也。『別施』謂施主標意，施何等人，不通餘眾故。」（四二二頁上）簡正卷一七：「如前結界中列十七種，別住處辨也。別者，有施此界，不施彼界，一同僧界施也。」（一〇三五頁上）

〔一三八〕**所對之人，昔用比丘**　簡正卷一七：「古師云沙彌衣鉢、說淨、受持、安居等法，皆對大僧作之。（一〇三五頁上）今師不許，但自對沙彌也。」（一〇三五頁下）

〔一三九〕**今解不然，各別有法**　鈔批卷二八：「立謂：古師云其沙彌說淨、受衣鉢、

安居等，皆須對大僧作之，今不同之也。」（九一頁上）資持卷下四：「初標
古非，『今』下，顯正義。然法多別，自恣僧法，沙彌自恣，大小相對。非
時入聚，通告下眾。尼白入寺，則對比丘。」（四二二頁上）

〔一四〇〕兩不足數　簡正卷一七：「大僧沙彌，兩不互足。如何作法，必無沙彌，即
　　　　自心念也。」（一〇三五頁下）

〔一四一〕亦隨所存　資持卷下四：「五百問中，開無本眾，或是不通心念之法。古有
　　　　所據，故許存之。」（四二二頁上）簡正卷一七：「亦隨處存者，又進退解也。
　　　　若大僧境勝，無人不可，下求沙彌，一向非分。若沙彌無當眾，即苦求大
　　　　僧，亦應通得。但勝求劣即不可，劣求勝無爽，故有此釋。（五百問論半行
　　　　來。又有鈔中開，今云合有。）」（一〇三五頁下）

〔一四二〕類通眾、別　簡正卷一七：「謂『類』大僧：『眾』則眾法，『別』則對首，
　　　　故『類通』也。」（一〇三五頁下）

〔一四三〕先明對首持二衣法　鈔科卷下四：「初，別明衣法。」（六〇五頁上）【案】
　　　　「先明」下分二，明別、眾二法。初，「先明對」下明別法，分四，如鈔科
　　　　所示。次，眾法，如鈔文所示。

〔一四四〕當鬱多羅僧　資持卷下四：「『當』字去呼，皆言『當』者，非正衣故。」（四
　　　　二二頁上）

〔一四五〕唯受持少別，應對一受戒無犯沙彌　資持卷下四：「『唯』下，出受法。『受
　　　　戒』即十戒，『無犯』取行淨。」（四二二頁上）

〔一四六〕縵　【案】底本為「漫」，據敦煌甲本、敦煌丙本改。

〔一四七〕受持鉢法、受持坐具，一同僧法，唯改沙彌名為異　鈔科卷下四：「『受』
　　　　下，指同餘法。」（一三二頁中）資持卷下四：「初，受鉢及坐具法，三眾俱
　　　　同。」（四二二頁上）

〔一四八〕若畜長衣，請二衣施主，亦同僧法　資持卷下四：「明說淨。道俗二主，衣
　　　　寶兩淨，與僧無異。」（四二二頁上）簡正卷一七：「謂真實展轉也。以沙彌
　　　　戒中不許捉實等，正同於僧，不得自畜，亦須請白衣為主故。」（一〇三五
　　　　頁下）鈔批卷二八：「立云：一是真實淨主，二是展轉淨主也。」（九一頁下）

〔一四九〕若犯長衣、鉢等，皆犯捨墮　鈔科卷下四：「『若』下，諸懺罪法。」（一三
　　　　二頁中）簡正卷一七：「『若犯長』等者，同僧『三十』中，皆犯捨墮。不受
　　　　十戒，沙彌在界，非別眾。」（一〇三五頁下）

〔一五〇〕若犯提舍已下，上及僧殘，並須懺悔，有覆須治　資持卷下四：「『若犯』

下，次，明上、下諸篇。有覆須治者，謂行別住者。」（四二二頁上）

〔一五一〕三眾突吉羅，滅擯　資持卷下四：「明犯重。懺法並同，唯罪為別。犯重唯擯，必無開悔。」（四二二頁上）

〔一五二〕遊行戒　資持卷下四：「四分『遊行戒』，即尼戒也。」（四二二頁上）

〔一五三〕囑授　資持卷下四：「『鳴』下，次，明來集。『囑授』即說欲。」（四二二頁上）【案】「眾法」文分為二：初，「若通行」下；二、「若界中」下。初又分二：初，「大僧說」下，明說戒；次，「若自恣」下，明自恣。說戒又分為二：初，通行法；二、別行法。

〔一五四〕至說戒序訖　資持卷下四：「『至』下，三、明出眾。又三：一、起座，二、禮眾，三、受教敕。」（四二二頁上）

〔一五五〕豫　資持卷下四：「豫，合作『預』，謂廁預也。」（四二二頁中）

〔一五六〕至鳴稚時，同赴堂來　資持卷下四：「鳴椎時，即誦略教竟，重集聽後序。」（四二二頁中）

〔一五七〕沙彌有都集處，鳴稚訖，二眾各集　資持卷下四：「初，明集眾。」（四二二頁中）

〔一五八〕令差一沙彌檢校　資持卷下四：「恐有不集故。」（四二二頁中）

〔一五九〕行法一同僧中　資持卷下四：「明行事。云法同僧，即唱白行水等。」（四二二頁中）

〔一六〇〕彼送籌者，還來本處　資持卷下四：「以財法依僧故也。」（四二二頁中）

〔一六一〕誦沙彌戒經，謂愛道尼經　簡正卷一七：「玄云：觀其文勢，似愛道經，便是沙彌戒經。若准諸經目錄，自有沙彌戒經一卷，別復有大愛道尼經二卷，故知別也。今有釋云：恐是鈔筆悮，理合云『誦沙彌戒經，誦愛道尼經』，錯書『謂』字也。（此解應好，思之。）」（一〇三五頁下）資持卷下四：「沙彌戒經亦云沙彌威儀戒本一卷。『謂』字寫誤，合作『誦』字。」（四二二頁中）

〔一六二〕此與大僧相涉行用，看僧「說戒」中　資持卷下四：「『此』下，指前。令看尋之，自見所以，得聽前後二序者，由是部主所述，非正戒本故。問：『律制，比丘不得為沙彌說五篇名，而前序云四棄等，何以得聽？』答：『通舉總名，不示別相。但令預眾生，彼忻慕故得聽也。』」（四二二頁中）

〔一六三〕若自恣者　簡正卷一七：「說僧自恣之文，即沙彌互跪，向五德說僧自恣句。（一〇三五頁下）若沙彌別處自恣，五德須往沙彌所，作自恣也。」（一〇三六頁上）資持卷下四：「通別同上，準如說戒。前既遣出，至僧自恣訖，

應須鳴鍾再集。」（四二二頁中）

〔一六四〕準說戒中　資持卷下四：「前既遣出至僧自恣訖，應須鳴鍾再集。」（四二二頁中）【案】指前說戒正儀篇第十。

〔一六五〕犯、舉兩通　簡正卷一七：「謂兩眾俱有犯罪，義有罪須舉，故須說僧自恣文也。」（一〇三六頁上）資持卷下四：「兩通者，犯相同僧，故犯通。上得治下，故舉通。別法中，一切同僧，故不出之。」（四二二頁中）

〔一六六〕雜料簡　資持卷下四：「雖是下位，俱發塵沙，與僧無別，故並指之。」（四二二頁中）

〔一六七〕慚愧　資持卷下四：「謂不作諸過。」（四二二頁中）

〔一六八〕善住　資持卷下四：「謂住於善處。」（四二二頁中）

〔一六九〕當自慎身口　資持卷下四：「『當』下，次，別示。文示善惡不出三業。」（四二二頁中）

〔一七〇〕無定亂言　資持卷下四：「由亂言故，則無定也。」（四二二頁中）

〔一七一〕自知淨不淨法　資持卷下四：「淨不淨，或約為僧作淨，或據自知持犯。」（四二二頁中）【案】毗尼母卷六，八三五頁中。

〔一七二〕沙彌不為三寶緣有利益者而掘地，犯罪　資持卷下四：「多論唯明掘地開制。」（四二二頁中）

〔一七三〕下三眾無故造罪，亦吉羅　資持卷下四：「五分通示一切法制。」（四二二頁中）【案】五分卷六，六〇頁下。

〔一七四〕四分律結吉羅　資持卷下四：「四分略列犯相，餘可準知，故云例之。」（四二二頁中）

〔一七五〕若治罰，應作種種苦使：掃地、除糞、揵石治階道　資持卷下四：「『若治』下，次，示治相。」（四二二頁中）【案】「揵」，底本為「璉」，據大正藏本、貞享本改。五分卷一七，一一八頁下。

〔一七六〕若不為和尚、闍梨及餘人作使　資持卷下四：「『若不』下，三、制奉給。」（四二二頁中）

〔一七七〕不應遮不與僧中利養　資持卷下四：「『不應』下，四、明同利。」（四二二頁中）【案】四分卷三四，八一〇頁下。

〔一七八〕次第與沙彌房舍臥具　資持卷下四：「四分給房當量可否。」（四二二頁中）

〔一七九〕下三眾律，竝制罪者，謂是賸結　資持卷下四：「斥謬中。古謂，下眾犯同五、八，不係篇聚，故有此通。『賸』即多也。」（四二二頁中）鈔批卷二八：

「『有人言』下，眾剩結者，立明：古師云，其律未結沙彌吉羅者，是剩結。結非正結沙彌罪也，由沙彌未有犯戒緣起故，但預結以防之。今言不結是佛正結，非剩結也。」（九一頁下）

〔一八〇〕此是人語，聖教正翻實錄，彌須敬行　資持卷下四：「『此』下，正斥。人語出於凡情，正教出於聖意。故須準教，不可依人。」（四二二頁中）

尼眾別行〔一〕篇第二十九

善見云：尼者，女也〔二〕；阿摩者，母也〔三〕。重尼〔四〕，故稱之。

比丘尼眾，細行眾多〔五〕。同大僧者，如上所列，有無輕重，隨事已分〔六〕。今簡取唯別者，共為此科，使臨事即披，不事浮漫〔七〕也。

所以在沙彌後〔八〕者。智論云〔九〕：尼得無量律儀故，次應比丘後；佛以儀法不便〔一〇〕故，在沙彌後。

【題解】

簡正卷一七：「沙彌之法，上篇統收，約尼別行，卻未彰述。但尼女多迷，事須分曉，若不委錄，機教莫同。故立此篇，秉為龜鏡。」（一〇三六頁上）鈔批卷二八：「上來僧法之中，非無二法。若相同者，唯足尼之字。若秉對首法，則稱比丘尼。若呼前人，則云『大姊一心念』。若秉眾法：准四分別云『大姊僧聽』，五分云『阿姨聽』，十誦云『大德尼僧聽』，准義並通。其同戒者，前門已具。其有別戒及行事條別者，不可統收，故今一位，但為女人暗弱、觸事多迷，若不曲示，規模理行，可（原注：『可』疑『何』。）容可識？故此一篇，明尼別法。羯磨疏云：若論位次，合在沙彌前明，但女形別，間雜招譏，故沙彌以（原注：『以』疑『次』。）大僧後，然始辨尼之法也。」（九一頁下）

【校釋】

〔一〕尼眾別行　簡正卷一七：「尼僧和合名為『眾』，與僧全異故曰『別行』，軌範有儀稱之曰『法』。」（一〇三六頁上）資持下四：「題中，上二字通收三位。『別行』如前釋。」（四二二頁中）【案】本篇文分為二：初，「比丘尼」下；次，「就中分」下。

〔二〕尼者，女也　鈔批卷二八：「立謂：『尼』是梵音，『女』是唐語。以女通道俗，恐濫俗女故，仍本彰名，故曰尼名也。猶如『羯磨』是梵音，此翻為『業』。業通善惡，故還依本建名也。」（九一頁下）

〔三〕阿摩者，母也　資持下四：「『阿摩尼』，此云『母女』，即佛呼姨母之稱，（四

二二頁中）故云『重尼』也。」（四二二頁中）簡正卷一七：「梵語『摩訶波闍波提』，此云『大愛道』，蓋存舊語也。若准新云『摩訶鉢剌闍鉢底』，此番為『大生主』。『大』是眾義。一切群生，皆是佛子。姨母是佛母，群生荷賴故。又，准佛本行經說：姨母是遍覺長者之女，長者有八女，第一摩耶，第八生主〔案〕經言『八名摩訶波闍波提（隋言『大慧』，亦云『梵天』。）』，同事淨飯王。餘六，二女事斛飯王，二女甘露飯王，二女事白飯王。（一〇三六頁上）今斯愛道是㝹小女，佛親阿姨。如來生後七日，摩耶命終，便是姨之乳養，故稱為母也，蓋亦敬重極故。」（一〇三六頁下）鈔批卷二八：「私云：喚大愛道為『阿摩』。既是姨母愛道所養，以貴重故，故稱『阿摩』，乃相從佛，喚稱愛道為『阿摩』。愛道是尼之首，既得阿摩名，故今尼者，同受此號。如趙公在日，一切朝宦皆學大帝，喚作『阿舅』，全不呼其號也。趙公即長孫無忌是也。賓云：今尼作法，命云『阿姨僧聽』者。有人釋云：以愛道尼是佛姨母故，還劾世尊，喚言『阿姨』。今詳梵音『阿梨夷』，此云『尊者』，或翻『聖者』。今言『阿夷』者，略也。僧祇律中『阿梨耶僧聽』，即其事也。『阿梨夷』者，即女聲呼也。『阿梨耶』者，即男聲呼也。同翻為尊者、聖者，此是稱歎之辭也。或相召為『阿摩』者，亦如前釋也。」（九二頁上）【案】善見卷六，七一一頁下；佛本行經卷五，六七六頁上。

〔四〕重尼　資持下四：「翻名總云『阿摩尼』，此云『母女』，即佛呼姨母之（四二二頁中）稱，故云『重尼』也。」（四二二頁中）

〔五〕比丘尼眾，細行眾多　資持下四：「上三（【案】『三』疑『二』。）句，標廣女流情著，行相倍增故。」（四二二頁下）簡正卷一七：「謂略則八萬四千，廣則無量無邊，故云多也。」（一〇三六頁下）鈔批卷二八：「六（原注：『六』疑『大』。）明尼法，略則五百，廣說則八萬四千威儀。法式更多於大僧，故曰細行眾多。尼滿十二夏，方開度人，違者犯提。僧滿十夏，有智慧開，違者，犯於吉也。」（九二頁上）扶桑記：「情著：著對微故知，猶云情粗。又可，著即執著。女多貪受故。」（三七二頁下）

〔六〕同大僧者，如上所列，有無輕重，隨事已分　資持下四：「『同』下，示同別。初指同，即上諸篇。」（四二二頁下）簡正卷一七：「且大分為言，如僧有二百五十戒，尼則三百四十八。剩有九十八條，唯尼有僧無；如二不定、輒教誡等，僧有尼無。又如漏失，僧重尼輕；如摩觸戒，尼重僧輕。隨其有無輕重，及別行眾行等事，鈔序已曾分出，指在此篇所明，故曰已分也。」（一〇三六頁下）

〔七〕今簡取唯別者，共為此科，使臨事即披，不事浮漫　資持下四：「『今』下，正敘此篇。即披是教，有所準故。不浮漫，是行無所昧故。」（四二二頁下）簡正卷一七：「正明述作此篇意也。謂於有中，輕重之內，與僧不同，是唯別者，作此一篇。若不簡唯別之者，立為此篇，臨事披撿，不知處所，即是浮漫。今若立此篇明，即不浮漫也。」（一〇三六頁下）

〔八〕在沙彌後　資持下四：「以約類雖然，據位則亂故。」（四二二頁下）簡正卷一七：「釋上立篇前後意也。所以在沙彌後者，徵也。意云：已受大戒沙彌，但受十戒，今何故卻在下明耶？」（一〇三六頁下）

〔九〕智論云　簡正卷一七：「『智論』已下，正辨所以也。謂尼得無量律儀，理合在先，今在後者，似儀法不便也。」（一〇三六頁下）【案】智論卷四，八五頁上。

〔一〇〕儀法不便　資持下四：「男女相配，涉譏疑故。」（四二二頁下）

就中分三，即尼三眾〔一〕。

【校釋】

〔一〕尼三眾　【案】「尼三眾」即大尼、式叉、沙彌尼。

前明大尼，七別：一、受戒，二、懺罪，三、說戒，四、安居受日，五、自恣，六、隨戒，七、師徒雜行。

初中

前明畜眾。四分：尼滿十二歲〔一〕，欲度人者，應白二羯磨，請尼僧聽許。不乞者，受具，犯墮；依止式叉、沙彌尼，吉羅〔二〕。比丘通結吉羅〔三〕。其乞法，與白二法，如常所顯〔四〕。若得羯磨已〔五〕，一年中，度一大尼、一六法、一沙彌尼，一依止。隔年又得，義須重與法〔六〕也。

次明受大戒法。文如常引〔七〕，但出非法有濫相者。

受前八法〔八〕：初，請和尚、二闍梨，一準僧中。所以云「我依阿姨」者，此學佛召愛道之號〔九〕，相傳不絕。威儀問難中〔一〇〕，必須委曲顯示難相，并及諸遮，亦如僧中，以正要急〔一一〕故。乃至本法以來，具依常法。一事或差，不成受也〔一二〕。餘並如前受戒中〔一三〕。

二正受戒體。

初緣分五。

初明來往是非者。四分云：若作本法已，即日往大僧中〔一四〕；不

者，犯罪。

有人就尼寺與受戒者，不成。薩婆多師資傳云：非法，不成〔一五〕。如「端正難緣〔一六〕」，尚自遣信，此無難緣，縱有不合。有人就尼寺外，結界而受〔一七〕者，律無定決。然情為尼故來，非法有罪。若判得戒，亦可通之。

問：「尼得僧寺作本法不〔一八〕？」答：「如明了論，僧界中，為尼立界，令尼作法。依式結界而受，理得無過〔一九〕。」問：「本法人，名作何等〔二〇〕？有戒以不？」答：「但是戒緣，未發具足〔二一〕。而律中名為『比丘尼』〔二二〕也。」

二明僧尼數量者。有人作本法已〔二三〕，將二三尼，將本法尼，往僧中而受者。若依律本〔二四〕，比丘尼僧應將受戒者至大僧中，乃至文云〔二五〕「二部僧具足滿」。故知僧尼二十人也。僧祇律：尼受戒法，名「二十眾」〔二六〕。既有定數，前行非法〔二七〕。五分明文〔二八〕。彼云：彼和尚、闍梨，復集十尼僧，往比丘僧中。在羯磨師前，小遠〔二九〕，兩膝著地，乞戒。

三明尼須結界。有人不立此法〔三〇〕。然此一法，二眾同秉，各有別眾，非界無以攝人，非界無以羯磨〔三一〕。若不信須結，但僧獨作，應成。事則不爾。故知須結，審委無疑。應自然界，尼僧盡集，唱相結之〔三二〕。本法尼者，且置自然界外，下二眾同住無妨〔三三〕。又如尼懺僧殘，二眾各結，受隨俱同〔三四〕也。

此結界法，佛法東流，行事者用之，有不立者少。然中國僧來傳法，通有賢聖，不共非奪〔三五〕。

四安置儀式。應在二眾各結界內，長鋪兩席〔三六〕，使中央空二三尺許〔三七〕，令申手相及〔三八〕。諸本法尼多〔三九〕者，兩處安置：一、眾多聚處；二、單身在僧前。一一召來，入眾教乞。得戒已，令在大尼下坐。待竟，總為說相。

五入戒法中。先須請戒師。律無正文，準前須請〔四〇〕。以外受法、問難、戒體、隨相，一一準僧中行之〔四一〕。

【校釋】

〔一〕尼滿十二歲　簡正卷一七：「業疏云：加僧二歲者，顯其志弱，累年為德。律文為尼愛畜弟子，因制二十餘戒，年年度人，不能教授，多違犯故。隨度制畜

眾法，令眾量之。以尼滿十二夏，方聽度人，違則犯墮。僧滿十一夏，有智即
聽，違便犯吉也。」（一〇三七頁上）【案】此初中即大尼「七別」之一，文分
為二：初，「前明」下，明尼畜眾；次、「次明受」下，明受戒。

〔二〕**依止式叉、沙彌尼，吉羅**　鈔批卷二八：「立謂：尼夏歲未滿，受他依止者，
犯吉。」（九二頁上）簡正卷一七：「謂大尼未滿十二，受他依止等，皆犯吉
也。搜玄云：此通約畜眾，亦不准受戒故。一年之中，唯得四也。唯隔第二
年，復得畜四。初年須法，第二年畜義須重，與畜眾法也。」（一〇三七頁上）

〔三〕**比丘通結吉羅**　資持下四：「制乞同尼，但除式叉（【案】『叉』疑『叉』。）。
違犯一等，而無差降。」（四二二頁下）

〔四〕**其乞法與白二法，如常所顯**　資持下四：「『其』下指乞法，文見隨機羯磨及尼
鈔。」（四二二頁下）【案】四分卷二八，七六一頁上。

〔五〕**若得羯磨已**　資持下四：「『若』下，示制限。」（四二二頁下）鈔批卷二八：
「立明：尼雖夏滿十二，欲度人時，還須從眾僧乞法。尼僧白二，許其度人，
方始得也。（九二頁上）既得法已，開一年中，但得度一大尼，一六法，一沙
彌尼，受他一人依止，不得多也。若至來年，更得度人，但當年中不得多度，
故言隔年。又得（【案】『得』疑『復』。），今時尼家，一時度多尼，受戒非法，
僧得罪。據律緣中，因度賊女故制，不得輒度。然賊女要是死罪者，多為賊
女。十誦：賊有二種，一偷他財物，犯於王法，王欲殺之；二偷身犯夫，夫欲
殺之。祇云：與此人出家越，與學法得蘭，與受具得其殘也。」（九二頁下）

〔六〕**義須重與法**　鈔批卷二八：「立謂：更從尼僧乞度人法也。」（九二頁下）

〔七〕**文如常引**　簡正卷一七：「謂尼受本法，初請師，乃至尼中白四羯磨之文，如
常引用，羯磨本中略不明也。更有前方便，僧中受五戒了，尼中受十戒等，一
切依常。（云云。）有人言，尼受五戒，當眾自為受，不必僧中。今多是大僧
中與受者，此應是尼不解受，故令向僧中也。意（原注：『意』上疑脫『今』
字。）不然，未曾見有教文。今尼受五戒，必在僧中。若言尼不會者，本法亦
乃作得，五戒豈（原注：『豈』下疑脫『不』字。）曉耶！但出非法濫相者，
謂今鈔文但舉非以顯是，欲使識非而避過也。謂本法，尼與大尼相濫之相，故
下戒體，立緣示耳。（一〇三七頁上）此中舉其八法。」（一〇三七頁上）【案】
「次明」下分二：初，「文如常引」下；次，「受前」下。

〔八〕**受前八法**　資持下四：「一、請師，二、安置立處，三、差威儀師，四、出眾
問難，五、單白召入，六、對眾乞戒，七、戒師白和，八、對眾。問難文中，

但示一、四兩種。」（四二二頁下）【案】「受前」下分二：初，「受前」下；二、「二正受」下。

〔九〕**所以云我依阿姨者，此學佛召愛道之號** 簡正卷一七：「業疏云：如皇姨、皇舅等，國隨天子所呼也。」（一〇三七頁下）資持下四：「律文『請詞』云『願阿姨為我作和尚』等，故此釋之。」（四二二頁下）

〔一〇〕**威儀問難中** 資持下四：「本無破僧，然有伴助，亦須問之。十六遮，於父母聽下，更問夫主。先問有無，無則不須。」（四二二頁下）

〔一一〕**以正要急** 簡正卷一七：「謂以此問遮難，正是學戒家要急之事，故須子細。恐不成問答，不相領解，不納戒故。」（一〇三七頁下）

〔一二〕**一事或差，不成受也** 資持下四：「『乃』下，次，明正受。」（四二二頁下）簡正卷一七：「俱依律文及羯磨受戒常法，不得差互。若互，不成受也。」（一〇三七頁下）

〔一三〕**如前受戒中** 簡正卷一七：「指僧受戒篇『八法調理』等。」（一〇三七頁下）資持下四：「隨機羯磨甚備，須者尋對。」（四二二頁下）

〔一四〕**若作本法已，即日往大僧中** 資持下四：「正教明制，必往僧中。尼戒本云：若比丘尼與人授具足戒已，（即本法也。）經宿方往僧中，與受具足戒者，波逸提。業疏問云：『經宿失本法不？』答：『不失法，由捨故，不由隔日。若當日不去，明日須捨，故受新方得。』」（四二二頁下）簡正卷一七：「謂今朝受本法，當日內便須往大僧中，無過。若明日往者，以經宿故，犯吉也。問：『既經宿，失本法不？』答：『業疏云不失。由制令捨，故知在也。古來妄解經宿失者，非也。』『若爾，舊法既在，但用即得，何要捨故受新？』答：『以違佛制，義有涉疑，故須捨也。』」（一〇三七頁下）【案】四分卷二八，七六四頁下。

〔一五〕**薩婆多師資傳云：非法，不成** 資持下四：「師資傳，明判遣信明例，是非可見矣。」（四二二頁下）【案】本節斥非，分二。以兩個「有人」開始。

〔一六〕**端正難緣** 鈔批卷二八：「案五分中明此女名半尸迦。先是婬女，於正法中出家，往蘭若住處僧中受戒，有賊伺候。（云云。）十誦云：婆羅（【案】『羅』後疑脫『門』字。）生女，端正姝好，價直半尸迦國（【案】『尸迦』十誦為『迦尸』）也。今引此文證知，僧不得往尼寺為尼受戒也。彼有此難，尚遣使來僧中代受，僧若得往者，何勞遣使？今有往尼寺為受者，迷之遠矣！」（九二頁下）簡正卷一七：「諸記中，多於此處辨明三師之義章門。今意不然。前受戒

篇中，廣明十受處已敘說了。」（一〇三七頁下）【案】「端正難緣」義即「端正女難緣」。十誦卷四一，二九五頁中。四分卷四八，九二六頁中。

〔一七〕有人就尼寺外，結界而受　簡正卷一七：「鈔意商略。既非尼本寺，即合得戒。然詳其意，特為尼來，僧得違教，吉。」（一〇三八頁上）資持下四：「次斥寺外結界。律（四二二頁下）無定決，不云成不，故以義通之。僧須得罪，尼應得戒。」（四二三頁上）

〔一八〕尼得僧寺作本法不　鈔科卷下四：「初問僧寺作本法。」（一三三頁下）簡正卷一七：「本法者，尼先作此法，是大僧羯磨之本。若無此法，不得輒加。」（一〇三八頁上）資持下四：「由制作本法已，方往僧中，恐違此教，故問決之。」（四二三頁上）

〔一九〕依式結界而受，理得無過　資持下四：「了論既容互結，義通諸法，故云理得。」（四二三頁上）

〔二〇〕本法人，名作何等　鈔科卷下四：「二問本法人名字。」（一三三頁下）資持下四：「以受本法，三位不收，故雙牒名體，問以決之。」（四二三頁上）鈔批卷二八：「此問意云：其本法，尼既異式叉，又未具足，其名字何下（原注：『下』疑『等』。）答亦得名比丘尼？」（九三頁上）

〔二一〕但是戒緣，未發具足　資持下四：「初答體。言戒緣者，是正受方便故。問：既加羯磨，理必發體，既不發體，用受可為？問：五為十緣，十為具緣，五、十，二戒，各自有體。本法無體，其意云何？」（四二三頁上）

〔二二〕而律中名為比丘尼　資持下四：「『而』下，次答名。由未發戒體是下位，由加本法名同上位，以於三眾無所收故。」（四二三頁上）

〔二三〕有人作本法已　鈔科卷下四：「引諸文斥非法。」（一三三頁下）鈔批卷二八：「有云：要由尼眾作此法故，故諾此法為大僧羯磨之本，故曰本法。若尼不作此法，大僧羯磨亦不成故也。」（九三頁上）

〔二四〕律本　資持下四：「律本即尼犍度。」（四二三頁上）

〔二五〕文云　資持下四：「即說相中文。」（四二三頁上）【案】四分卷二八，七五七頁下。

〔二六〕尼受戒法，名「二十眾」　資持下四：「僧祇八種受具，僧受名十眾，尼受名二十眾。」（四二三頁上）【案】僧祇卷三六，五一四頁中。

〔二七〕既有定數，前行非法　資持下四：「名數既顯，可驗昔非。」（四二三頁上）

〔二八〕五分明文　資持下四：「五分人數事儀委悉，宜應準行。」（四二三頁上）【案】

五分卷二九，一八八頁上。

〔二九〕**小遠**　資持下四：「若在露處，亦須尋內。」（四二三頁上）

〔三〇〕**有人不立此法**　鈔科卷下四：「初，立理斥非。」（一三三頁下）簡正卷一七：
「古人云：尼來僧中，全不秉法，又尼不足大僧之數，何假結界？故云不立此
法也。然此下鈔意異古，須結所以也。」（一〇三八頁上）鈔批卷二八：「今不
同此義也。然今相承結者，亦無文可據，但鈔家立此法耳。」（九三頁上）

〔三一〕**然此一法，二眾同秉，各有別眾，非界無以攝人，非界無以羯磨**　簡正卷一
七：「古人若云尼不秉羯磨，不要結者。且大僧於僧即成作法界，於尼但是自
然，如何攝得尼護別眾過耶？雖不秉法，亦須結作尼界，自攝尼僧也。」（一
〇三八頁上）資持下四：「『一法』謂尼受，白四本制同秉，一眾不成。結界本
為攝人秉法。尼既同秉，無界則集人無準，法起無依，故云『非界』等。」（四
二三頁上）

〔三二〕**應自然界，尼僧盡集，唱相結之**　鈔科卷下四：「『應』下，結時儀式。」（一
三三頁下）資持下四：「自然集者，僧作法界，尼望為自然，故唱相結者，一
依僧界。五百問中不得相。」（四二三頁上）

〔三三〕**本法尼者，且置自然界外，下二眾同住無妨**　簡正卷一七：「此約尼來僧中，
結界之時，其本法尼為戒未具，不合得聞羯磨。既亦得名比丘尼，故不許在自
然內，所以且今出家也。故業疏云：此尼不同下眾，全未得法，故須消息中間
人也。下二眾者，謂式叉及沙彌尼，與同處即無妨，亦令小遠，不得聞羯磨之
聲也。」（一〇三八頁上）鈔批卷二八：「立明：尼來僧中結界時，其本法尼位
高下二眾，謂式叉及沙彌尼。其下二眾，雖在界內，不成別眾，故言無妨。其
本法尼，出自然界外者，恐同尼共坐，不合聞羯磨。若令別處，又是別眾，由
本法尼亦名比丘尼故。」（九三頁上）資持下四：「據非別眾，但名同上位，為
防濫疑，縱在界中，不妨僧法。」（四二三頁上）

〔三四〕**又如尼懺僧殘，二眾各結，受隨俱同**　簡正卷一七：「舉例成立前來須結之義
也。」（一〇三八頁上）鈔批卷二八：「立謂：尼懺殘時，於大僧界上結界。今
時受戒，亦須准此結之，以懺殘是隨行中事。今受戒者受中事，故曰受隨俱
同。引此文證，明其此事定須結也。」（九三頁下）

〔三五〕**然中國僧來傳法，通有賢聖，不共非奪**　資持下四：「『然』下，引梵僧印可。
奪，猶斥也」（四二三頁上）簡正卷一七：「謂西國傳法之僧，覺明三藏、真諦
等，並是賢聖。且不云不要結界，非斥其結也。」（一〇三八頁下）鈔批卷二

八：「立明：尼須結界，雖無聖教，然古來西土傳法之傳（原注：『傳』疑『僧』。），即覺明、法時、真諦之例，皆是賢聖，不言『須結』，皆須結，終不奪其結之道理。亦不明結以為非法，故曰不共非奪也。」（九三頁下）

〔三六〕應在二眾各結界內，長鋪兩席　資持下四：「初，明僧尼坐處。各結界內，或就大界，或在戒場也。『長鋪兩席』謂同一行，僧上尼下。或約單排，或是叢坐，兩皆得也。」（四二三頁上）

〔三七〕使中央空二三尺許　資持下四：「謂不相連，使尊卑無濫，或避譏也。」（四二三頁上）【案】「許」，底本為「計」，據大正藏本改。

〔三八〕申手相及　資持下四：「據露處為言。」（四二三頁上）

〔三九〕諸本法尼多　資持下四：「『諸』下，次，明安置尼處。事儀大同僧中。」（四二三頁中）

〔四〇〕律無正文，準前須請　簡正卷一七：「准尼中作本法，須請戒師。今僧中秉法，准前尼中，亦須請也。」（一〇三八頁下）資持下四：「初明請師。此尼受法，尼為和尚，尼中教授及至僧中，唯須羯磨，故單請戒師耳。」（四二三頁中）

〔四一〕以外受法、問難、戒體、隨相，一一準僧中行之　資持下四：「『以』下，次，指餘法。」（四二三頁中）簡正卷一七：「『體』謂白四羯磨，『相』謂八重，乃至『四依』，一如僧中行之。前之四重，一一喻顯，並同僧故。後之四重，還前種類。就四依中，樹下依者，非蘭若中，尼輕易陵，不行此教。何妨餘樹，行頭陀行？如五分，『四依』無樹下坐。段（原注：『段』疑『改』。）為麤弊臥具也。」（一〇三八頁下）

二、明懺罪法

初篇有犯，無覆有悔，亦開懺悔，同僧懺法。

二篇：一法覆藏，全無〔一〕。六夜，改僧制限半月〔二〕。以尼女弱，情垢既多，要假大僧〔三〕。受隨皆爾〔四〕。若欲懺者，二部中行，各滿四人，半月悔過。及至出罪，各具二十。但道風漸替，知犯，不知有悔〔五〕；縱有懺心，集眾難得〔六〕。故闕而不載。

偷蘭已下，乃至吉羅，各有懺儀，如中卷列〔七〕。唯當部自結，稱名「大姊」為異〔八〕。餘辭並同。

【校釋】

〔一〕二篇：一法覆藏，全無　簡正卷一七：「謂尼犯殘，行悔縱覆百夜、五十夜，亦不要行別住，以尼不許獨住故。但改僧六夜，制限半月，二眾中行摩那埵

也。若行時別白，白時須集二部僧一時白，不得唯白一眾也。」（一○三八頁下）鈔批卷二八：「立謂：尼犯僧殘，行懺縱覆藏百日千夜，亦不覆藏。別住法但半月，二眾中行摩那埵耳。所以無別住法者，礪云：尼不得獨故。若與別住，便成罪續故。」（九三頁下）資持下四：「二篇，分三。初，標異僧，具三法，尼除覆藏，故云『全無』。僧但六夜，尼須半月，故云『改僧制限』。出罪無別，故所不云。」（四二三頁中）

〔二〕六夜，改僧制限半月　鈔批卷二八：「勵（【案】『勵』疑『礪』。）云：為其女弱因行難成故也。」（九三頁下）

〔三〕以尼女弱，情垢既多，要假大僧　資持下四：「『以』下，明二眾所以。『女弱』謂無志，『情多』謂易犯。」（四二三頁中）

〔四〕受隨皆爾　資持下四：「初受亦在二部僧中，故云『受隨皆爾』。問夷、蘭等罪，何但一眾？」（四二三頁中）

〔五〕但道風漸替，知犯，不知有悔　資持下四：「『但』下，示略意。知犯不悔，此即愚人不稟教也。」（四二三頁中）

〔六〕縱有懺心，集眾難得　資持下四：「此謂智人不遇緣也。」（四二三頁中）

〔七〕如中卷列　簡正卷一七：「指懺篇廣列儀則。」（一○三八頁下）

〔八〕唯當部自結，稱名「大姊」為異　簡正卷一七：「謂前懺中，唯明僧法，今於二部中答須結界，故自結界自攝，并稱『大姊』為異耳。」（一○三八頁下）資持下四：「『偷蘭』已下，並對本眾，故云『自結』。結謂加法，名異法同，不復更出也。」（四二三頁中）

三、說戒請法儀

善見云：初，為女人鈍根故，盡聽尼往僧寺受教〔一〕。後為人譏故，開五人來。猶致譏，聽僧往尼寺。四分無文，意同〔二〕。

二差人請法

於說戒日，白二差之〔三〕。文如常說。四分〔四〕：白二，差一人已，差二三人為伴，往僧寺中。至所囑人所〔五〕，曲身低頭，合掌云：「某寺尼眾，和合禮比丘僧足，求請教授尼人。」三說。當囑主人，無病、有智者〔六〕；明日應問可不。

準此，僧中於布薩日，豫差一人，擬受囑授。於己房外，設一牀座。尼至時來，餘人示之。彼尼至房所。囑授者詣座坐，令一比丘為伴，立之〔七〕。受尼語已，告云：「待日晚說戒時，為諸眾僧，未知有不？然尼

眾為欲別請，為依僧次？」隨語答領。又告云：「明日可來此，問取進不〔八〕。」尼便辭退。

僧祇云：尼凡入僧寺，當在門屋下先白。比丘當籌量。若尼賢善，自又無事〔九〕，著衣服具者，聽入；反此，不聽〔一〇〕。比丘入尼寺，亦爾〔一一〕。

彼至說戒時，如上僧布薩法，問答已〔一二〕。

至明日尼來，如前威儀〔一三〕。告云：「昨夜僧集，具傳所請。無有教誡人，又無能說法者。雖然，上座有敕，語尼眾：『當勤行道，謹慎莫放逸〔一四〕！』」使尼合掌云：「頂戴受持。」便禮足，辭退。

至寺，即鳴稚集眾。不來者，說欲。諸尼雲集，並立堂中，依位合掌。使尼至上座首，打靜已，白云：「白眾僧：僧差我某甲，往僧中請教授。而僧云『無有教授人及說法者』。」并傳上座敕已。諸尼合掌，「頂戴受持」，然後禮唱而退。出在十、五、祇等三律。問：「此教誡，非羯磨法，何須取欲〔一五〕？」答：「此集僧之誡授，不來者犯罪〔一六〕。準僧祇：若尼老病等緣，不能聽教授，雖無羯磨，教授義通〔一七〕，佛令說欲。乃至自恣使還，準說可知〔一八〕。」

四分〔一九〕：若比丘僧盡病，應遣信往，禮拜問訊。若別眾〔二〇〕，若不和合〔二一〕，若眾不滿，亦遣信禮拜問訊。若尼僧盡病，若尼眾不和合，若眾不滿，亦禮拜問訊〔二二〕。僧祇：若尼來與欲，應受〔二三〕。不得述己道德，犯罪〔二四〕。十誦：受囑人尼來時，戶外敷一獨坐牀，擬後坐上。

比世中，多有行前略法，良由廣德難〔二五〕具。亦有行廣法者，具如本疏〔二六〕。其請法中，僧尼各五人已上，僧中有二十歲〔二七〕者，方行略、廣二法。若不足，無二十夏，但禮拜問訊。

【校釋】

〔一〕為女人鈍根故，盡聽尼往僧寺受教　鈔科卷下四：「引本緣。」（一三四頁中）簡正卷一七：「善見：初緣聽往尼寺受教，是未制前，即日暮戒也。後聽僧往尼寺者，謂制後輒教授戒也。」（一〇三八頁下）資持下四：「善見盡往，即是初制。次後兩開，並為止絕世譏，以法兼濟故。四分：難陀教尼至日暮，尼在祇桓城塹中止宿，為俗譏訶。（西土僧居蘭若，尼止城中，因往僧寺，至暮還城，城門已閉，因宿塹中。）故知初開尼往僧寺。」（四二三頁中）【案】「請

法儀」文分為四：初，「善見」下；二、「二差」下；三、「四分」下；四、「比世」下。善見卷一五，七八二頁中。

〔二〕四分無文，意同　簡正卷一七：「四分雖無其文，引上二戒，辨意同也。為人譏嫌，如隨相中引。」（一○三九頁上）資持下四：「不如論次第顯著，故云無文意同。」（四二三頁中）

〔三〕於說戒日，白二差之　資持下四：「初指差法。文見尼鈔。」（四二三頁中）【案】「差人請法」分六，鈔中六節示之。

〔四〕四分　資持下四：「『四分』下，次明往寺請法。尼不獨行，故須差伴，但須口差，非正人故。」（四二三頁中）【案】四分卷二九，七六五頁中。

〔五〕所囑人所　資持下四：「所囑人，即比丘中受囑者。」（四二三頁中）

〔六〕當囑主人，無病、有智者　資持下四：「『當』下，令擇所囑。有三：主人非客、無病須健、有智非愚。」（四二三頁中）簡正卷一七：「主人者，簡非客，不知僧得滿缺等。無病者，簡有病，不能赴集故。有智者，簡無智也。」（一○三九頁上）

〔七〕令一比丘為伴，立之　資持下四：「為深防故。」（四二三頁中）

〔八〕進不　資持下四：「即有無也。」（四二三頁中）

〔九〕事　資持下四：「『事』即是過。」（四二三頁中）鈔批卷二八：「僧祇三十九云：應住門屋下，遣淨人女白言：『和南，比丘尼白入，願聽。比丘當籌量，可不聽入故也。』」（九三頁下）【案】僧祇卷三九，五三八頁下～五三九頁。

〔一○〕反此，不聽　簡正卷一七：「若初不告語，寙先入寺看者，提；後入無犯。不白入，舉一足越，二足提。比丘入尼住處，亦爾。」（一○三九頁上）

〔一一〕比丘入尼寺，亦爾　鈔批卷二八：「謂反上義即是也。（九三頁下）故五分：僧無緣入尼寺，隨入多少，步步波逸提。若一腳入門，吉羅。上言緣者，謂請喚說法、設會等，是其緣也。若看病、作衣，豈曰緣也？」（九四頁上）資持下四：「僧入尼寺，尼須量僧，故云『亦爾』。」（四二三頁中）

〔一二〕彼至說戒時，如上僧布薩法，問答已　鈔科卷下四：「『彼』下，僧為請法。」（一三四頁下）資持下四：「僧問答已者，應至誰遣比丘尼來請教誡。受囑者，起至上座前白云『大德僧聽，某寺尼眾，半月半月禮僧足，求請教誡尼人』等。」（四二三頁中）

〔一三〕至明日尼來，如前威儀　資持下四：「即於房外坐床求伴等。」（四二三頁下）

〔一四〕當勤行道，謹慎莫放逸　資持下四：「誡敕後尼頂受。」（四二三頁下）

〔一五〕**此教誡，非羯磨法，何須取欲**　簡正卷一七：「要須僧尼二眾，各滿和合，無病乃得差請。若二眾各互、不滿及病，不和合者，並禮拜問訊也。所以爾者，謂差請之法，須秉羯磨。若一人被差，餘四成眾，各若不滿五人，即不可也。」（一〇三九頁上）資持下四：「以欲應羯磨，既不秉結，不當取欲，故問決之。」（四二三頁下）

〔一六〕**此集僧之誡授，不來者，犯罪**　資持下四：「初明，制集同僧事故。」（四二三頁下）

〔一七〕**教授義通**　資持下四：「教授之法，制該大眾，故曰『義通』。」（四二三頁下）

〔一八〕**乃至自恣使還，準說可知**　資持下四：「『乃』下，指例。事見次門。」（四二三頁下）

〔一九〕**四分**　資持下四：「四分開略。前明僧緣有四，隨一即開。」（四二三頁下）
　　　　【案】即下文中「若……」句所言之緣，有一即開。四分卷二九，七六五頁中。

〔二〇〕**別眾**　資持下四：「『別眾』謂難集。」（四二三頁下）

〔二一〕**不和合**　資持下四：「『不和』謂鬥諍。」（四二三頁下）

〔二二〕**若尼僧盡病，若尼眾不和合，若眾不滿，亦禮拜問訊**　資持下四：「後明尼緣，同僧亦許。」（四二三頁下）

〔二三〕**若尼來與欲，應受**　簡正卷一七：「祇云：誰與比丘尼取欲，取尼欲人，應至上座前，偏袒右肩、合掌，作如是言：比丘尼僧，和合禮比丘僧足，與清淨欲等。」（一〇三九頁上）資持下四：「『與欲』，即來求教誡人也。」（四二三頁下）【案】僧祇卷二七，四四九頁中。

〔二四〕**不得述己道德，犯罪**　簡正卷一七：「祇云：囑授應受，除五種人：一、僧中上座，二、教誡尼人，三、半月念戒人，四、守房人，五、病人。若言我是乞食頭陀、大德等，得越毗尼也。」（一〇三九頁上）鈔批卷二八：「謂尼來請為覓教誡人等，不得不受尼之囑也。礪云：尼來僧中，求教誡尼人，所囑人，謂非病、非遠行、非客比丘、非愚痴等，此四種人不得受囑也。僧祇云：尼囑授應受，除五人不得受尼囑：一、上座；二、教誡尼人；三、誦木叉人應各自說，不應受，謂應言我是僧中上座，或言我是教誡尼人，或言我是半月時誦戒人；四者、守房人；五者、病人。此二應自言我，不至僧中汝可囑餘人。若言我是乞食頭陀、多聞大德等人不受者，得越毗尼罪。」（九四頁上）

〔二五〕**廣德**　資持下四：「『廣德』謂教授人須具『十德』，如自恣篇引。」（四二三頁下）

〔二六〕本疏　簡正卷一七：「『本疏』指首疏也。」（一〇三九頁上）資持下四：「『本疏』應是首師律疏。僧中教授，尼中使尼，並是所為，故各滿五，方成廣去。」（四二三頁下）

〔二七〕二十歲　資持下四：「二十歲，十德之一也。（四二三頁下）

四、明安居法

大同僧中〔一〕。

尼無獨住，必依大僧〔二〕。律云：不依，犯墮。僧祇：若親里請尼安居者，先教請比丘；不肯者，不得受請〔三〕。餘如彼說。善見云：尼去比丘住處半由旬〔四〕，得安居；過者，不得。一切僧尼，二時集會：夏初請法，夏竟說證〔五〕。若檀越為請比丘來，而尼結安居竟，乃至後夏初，比丘有緣事不來，當更請比丘來；若不得，應去；路有難事，得安居。若初安居竟，比丘有緣去，尼後方知〔六〕：已結安居者，不得移住，無罪。若夏竟，不得無比丘自恣，應覓。僧祇：雖在一比丘處，半月應請問布薩〔七〕。卒無者，三由旬內有僧處，通結取〔八〕。

【校釋】

〔一〕大同僧中　資持下四：「初科，三種安居作法等並同。」（四二三頁下）

〔二〕尼無獨住，必依大僧　資持下四：「八敬所制，依僧安居，不依犯墮，文出提篇。」（四二三頁下）【案】「尼無」下分三：初，「尼無」下；二、「僧祇」下；三、「善見」下。

〔三〕不肯者，不得受請　資持下四：「不受夏請，彌彰制急。」（四二三頁下）

〔四〕半由旬　資持下四：「半由旬即二十里。」（四二三頁下）

〔五〕夏初請法，夏竟說證　資持下四：「『一』下，顯相依。『請法』謂夏初已來，咨求教誨。『說證』即自恣。」（四二三頁下）

〔六〕若初安居竟，比丘有緣去，尼後方知　鈔批卷二八：「立明：亦如前在檀越家，（九四頁上）結夏。其僧有事忽去，尼不知，後方知者，開成得住，不須移也。」（九四頁下）【案】僧祇卷三〇，四七五頁下。

〔七〕雖在一比丘處，半月應請問布薩　簡正卷一七：「請問布薩者，祇云：比丘教誡尼時，應如女想，比丘尼於教誡如佛想，是名布薩。（一〇三九頁上）問布薩法也。」（一〇三九頁下）資持下四：「『一比丘』者，不必眾故。」（四二三頁下）

〔八〕三由旬內有僧處，通結取　簡正卷一七：「通結取者，謂來去無障，不破安居

也。」（一〇三九頁下）資持下四：「三由旬通結，謂結為一界。尼界本制二里有難同僧。彼云：若安居中，比丘若死，若罷道，若餘處去，尼不得去。三由旬有僧伽藍，應通結界。半月應往問布薩，使來去無障，不破安居。」（四二三頁下）

五、自恣法〔一〕

四分：尼夏安居竟，聽差一比丘尼，為尼僧故，往大僧中，說自恣。當白二差之，文如常也。又差二三人為伴。往大僧中〔二〕，禮足已，曲身低頭合掌，作如是語：「比丘尼僧夏安居竟，比丘僧夏安居竟。比丘尼僧說三事，自恣見、聞、疑。大德，慈愍故語我。我若見罪，當如法懺悔。」三說。僧中上座告救，如上自恣中。彼尼受教已，當於明日尼自恣時，鳴椎。尼僧集已，如前教誡中，白尼僧，傳自恣時大僧所告之語。乃至諸尼頂戴訖，依上大僧自恣法，然後散去。

律云：僧十四日自恣，比丘尼僧十五日自恣〔三〕。若大僧病、別眾、眾不和、眾不滿等，尼應遣問訊〔四〕；尼眾病，乃至不滿，亦須問訊大僧。十誦云：差二勤了知法尼，往大僧中〔五〕。

問：「何故制尼依大僧〔六〕？」答：「愛道經云：女人但欲惑色、益壽、畜弟子，亦不欲學問，但知須臾之事，故依大僧〔七〕。」

【校釋】

〔一〕自恣法　簡正卷一七：「往大僧中曲身低頭，謂須在上座前。今多在佛前者，違教也。如上自恣中者，前云『良久嘿然』等。」（一〇三九頁下）

〔二〕往大僧中　資持下四：「『往』下，次，明陳請。尼自直往僧中請之，不同說戒須憑他請，隔日取問。」（四二三頁下）

〔三〕僧十四日自恣，比丘尼僧十五日自恣　資持下四：「初明日別。此制相依，從僧請說，使還自恣，理須隔日。必是近處，同日何妨？」（四二三頁下）

〔四〕若大僧病、別眾、眾不和、眾不滿等，尼應遣問訊　資持下四：「『若』下，（四二三頁下）次明開略，亦同說戒。」（四二四頁上）【案】四分卷二九，七六六頁上。

〔五〕差二勤了知法尼，往大僧中　簡正卷一七：「彼羯摩（【案】『摩』疑剩。）磨二人，與四分有異，今但取剗了，簡非遲滯，知法簡非愚教，意證前文，不取二人也。」（一〇三九頁下）資持下四：「十誦明選使尼。勤，『鋤交』反。『勤了』謂緊捷幹濟，簡遲怠者、知法簡愚昧者。」（四二四頁上）【案】十誦卷四

一，二九七頁中。

〔六〕**何故制尼依大僧** 資持下四：「受、說、安、恣，並制依僧，故通問之，總申教意。」（四二四頁上）

〔七〕**女人但欲惑色、益壽、畜弟子，亦不欲學問，但知須臾之事，故依大僧** 資持下四：「經明女性，且示五相：『惑色』謂著顏色，『益壽』為欲壽長，『畜弟子』即好多眷屬，『不學問』即懈怠，『知須臾事』謂短識見。賦性既爾，自無志節，義必從師，教意可見。此據大約，未必皆然。」（四二四頁上）簡正卷一七：「佛言：女人多欲態，但知欲或色、益壽，畜弟子不令佗學問，只貪愛門徒，是或色也。被此色聲所，或貪佗供送飼遺，養於身命，故云益壽。此蓋目前片時之事，故曰須臾不知脫離生死，求大菩提，故制依僧，云有教誡之理。」（一〇三九頁下）【案】大愛道比丘尼經，大正藏第二四冊，九五二頁中。

六、明隨戒相〔一〕

尼「八重」中，前四戒大同僧中，故不出〔二〕。

摩觸戒，六緣成犯〔三〕：一、是人男子。二、作人男子想。三、彼此有染心。律云謂意相染著也。四、腋以下、膝以上、腕以後〔四〕。身分，甄去輕境；染心既微，必無陵逼之過，故犯輕罪。若尼以輕觸男重境，男以輕境觸尼重境，此二皆重。不要取二重境相觸也。五、身相觸。除一有衣一無衣、二俱有衣，不犯重〔五〕。六、隨觸多少，一一結重。

尼摩觸戒，與大僧四種不同〔六〕：一、大僧就壞行中制，莫問死活，但觸著便犯，據有淫心；尼就陵逼中制，死者不犯。律云染汙心男子也。二、僧則不簡女人大小；尼觸男子，取能行淫事。十誦云：男者，謂能作淫事。三、僧隨觸境便犯，尼簡境有上下。四、僧不問境染淨〔七〕，尼觸必俱染心。僧祇〔八〕：若尼輕處有瘡癰，得使男子治之，先令二女急捉，令不覺男子手；若重處者，使女人師治。善見：若比丘觸尼，尼身不動，受樂，隨處得罪〔九〕。

四分，同僧中〔一〇〕。十誦：不犯者，父、兄、弟、兒想，若水、火、刀、杖、惡緣等，一切無著心故。非無吉羅〔一一〕。

八事成重〔一二〕。

五緣：一、人男，二、人男想，三、有染心，四、犯前七事未懺〔一三〕，五、八事作，犯。

八事：一、捉手者，乃至腕；以後是重〔一四〕。二、捉衣者，身上衣；三、入屏處者，謂離伴見聞處；四、屏處立、語、行等，三事亦爾〔一五〕；七、身相倚者，二身相及；八、共期者，共行淫處。若尼、男俱染，犯上七事，七偷蘭；若不懺，犯八事，波羅夷。

準此，犯八捉手不成重〔一六〕。若一男犯八，一時犯八，八年犯八，八男成八〔一七〕，但成八，重——亦無次第〔一八〕。僧祇如此。

不犯〔一九〕者。若有所施與，若禮拜，若悔過，若受法，入屏處不作惡事，不犯。由俱無染心故。下入闇室犯墮者，由無所為，事涉譏醜，故犯〔二〇〕。

覆藏他重罪戒〔二一〕。

六緣成〔二二〕：一、是大尼，二、犯八重已〔二三〕，三、知他犯重，四、作覆藏心〔二四〕，五、不發露，六、明相出，便犯。

若獨住無人等，不成覆，如「懺罪「中〔二五〕。十誦：若尼被舉、狂亂心，覆者，不犯〔二六〕；若狂止仍覆者，犯。僧祇：若尼見尼犯重，應向人說〔二七〕。若犯罪人兇惡有勢力，恐有命、梵難者，作念云：「彼行業罪報自當知，喻如失火燒舍，但自救身，焉知他事。」得捨心相應〔二八〕。準此，無記心亦不犯〔二九〕。雖非捨心，無記不作覆心故。覆藏者，不善心中，藏匿前罪，恐人外聞，故成也。

若欲發露故不成者，謂非清淨者〔三〇〕。若對先知不肯發者，二俱有過，各須發露，故不成〔三一〕；如向有犯者懺，不成故〔三二〕。又識人名、罪名、種相者，須發露，反上不合〔三三〕。若前人受竟，更不須說，恐有無窮之過〔三四〕；若彼犯者，已發竟，餘人雖覆，不成，根本無過〔三五〕故。十誦：尼不得比丘前發露，還向尼前〔三六〕。若不識種相，至比丘所，汎問取解，還至尼邊悔〔三七〕。

四分：若尼知尼犯八重，食前知，食後時說，偷蘭；乃至初、中、後夜時分不說，並偷蘭〔三八〕。明相出，犯重。

不犯〔三九〕中。若不知；若無人可向說；意欲說而未說，明相出；說時，恐有命、梵等難，不犯。

十七僧殘中〔四〇〕

媒嫁、二謗，如大僧中〔四一〕。

言人戒〔四二〕

四緣成：一、詣俗官所〔四三〕，二、言白衣，三、辭列其事，四、下手疏，犯。

四分：詣官共爭曲直。若斷事人下手疏〔四四〕者，犯；口說〔四五〕者，偷蘭。善見〔四六〕：尼共居士往官所，語居士言：「汝說理。」若說，尼吉羅；居士說已，尼後說，偷蘭；居士復說，尼得理、不得理，皆殘。若居士言尼，官喚來，官自判與奪，尼不犯。若尼至官所言人，令官罰物，隨多少犯罪，應償〔四七〕。若被奪物，就官乞護〔四八〕，不道名字，官自訪得，治罰，無犯。若人入寺，斫伐樹木，不得奪刀斧，應還直〔四九〕。五分：若尼為人輕陵，語父母、親里、有力者援護之〔五〇〕。十誦：在斷事人前，瞋恨呵罵本所打人，僧殘；若向餘人〔五一〕說，偷蘭。

四獨戒〔五二〕

獨度河。四緣：一、是河水〔五三〕。四分云「獨不能度」，不云深廣。今準「道行」之戒〔五四〕，但使褰衣度水，異陸行威儀，皆犯。大界內河，亦犯。有橋者，如常開之。二者，獨度。前尼疾疾入水〔五五〕，偷蘭；雙腳上岸，僧殘。後尼獨入水，犯蘭〔五六〕——上岸得前尼為伴，不犯。若乘車船度，皆不犯。律云：彼尼當求一尼共度，應入水隨深淺褰衣〔五七〕。至彼岸，漸下衣已，然後一時上岸。若不待後伴，偷蘭。三、無緣。除命梵等難、伴命終也。四、獨度河〔五八〕，犯。謂後伴隔河，便犯，無相援故。

獨入村〔五九〕。四緣：一、是俗人村，不問界內外〔六〇〕。伽藍中俗人住處，獨入亦犯。四分：尼獨行詣村〔六一〕，隨所至村，僧殘；若空野無道處，一鼓聲間，亦僧殘；村中獨行一界，吉羅。約此，坊內、家內獨行，犯吉〔六二〕。僧祇〔六三〕：若尼共伴，行至城邑界，當相去在申手內共過界，若在申手外過界，偷蘭。二者，獨行。三、無緣〔六四〕。四、越界。犯〔六五〕。昔云：「若欲入村，隨有橫道〔六六〕，但使越過，便犯。」諸部無文〔六七〕。準律云〔六八〕：若無界獨行，一鼓聲間，離伴見聞處，犯〔六九〕。若至村門，不待後伴，雙足入限，僧殘。若村中先有尼，不犯〔七〇〕，以前尼為伴故。若出村，亦約門限為分齊，犯之得罪。

獨宿。三緣：一、離申手外宿〔七一〕。不問俗、僧兩處〔七二〕。兩處置牀，在申手內，互相檢校，方能離過〔七三〕。若本在申手內，後因睡相離

者，不犯；本作離意，隨轉側，犯。故文云：若舒手不相及，隨轉，一一僧殘。僧祇〔七四〕：當在申手內，一夜中三度以手相尋——不得一時頓三，當初、中、後夜，各一度相尋。五分〔七五〕：若在不相及處，初、中、後夜，偷蘭；明相出，僧殘。二、無緣。除命、梵、樂靜等。三、隨臥，一一結〔七六〕。

獨在後行〔七七〕。或根本獨去，或中間作意離伴見聞處行〔七八〕；又伴無諸難緣，故犯〔七九〕；四分云：見、聞俱離，殘；見、聞互離，蘭〔八〇〕。

不犯中。

開度水者。若共伴漸度〔八一〕，不失威儀；乘船、橋上、躡梁、躡石；伴尼死、休道、遠行〔八二〕，及諸雜難，不得作伴〔八三〕，並開。五分：水淺〔八四〕，無畏男子處，不犯。

開入村緣，如前具緣中〔八五〕。

開獨宿者。律云：共二尼宿，舒手相及處〔八六〕；若一尼出大小便〔八七〕，或出受經、誦經，若樂靜獨處誦經，或為病尼煮羹粥作飯，乃至餘難緣，並開〔八八〕。僧祇：若病、賊亂圍城，獨宿不犯。

開獨行中〔八九〕。應在不離見聞處；若一尼大小便，諸難，皆開。僧祇：不得出聚落界；除道行便利、邂逅失伴，未及中間，不犯。病亦如是。五分：若恐怖走時，老病不及伴者，不犯。

單墮中。「紡績」一戒〔九〇〕，律文，隨擗、引、縈、織等，一一墮〔九一〕。成衣，不合懺著〔九二〕。

餘上下戒〔九三〕，非無種相，行稀用寡，且略而已。

【校釋】

〔一〕明隨戒相　簡正卷一七：「隨尼之戒，解釋相狀也。」（一〇三九頁下）資持下四：「此門理合廣釋尼戒，但與僧同者，釋相具分，餘有不同，略提時要，令僧通解，教授尼徒。自餘微細，具在尼鈔。」（四二四頁上）【案】「明隨戒相」文分為二：初，「尼八重」下；次，「餘上下」下。

〔二〕尼「八重」中，前四戒大同僧中，故不出　鈔批卷二八：「尼八重，四同僧。後四者，此文中略不出。最後隨順犯罪，比丘，違尼三諫夷，不出此戒也。」（九四頁下）資持卷下四：「『前四』即婬、盜、殺、妄。犯緣、犯相，一切同僧，不須復出。異中，尼戒罕聞，恐人不曉，具列緣本，照對文相。」（四二

四頁上）【案】據四分卷二二，尼有八重戒（八波羅夷），前四與比丘同，即婬、盜、殺、妄語，後四為：摩觸戒、八事成重戒、覆藏他重罪戒、隨順被舉比丘戒。「尼八重」下分二：初，明「八重」，「摩觸戒」下明與大僧之異，又分三：摩觸、八事、覆藏；二、明「十七僧殘」。

〔三〕摩觸戒，六緣成犯　簡正卷一七：「以手捫摸，名為摩觸，此是為（【案】『為』疑『所』。）防，戒是能治，能所通舉，故曰。（云云。）緣起者。佛在舍衛國時，有偷蘭難陀尼（一〇三九頁下）共大善鹿樂長者，各有繫意，長者設食請。時到，諸尼總去，唯難陀尼不去，長者知不來，便疾疾往寺，至尼房，犯（原注：『犯』疑『把』或『抱』。）捉，以手捫摸，被守房小沙彌尼窺見，乃至以事白佛，日（原注：『日』疑『因』。）此制戒也。制意者。夫出家之人，業（原注：『業』疑『蕭』。）然物外，離染為懷，今受彼染心，觸於重境，女人志劣，大惡臨危，大聖除防，故以制也。戒本六句：一、若比丘尼；（能犯之人。）二、染污心，共染污心男子；（明有染心。）三、從腋已下、膝已上，身相觸；（明境犯也。）四、若摩，若牽，若上摩，若下摩，若舉，若下，若捉，若捺；（明犯相也。）五、比丘尼波羅夷。（明治罰也。）」（一〇四〇頁上）資持下四：「若比丘尼染污心，共染污心男子，從腋已下、膝已上（簡餘輕境犯輕。）身相觸，若捉，若摩，（摩身前後。）若牽，（牽前。）若推，（推後。）若上摩，（從下至上。）若下摩，（從上至下。）若舉，（抱舉。）若下，（抱下。）若捉，（捉前後及髀、乳。）若捺，（同上。已上十相。）是比丘尼波羅夷不共住。」（四二四頁上）【案】四分卷二二，七一六頁上。

〔四〕腋以下、膝以上、腕以後　資持卷下四：「約男女身，分輕重境，俱互四句，俱輕得蘭，故云犯輕罪。餘三皆重，業理應殊。」（四二四頁上）簡正卷一七：「前就身辨分齊，後就支中辨分齊。若准祇律，肩已下犯，通其四分。腕已後者，即取祇，肩為分齊，何獨於腋下耶！」（一〇四〇頁上）鈔批卷二八：「礪問：『此腋已下夷，明知腋已上蘭。何後八事戒中，捉手乃至腕蘭，已後即夷者？』解云：（九四頁下）『前就身中辨分齊，故言腋已下、膝已上夷。下捉手者，就支中以別分齊，故言腋已上夷、已下蘭。五分云：摩觸髮際已下、膝已上、肘已後，夷。』」（九五頁上）

〔五〕除一有衣一無衣、二俱有衣，不犯重　資持下四：「結犯。二俱無衣，一有一無，並蘭。俱有，但吉。染情漸輕，教亦隨降。」（四二四頁上）

〔六〕尼摩觸戒，與大僧四種不同　鈔科卷下四：「『尼』下，辨析犯相（二）：初，

成犯；二、『四』下，不犯。」（一三四頁下）資持下四：「僧尼四異，並僧通尼局。一、死活異，僧通四境覺，及不覺新死少壞。引律證者，即前戒本既標污心，明須活境。二、大小異。三、身分異。四、心境異。」（四二四頁上）

〔七〕**僧不問境染淨** 簡正卷一七：「謂不問前所觸之境，有染心、無染心，但使自有染心，往觸著便犯也。」（一〇四〇頁上）

〔八〕**僧祇** 資持下四：「引僧祇、善見，別證第三隨處得罪。此約尼犯，分境重輕，若論比丘，一向成重。」（四二四頁上）【案】僧祇卷三六，五一五頁下。

〔九〕**若比丘觸尼，尼身不動，受樂，隨處得罪** 簡正卷一七：「重境則重境則（【案】次『重境則』疑剩。）蘭也。」（一〇四〇頁上）鈔批卷二八：「立謂：隨輕重境被觸，若受樂即犯。若輕境蘭，重境夷。」（九五頁上）【案】善見卷一六，七八七頁下。

〔一〇〕**同僧中** 簡正卷一七：「彼云：若取與時，相觸不犯。若解救為難緣，一切無犯染心等，不犯也。」（一〇四〇頁上）資持下四：「初指本宗。律云：若有取與及解救等觸，一切無欲心，不犯。」（四二四頁上）【案】四分卷二二，七一六頁上。

〔一一〕**非無吉羅** 資持下四：「初是想差。『若』下，即急難，一切無著，顯上開意。（四二四頁上）無吉者，制非儀故。」（四二四頁中）簡正卷一七：「約非威儀說也。」（一〇四〇頁上）【案】十誦卷四二，三〇三頁下。

〔一二〕**八事成重** 資持下四：「若比丘尼染污心，知男子染污心，受捉手（一、手尼腕。）；捉衣（二、身上衣。）；入屏處（三）；共立（四）；共語（五）；共行（六、上四並取難伴見聞處。）；身相倚（七、身得相及處。）；共期（八、得共行淫處。）。是比丘尼，波羅夷不共住。列緣，第四。此戒必須八事滿足方犯，懺則不成。」（四二四頁中）簡正卷一七：「捉衣等殊（【案】『殊』疑『數』。）名之為『八』，鄙惡之過曰『事』，（一〇四〇頁上）此是所防。（云云。）緣起：佛在舍衛國，時難陀尼與沙樓鹿樂長者，先各有染心，共入屏處，乃至共期招譏，故制也。問：『前戒何以繞觸著便犯，此戒因何滿八方犯？』答：『前據染心厚重，此約染心輕，要假滿八方犯也。戒本六句：（一、能犯人，）若比丘尼；（二、明染心，）染汙心；（三、明知，）知染汙心；（四、明犯相，）若捉手、捉衣，入屏處，共立語、共行，或身相倚、或共期；（五、結犯，）是比丘尼波羅夷；（六、明治罰，）不共住。」（一〇四〇頁下）鈔批卷二八：「礪云：前戒得境處深，染情垢重，地（【案】『地』疑『故』。）制深防，一觸成

重。此戒亦是染心所為，觸境處淺，染心微薄，要假八事相資過集，積增垢情，轉著趣重，必故須抑制也。乃至腕已後是重者，若捉手齊腕是蘭，捉腕已後夷，非此戒攝。」（九五頁上）

〔一三〕犯前七事未懺　簡正卷一七：「謂若犯七事，懺七蘭了，更作第八，亦不犯重。今犯前七未悔，續作一事，便成八滿，即犯重也。」（一〇四〇頁下）

〔一四〕以後是重　簡正卷一七：「謂簡境也。若腕後即犯。前戒一觸成重，不須至八也。今云捉手，是腕已前輕也。」（一〇四〇頁下）

〔一五〕屏處立、語、行等，三事亦爾　鈔批卷二八：「謂是第四，屏處共立、屏處共語，六、屏處共行也。礪問：『下文入闇室，入屏障處，犯提，何意此中得蘭？』解云：『下對譏過，不待俱染，但犯提罪。此謂俱染，容成大惡，故悉犯蘭。』更問：『下文入闇室犯提，此文開若禮拜，若有所施與，若悔過等，不犯者何？』答：『下無所為，事涉譏，犯提。此有福緣，布施求法，懺洗之流，故全無過也。』」（九五頁上）簡正卷一七：「四、屏共立，五、屏處共語，六、屏處共行，為三事也。」（一〇四〇頁下）【案】本句實言三事，故下句序號為「七」。

〔一六〕犯八捉手不成重　鈔科卷下四：「『準』下，料簡異相。」（一三四頁下）簡正卷一七：「謂前後八度，皆是八中一事，未成重也。」（一〇四〇頁下）鈔批卷二八：「以事是一故。要犯八事，亦無次第，但使滿八，皆攬成重。」（九五頁下）

〔一七〕若一男犯八，一時犯八，八年犯八，八男成八　簡正卷一七：「此有四句。初句約人，第二句時一，第三句時八，第四句人八，俱皆一重也。」（一〇四〇頁下）資持下四：「初文，對前戒本可解。料簡有三：一男、八男，謂人同異；一時、八年，明時遠近。」（四二八頁中）【案】僧祇卷三六，五一六頁中。

〔一八〕無次第　資持下四：「犯通前後。」（四二四頁中）

〔一九〕不犯　資持下四：「初開屏處。」（四二四頁中）簡正卷一七：「謂律中若有所施與，若禮拜，若悔過，若受法，入屏處，共住立、語、行，若賊惡獸來，曲身避，（一〇四〇頁下）因而相倚，不作惡事，一切不犯。『若爾，何故下單提中，入闇室犯提？』鈔通云『由無所為』等也。」（一〇四一頁上）

〔二〇〕下入闇室犯墮者，由無所為，事涉譏醜，故犯　資持下四：「『下』下，簡後戒，即『單提』中第八十六戒。律因六群尼與男子入闇室故制。若比丘尼與男子共入闇室中者，波逸提。彼從譏過，不約染心故也。」（四二四頁中）鈔批卷二八：「立謂：無受法禮拜、悔過等事，故墮。今言『下』者，指下篇『單墮戒』

中也。」（九五頁下）【案】四分卷二五，七四二頁下～七四三頁上。

〔二一〕**覆藏他重罪戒**　鈔批卷二八：「制意者，出家尼眾，遞相禁約使離過，行成光顯，僧眾今乃知他犯重，故相容匿之。心致犯滋劇，淪陷前人，自懷（原注：『懷』疑『壞』。）損僧，污辱不少，故加深防，制重夷罪也。」（九五頁下）簡正卷一七：「覆佗麤罪戒。釋名者，知彼犯重，故意藏隱，此是所防。（云云。）緣起者：佛在舍衛國，因難陀尼知妹尼松陀舍難犯重，恐外人知，覆藏不說。後妹尼休道，方說向諸尼。諸尼舉過，因制戒也。制意者：出家之人，共修淨行，見佗有犯，理合舉陳。初有隱心，後方言及，過中之甚，是以聖制。戒本七句：（一、能犯人，）若比丘尼；（二、知，）知比丘尼犯波羅夷；（三、明白心知，）自不發露，不語眾人，不白大眾；（四、明有□心，）若於異時，彼比丘尼，或死，或被舉，或休道，或入外道眾；（五、明緣等，）後作是言『我先知有如是如是罪』；（六、明能犯，）是比丘尼波羅夷；（七、治罰，）不共住。」（一〇四一頁上）資持下四：「若比丘尼知比丘尼（決了彼犯。）犯波羅夷，不自發露，不語眾人，（一、二、三人。）不白大眾，（四人若過。）若於異時，彼比丘尼或命過，或眾中舉，（為僧擯舉。）或休道，或入外道眾後，作是言『我先知有如是非』，（於八夷中，隨有所犯。）是比丘尼波羅夷，不共住。」（四二四頁中）【案】「覆藏」文分為二：初，「六緣」下；次，「若獨」下。

〔二二〕**六緣成**　資持下四：「覆重方犯。覆餘罪蘭，覆比丘提，覆下眾吉。」（四二四頁中）

〔二三〕**犯八重已**　簡正卷一七：「若准第八多論說，尼覆七波羅夷，但得提，若覆婬夷，即結重。今則不然。」（一〇四一頁上）

〔二四〕**作覆藏心**　簡正卷一七：「此約覆佗重罪之心。若自犯重自覆，但蘭耳。」（一〇四一頁上）鈔批卷二八：「尼覆藏重罪得蘭。」（九五頁下）

〔二五〕**若獨住無人等，不成覆，如「懺罪」中**　資持下四：「指『懺罪』中，即中卷懺篇明十種緣，皆不成覆。」（四二四頁中）鈔批卷二八：「立謂：如殘罪中，若犯殘已，無人可發露，不成覆藏。如懺殘中，有八種不成覆。」（九五頁下）【案】「若獨」下明成犯，分三：初，「若獨住」下；二、「若欲發」下；三、「四分若」下。

〔二六〕**若尼被舉、狂亂心覆者，不犯**　鈔科卷下四：「初釋覆藏心。」（一三四頁下）簡正卷一七：「此約知佗尼犯已，未得發覆，便自被舉，或狂等，皆不成覆。

（一〇四一頁上）為舉不足佗數故，所發亦不成發也。」（一〇四一頁下）資
持下四：「『被舉』是法隔，『狂亂』即非心。」（四二四頁中）【案】十誦卷四
二，三〇四頁中。

〔二七〕若尼見尼犯重，應向人說　資持下四：「難緣開不成覆。」（四二四頁中）

〔二八〕捨心相應　簡正卷一七：「謂慈心捨前人所犯之罪，更緣其犯，亦不作覆彼罪
心，得捨前二心。如此相應者，不犯。又解：但畏二難，情無愛憎，故名為捨
也。」（一〇四一頁下）資持下四：「謂捨棄不說之心。」（四二四頁中）【案】
僧祇卷三六，五一六頁下。

〔二九〕準此，無記心亦不犯　資持下四：「『準』下，次以義詳。初，示合開。『無記』
謂睡眠、遺忘等。後明成犯，須不善心。」（四二四頁中）簡正卷一七：「謂約
佗不作覆心，在無記時，故不犯。若擬作覆心，縱在無記、睡眠心中，亦成覆
藏者。下出相狀也。」（一〇四一頁下）

〔三〇〕若欲發露故不成者，謂非清淨者　鈔科卷下四：「『若』下，釋發露。」（一三
四頁下）簡正卷一七：「不成者，謂界中無清淨人也，縱不說，開不犯。謂非
清淨者，謂所對之人也。」（一〇四一頁下）資持下四：「簡『所對人』有四別。
非清淨者，初簡有犯不懺也。」（四二四頁中）【案】本節簡所對非清淨發露者
有四別：有犯不懺者、先知不肯者（覆藏不說者）、如實不妄者、僧尼不同（異
眾）。此句明「四別」之一「有犯不懺者」。

〔三一〕若對先知不肯發者，二俱有過，各須發露，故不成　資持下四：「簡覆藏不說
也。二俱有過，彼此皆成覆故。」（四二四頁中）簡正卷一七：「首疏云：若欲
發露，竟未知清淨向說者成。若對先知，二俱有過，名須露故，不成也。此相
稍難曉，今更指事說。且如張尼犯重了，王尼如（原注：『如』疑『知』。）張
尼犯，便為佗覆，不說也（原注：『也』字疑剩。）向人。後有李尼，亦知張
尼犯重，便向王尼處發露者，故不成也。由此王尼，既先來知與佗覆罪，自是
罪人，不可更受他發露。此二俱有過，各須發露，故不成也。」（一〇四一頁
下）鈔批卷二八：「立謂：有張家尼犯重已，有一王家尼知張家尼犯重，便覆
他罪，不向人說。其後有李家尼，亦知前張家尼犯重，還即向其王家尼發露
者，不成。由此尼既覆他罪，不得受他發露，此後二人俱犯重也。下即引文，
如向有犯者懺等，皆不成也。」（九五頁下）【案】此句及下明「四別」之二「先
知不肯者（覆藏不說者）」。

〔三二〕如向有犯者懺，不成故　資持下四：「向犯者懺，有誠例故。」（四二四頁中）

〔三三〕又識人名、罪名、種相者，須發露，反上不合　鈔批卷二八：「立謂：懺（原注：『懺』疑『識』。）犯重人名姓，又識其所犯罪名罪種，而覆不發者，犯重。若雖懺前人而不知所犯定是何罪，而不識罪名種；（九五頁下）又，雖知犯罪名種，尼不識能犯之尼名字；並無覆罪。故言反上不合。」（九六頁上）資持下四：「簡如實不妄。此通能、所也。」（四二四頁中）簡正卷一七：「若不識能犯尼姓名、罪種相等，並無犯，故云反上不合也。」（一〇四一頁下）【案】此句及下明「四別」之三「如實不妄者」。

〔三四〕若前人受竟，更不須說，恐有無窮之過　資持下四：「『若前』下，明一說。」（四二四頁中）簡正卷一七：「『若前人受竟者』者，應對一人說，便止也。『無窮過』者，准祇云：不作發露之心，而但向佗說。也（原注：『也』疑『他』。）又轉說，如此無窮，雖說不免覆也。（一〇四一頁下）故彼文云：若比丘尼犯重，應向人說。若共行弟子、依止弟子犯重，師作念云：『若向人說，尼僧必當駈出。』以恩愛故，覆佗罪，自身得重。是尼復向餘尼說某甲尼犯重。彼尼聞已，復作是念：『我若說者，二人俱被駈。』便一向覆藏，俱犯夷也。乃至百千人皆重，故知不作發露之心。雖然口陳，亦不免犯。」（一〇四一頁下）鈔批卷二八：「應是對一人說即須休也。」（九六頁上）

〔三五〕若彼犯者，已發竟，餘人雖覆不成，根本無過　資持下四：「『若彼』下，明非覆。」（四二四頁中）鈔批卷二八：「立云：如一尼知他犯，即作覆心。而所犯者，早自發露竟。能覆之人無罪，由根本已彰故。」（九六頁上）

〔三六〕尼不得比丘前發露，還向尼前　資持下四：「簡異眾。僧尼位別，不得對首。」（四二四頁下）【案】此句及下明「四別」之四「僧尼不同」。

〔三七〕若不識種相，至比丘所，汎問取解，還至尼邊悔　資持下四：「唯聽不識，咨請犯相耳。」（四二四頁中）【案】十誦卷四〇，二九四頁下。

〔三八〕乃至初、中、後夜時分不說，並偷蘭　資持下四：「『乃至』略『食後知，初夜說』、『初夜知，中後說』等，委如釋相解。」（四二四頁下）【案】本句底本中的「食前」「食後」，四分分別為「前食」「後食」。四分卷二二，七一七頁上。

〔三九〕不犯　資持下四：「有四：初是無心，下三並非意。八、隨順被舉比丘戒，大略同僧中，故此不出。僧直犯提，尼須三諫不捨，方結重夷。已上八重，前四根本，後四枝條。女情偏重，故須特制，即限分不同戒也」（四二三頁下）簡正卷一七：「八重之中，後四戒，鈔但解前三。其第四戒，時希少用，故略不述，然略說大意。謂大比丘被僧所舉，尼倚八敬，隨順祇（【案】『祇』疑

『被』。）舉比丘故，其已僧三諫不受，故犯也。言隨順有二：一、食，二、衣食。問：『隨順被舉比丘，即須設諫，若隨被舉比丘尼，尼僧用諫不？』答：『隨順被舉大僧，即要諫。若隨順被舉尼，不要諫。』『若爾，一等隨順，何故不同？』答：『佛制尼恭敬大僧，濫故須諫。尼是同類無濫，故不用諫也。』」（一〇四二頁上）

〔四〇〕**十七僧殘中** 簡正卷一七：「此十七戒，九戒，初犯，八至三諫犯；九中前二，謂媒人、二謗也；八中前四，破僧、助破、汙家、惡性。此七同僧。更有十戒不同：一、言人，二、度賊女，（一〇四二頁上）三、輒解舉，四、四獨，五、受染心衣食，六、教佗受，七、自親近住，八、勸佗親近，九、嗔心捨三寶，十、發起四諍。前六戒初犯，後四違三諫。今文略指媒嫁。二謗同大僧中，當世盛行，故略指出。『破僧』等四，時所不行，但略舉大綱，故不指也。後十七內，只明『言人』『四獨』，蓋是當世現行，種相難知，反顯餘八戒種相易知。及時所不行，亦略不辨也。」（一〇四二頁下）【案】據四分卷二二、二三，尼「十七僧殘」為：一、媒人戒，二、無根重罪謗他戒，三、假根謗戒，四、言人戒，五、度賊女戒，六、界外輒解三舉戒，七、四獨戒，八、受漏心男食戒，九、勸受染心男子衣食戒，十、破僧違諫戒，十一、助破僧違諫戒，十二、汙家擯謗違諫戒，十三、惡性拒僧違諫戒，十四、習近住違諫戒，十五、謗僧勸習近住違諫戒，十六、嗔心舍三寶違僧三諫戒，十七、發起四諍謗僧違諫戒。其中第一、二、三、十、十一、十二、十三與比丘相同。

〔四一〕**媒嫁、二謗，如大僧中** 資持下四：「僧殘篇十七戒。媒、謗及諫，大約同僧，略示二條，餘希不出。」（四二四頁下）

〔四二〕**言人戒** 簡正卷一七：「手疏諸官，故曰『言人』，此是所防。（云云。）緣起有二：初，佛在舍衛國，有尼在一處住，居士為尼造一小伽藍施尼。後尼捨去，居士復死，居士呪（原注：『呪』疑『兒』。）乃耕此地。後尼卻歸，不許耕之。彼不受尼語，尼乃詣官言人，官罸居士兒財物入官，為俗譏呵等。二、因波斯匿王小婦，作一小精舍施尼，尼後時往人間遊行，多時不迴，小婦又將施梵志女。比丘尼後歸，熟（原注：『熟』疑『就』。）索。梵志女云：『此施主施我。』尼乃詣官言之，官及（原注：『及』疑『反』。）問尼言：『其事如何？』尼不會理。妄答云：『地屬王，處屬施主。』斷事人云：『處既屬施主，施主與彼，今何更覓？』遂判與梵志女。諸尼又白佛。佛語王言：『應還於尼。先施是施，後於非施。』王依佛語，卻與罸斷事人錢物入官。（一〇四二頁下）

招於譏責，是以制也。**制意者**。出家之人，應懷四等，今內發不善，往俗言人，違慈既深，是以制也。戒本三句：（一、能犯人，）若比丘尼；（二、明業相，）諸俗官言居士，若居士兒、若奴、若客作人、若晝、若夜、若一念頃、若彈指頃、若須臾頃，是比丘尼犯初捨；（三、法犯，）『僧伽』已下。」（一〇四三頁上）鈔批卷二八：「所以不聽言人者，有三過故：一、出家之人應懷四等，陳辭舉告，損物（原注：『物』疑『傷』。）前人，即非益物。二者，女人之性，理無外涉，是非種難究，不閑進否。雖理灼然，言不自雪，醜累佛法，譏損處重。三、自懷（原注：『懷』疑『壞』）心行，郭道根本，具斯諸過，故所以制。五分：若詣官，言人一往返，一殘。今四緣成犯，如文可知，更無餘開緣。明為三寶，亦在犯限。」（九六頁上）資持下四：「……諸尼往官所，言訟，令官觸彼因。）若比丘尼詣官，言居士，若居士兒、若奴容、若作人，（上並所言之人）若晝、若夜，若一念頃、若彈指頃、若須臾頃，是比丘尼犯初法，應捨僧伽婆尸沙。（初作便結，不同諫戒，三法竟犯。）」（四二四頁下）【案】「言人」之「言」，即去官府上訴、控告之義。

〔四三〕**詣俗官所** 資持下四：「初二並局俗人，道則非重。」（四二四頁下）

〔四四〕**若斷事人下手疏** 資持下四：「四分初示所詣官及斷事人，謂鄉邑之長吏也。」（四二四頁下）簡正卷一七：「搜玄云：<u>西土</u>別有斷事人，還如此土<u>司法</u>及<u>大理</u>官不別者，就此方說，但隨處經官處。『手疏』即文帖等是。」（一〇四三頁上）【案】四分卷二二，七一九頁上。

〔四五〕**口說** 資持下四：「次，簡言相。下疏、口說，狀詞揩定，言說通泛，故罪兩分。」（四二四頁下）簡正卷一七：「不著文字也。」（一〇四三頁上）

〔四六〕**善見** 資持下四：「善見初明互相言，方便趣果，成犯分齊，但取言他，不論得理。」（四二四頁下）

〔四七〕**若尼至官所言人，令官罰物，隨多少犯罪，應償** 資持下四：「『若尼』下，二、明奪物。犯罪者，隨成盜損故。應償者，是俗物故。」（四二四頁下）

〔四八〕**若被奪物，就官乞護** 簡正卷一七：「謂尼弱被賊劫物去，官自為撿勘，尋逐得賊，卻還尼本物，尼不犯。」（一〇四三頁上）

〔四九〕**若人入寺，斫伐樹木，不得奪刀斧，應還直** 簡正卷一七：「『見論云：不得奪刀斧及損壞。設壞，應計直還價。若不還，計直多少犯。」（一〇四三頁上）鈔批卷二八：「既不與此柴，須還他斫柴功夫之直也。」（九六頁上）【案】善見卷一六，七八七頁下～七八八頁上。

〔五○〕**若尼為人輕陵，語父母親里，有力者援護之**　鈔科卷下四：「『五』下，別列餘相。」（一三五頁下）資持下四：「五分聽求援。」（四二四頁下）【案】五分卷一一，八○頁下。

〔五一〕**餘人**　資持下四：「謂非官及斷事人也」（四二四頁下）簡正卷一七：「餘人者，非斷事人也，但得蘭耳。」（一○四三頁上）【案】十誦卷四二，三○九頁下。

〔五二〕**四獨戒**　簡正卷一七：「釋名者。行、宿等殊為『四』，無伴相援為『獨』，此是所防等。（云云。）緣起者。初獨渡河，佛在舍衛國，有尼高褰衣渡水到岸，為賊所嬈也。獨入村緣者，佛在舍衛國，差摩尼去寺不違（原注：『違』疑『遠』。），少緣，獨入村招譏也。獨宿緣者，佛在舍衛，有尼去伽藍不遠，少緣，獨入村宿，招譏也。獨行緣者，佛在舍衛，有尼從俱薩羅國曠野中行，（一○四三頁上）常在後，諸尼問云：『汝何故常向後行？』彼云：『我須男子。』諸尼舉過，乃至白佛，因制也。制意者，尼是女弱，入俗招譏，無伴援行，易生凌染，以斯多過，是以聖制。戒本三句：（一、能犯人，）若比丘尼；（二、明犯相，）獨渡水，獨入村，獨宿，在後行，犯初法，應捨；（三、法犯），可知。」（一○四三頁下）鈔批卷二八：「四獨戒者，四分合為一戒，祇律分為四戒，今合明制意。凡女人志弱，事無獨立，人輕易陵，容成大惡，假伴相援，方能離過，故制不聽獨也。水是難處，夜多奸非；村是俗男所居；曠野及道，容有惡緣。故並皆制，獨犯僧殘。」（九六頁上）資持下四：「（……四戒合制，隨一成犯。）若比丘尼獨渡水，獨入村，獨宿，（隨脅著地。）獨後行，（離伴見聞。）犯初法，應捨僧伽婆尸沙。」（四二四頁下）【案】四分卷二二，七二○頁下。

〔五三〕**是河水**　鈔批卷二八：「初緣又二：初，定犯相。道行戒即尼制。邊方有疑怖處，人間遊行，皆犯提罪。（四二四頁下）彼明行相，通界外內，可決今犯。次明開緣。有橋而渡，不涉水故，車船亦爾，如次所明。第二緣，初示犯相，入水方便，上岸至果，文據兩尼，以示輕重。」（四二五頁上）

〔五四〕**今準「道行」之戒**　簡正卷一七：「四分尼律中，但云獨不能度。又犯緣中，俱言隨淺深，高褰衣共度，並不說寬狹、淺深分年（原注：『年』疑『齊』。）。鈔准當部道行戒文，但使行須褰衣脫鞋襪，異陸威儀，便成犯也。」（一○四三頁下）

〔五五〕**前尼疾疾入水**　簡正卷一七：「准律，文有兩節。初是前尼自入水未度，但得蘭。纔上岸隔水故，殘。後尼入水，偷（原注：『偷』疑『僅』。）上岸得前尼

為伴，不犯。（上是律文。）今准文意，謂前尼自先上岸，後尼猶未入水，前尼上岸了，後尼方入水，致有斯犯也。第二節文，前尼先入水，後尼未入水，前尼犯蘭；前尼未上岸，後尼已入水，後尼不犯；前尼不待後尼，前尼先上岸蘭，後尼上岸不犯。（已上律文。）准此，前尼得兩蘭，謂先入水、先上岸，俱非隔故。」（一〇四三頁下）

〔五六〕**後尼獨入水，犯蘭**　簡正卷一七：「後尼初下水時，得前尼為伴。上岸時，復得前尼為伴，是以俱不犯，但是前尼有罪耳。故律云：疾疾入水上岸，（一〇四三頁下）不待得伴蘭，應時入水，一時上岸，方無過也。」（一〇四四頁上）

〔五七〕**彼尼當求一尼共度，應入水隨深淺褰衣**　簡正卷一七：「緣中只為高褰，致遭觸嬈。今若隨水分齊，勿令身露。至岸下衣，即不犯也。」（一〇四四頁上）

〔五八〕**獨度河**　簡正卷一七：「問：『此莫與前第二緣有濫不？』答：『乍看似濫，窮旨不然。第二緣中，發意擬獨度，雖則入水，且未上岸。第四緣已度水，上岸了故。下釋云：謂後伴隔水，便犯也。』」（一〇四四頁上）

〔五九〕**獨入村**　鈔科卷下四：「初，列釋四緣；二、『昔』下，斥古明犯。」（一三五頁下）簡正卷一七：「初緣有兩節：一、正辨相，二、『四分』下，辨獨行。」（一〇四四頁上）鈔批卷二八：「初文，四分示村野分齊。」（四二五頁上）

〔六〇〕**是俗人村，不問界內外**　簡正卷一七：「『界』是作法界也。藍是自然，以律但云詣村，恐人執云『須是界外、藍外白衣家，方名為村』，故有此釋。舉例。如非時入聚落，寺中諍人院亦犯等。」（一〇四四頁上）

〔六一〕**尼獨行詣村**　鈔批卷二八：「立謂：今時尼獨入家人（原注：『人』疑『內』。）院中，亦犯殘。」（九六頁下）

〔六二〕**坊內、家內獨行，犯吉**　資持下四：「『坊』即是村，謂村中人家也。」（四二五頁上）簡正卷一七：「若約此土，同一坊巷內，同一家大宅內，離伴獨行，但犯吉也。又如二尼同在一家內，一尼在堂前坐，第二尼獨向佗上房、下間、廚下等巡行，亦犯吉；以是家內故，不犯殘。若准祇云：若到聚落、城邑界時，應須相去申手內；若申手外，一足過蘭，二足殘，一人中間蘭。謂兩界上城邑界，或二州二縣界，或東西二村界，或諸坊巷界是也。引此文為證。上四分獨行一界，合是妨（原注：『妨』疑『坊』。）內，（一〇四四頁上）或是一家內，若過此界，得殘也。」（一〇四四頁下）

〔六三〕**僧祇**　資持下四：「僧祇明離伴分齊。」（四二五頁上）【案】僧祇卷三六，五一八頁中。

〔六四〕**無緣**　簡正卷一七：「謂無二『難緣』也。或可無伴命終之緣也。」（一○四四頁下）資持下四：「亦謂命、梵。」（四二五頁上）

〔六五〕**犯**　鈔批卷二八：「立謂：過村界即犯，猶未過界蘭。」（九六頁下）資持下四：「據本成犯，須約村門。古解越界，乃約村中，橫道成殘，不唯太過，抑亦昧文。」（四二五頁上）

〔六六〕**隨有橫道**　簡正卷一七：「古來多約其橫道為界，欲入村門，越此橫道，名為越界。所以犯也。」（一○四四頁下）

〔六七〕**諸部無文**　簡正卷一七：「鈔斥不許。准律，無界獨行，一皷聲聞，離伴見聞即犯。此一皷聲間，豈無橫道，何曾制犯？皆約村門限，為分齊也。」（一○四四頁下）

〔六八〕**準律云**　資持下四：「引律，證明約村門，足知非解，出村亦犯。即知入、出，皆名越界。」（四二五頁上）

〔六九〕**若無界獨行，一鼓聲間，離伴見聞處，犯**　鈔批卷二八：「若准祇文，獨行者若捨伴下道出界，犯殘。若道中恒在申手內，若離申手外，一足過蘭，二足過殘。若餘人中間過者，蘭。（礪述。）」（九六頁下）

〔七○〕**若村中先有尼，不犯**　簡正卷一七：「亦約在見聞處。若離見聞處，獨行一界，亦犯吉也。」（一○四四頁下）

〔七一〕**離申手外宿**　資持下四：「獨宿中。初緣，初句明犯分齊。」（四二五頁上）

〔七二〕**不問俗、僧兩處**　資持下四：「次句示犯處。不問僧俗，通一切故。」（四二五頁上）簡正卷一七：「謂或在俗舍及本寺中安床，並不得。在申手外，無病。又不許二人共床臥，隨脇著床敷，一一提。又不許同被褥，又不許兩床相合。如俗舍雙床，應須曲尺丁字安床。至於蚊蟵等，亦爾。有人云：應長速（原注：『速』疑『連』。）安床，似今禪堂中者，非也。」（一○四四頁下）

〔七三〕**兩處置牀，在申手內，互相檢校，方能離過**　資持下四：「『兩處』下，明持。」（四二五頁上）

〔七四〕**僧祇**　資持下四：「僧祇明相檢法。」（四二五頁上）【案】僧祇卷三六，五一九頁上。

〔七五〕**五分**　資持下四：「五分示犯相。」（四二五頁上）【案】五分卷一一，八○頁中。

〔七六〕**隨臥，一一結**　簡正卷一七：「若申不相及，一轉一殘。起而更臥，亦爾。」（一○四四頁下）

〔七七〕**獨在後行**　資持下四：「獨行中，同上三緣。」（四二五頁上）簡正卷一七：「玄云，鈔有三緣：初，在道行；二、『或中間』下，雜（原注：『雜』疑『離』。）伴見聞處；三、『又伴』下，約無緣也。獨在後行者，若准緣中，獨在前行亦犯。此約道中共行也。」（一〇四四頁下）鈔批卷二八：「若准祇文，獨行者，若捨伴下道出界，犯殘。若道中恒在申手內，若離申手外，一足過蘭，二足過殘。若餘人中間過者，蘭。」（九六頁下）

〔七八〕**或根本獨去，或中間作意離伴見聞處行**　資持下四：「初至『處行』，即第一緣。『根本』即發足時。」（四二五頁上）簡正卷一七：「約在住處，即獨捨去，不論道也。」（一〇四四頁下）

〔七九〕**伴無諸難緣，故犯**　資持下四：「『又』下，即第二緣。」（四二五頁上）簡正卷一七：「律云：若一比丘尼，出大、小便，或命終等，（一〇四四頁下）或被賊將去，或為水漂去者，不犯。必無此緣在後行，但離見聞，便犯也。」（一〇四五頁上）

〔八〇〕**四分云：見聞俱離，殘；見聞互離，蘭**　資持下四：「『四分』下，第三緣。」（四二五頁上）

〔八一〕**若共伴漸度**　資持下四：「初，獨度中。言『共伴』者，非犯緣也。」（四二五頁上）【案】「不犯」文分為四，分別為河、村、宿及行。四分卷二二，七二一頁上。

〔八二〕**伴尼死、休道、遠行**　資持下四：「非本意也。」（四二五頁上）【案】「尼」，底本為「泥」，據大正藏本及義改。

〔八三〕**及諸雜難，不得作伴**　簡正卷一七：「律云：若命、梵、惡獸，或強力持去，被執縛、水漂等，諸雜難也。准五分開緣，畏男子處，開獨宿之處。多男子畏有凌逼，故開獨宿避之。今鈔引未度水明開者，約水淺，即無褰衣之失，岸上總皆是尼。又無男子可畏，故合開也。」（一〇四五頁上）【案】五分卷一〇，八〇頁中。

〔八四〕**水淺**　資持下四：「無觸嬈也。」（四二五頁上）

〔八五〕**開入村緣，如前具緣中**　簡正卷一七：「有四：第三是無緣，今但反之，便是不犯。」（一〇四五頁上）資持下四：「即第三無緣也。」（四二五頁上）

〔八六〕**共二尼宿，舒手相及處**　資持下四：「初約守戒，明不犯。」（四二五頁上）

〔八七〕**若一尼出大小便**　資持下四：「『若』下，伴有緣也。」（四二五頁上）

〔八八〕**乃至餘難緣，並開**　資持下四：「『乃』下，已有難也。」（四二五頁上）【案】

四分卷二二，七二一頁上。

〔八九〕開獨行中　資持下四：「伴緣已難，並同上開。僧祇、五分，並據緣開，可解。」
（四二五頁上）

〔九○〕單墮中，「紡績」一戒　資持下四：「（佛在舍衛，六群尼自手紡績，居士笑言：
『如我婦無異。』白佛，因制。）若比丘尼自手紡績者，波逸提。」（四二五
頁上）簡正卷一七：「戒本三句：（一、能犯人，）若比丘尼；（二、明犯業，）
自手紡績者；（三、結犯，）波逸提。」（一○四五頁上）【案】「紡績戒」在單
提法中排序第十四。四分卷二七，七五三頁上。

〔九一〕隨擗、引、縈、織等，一一墮　資持下四：「『擗』謂分擗。『引』即牽引。『縈』
謂卷絡。『織』則可會。四事隨作，皆犯墮。恐謂懺竟得著，故制不合，隨著
吉羅。今時，尼女機織刺繡，以為事業。棄親入道，本圖何事？若此出家，何
如在俗？避溺投火，即斯人矣。」（四二五頁上）【案】十誦卷四六，三三九頁
上。四分卷二二，七五三頁中。

〔九二〕成衣，不合懺著　簡正卷一七：「為斷後犯之因也。」（一○四五頁上）

〔九三〕餘上下戒　資持下四：「『上下』即戒本前後也。」（四二五頁中）簡正卷一七：
「上至『夷』，下至『提』，未非無種相，但時不行，故略不述。夷申（原注：
『申』疑『中』。），隨舉比丘戒。殘中諸戒，單提中一百七十九戒，此但明一
百一十四戒。向下更有異大僧者不明，並是寡用，故略也。」（一○四五頁上）
【案】本句為「六、隨戒相」文的結語。

七、相攝諸行

尼以無伴，多度非法之人〔一〕。但希利已，不準道教故。律中二十
餘戒〔二〕，偏結和尚之罪。律云：度弟子已，應以衣食及法攝取〔三〕。五
分：師僧應六年自攝〔四〕，若教他攝弟子〔五〕；違，犯墮。僧祇：和尚尼
欲授弟子具戒，應先求善比丘，不得臨時選眾。若不可得者，當求半許，
若過半而作法〔六〕。不犯重者，秉法；自餘，可可足數〔七〕。四分云：受戒已，
不得輒離和尚〔八〕。五分：當六年依承和尚。餘有師徒教授，報恩供養，
呵責治罰，並如上卷師資相攝中。

次明諸要行。勿過八敬。

善見：佛初不度女人出家，為滅正法五百年〔九〕。後為說八敬，聽
出家；依教行故，還得千年。今時不行，隨處法滅，故須勵意。

今列其名〔一○〕：一者，百歲比丘尼，見初受戒比丘，當起迎逆，禮

拜問訊，請令坐〔一〕；二、比丘尼不得罵謗比丘；三、不得舉比丘罪，說其過失，比丘得說尼過；四、式叉摩那已學於戒，應從眾僧求受大戒；五、尼犯僧殘，應半月在二部僧中行摩那埵；六、尼半月內，當於僧中求教授人；七、不應在無比丘處夏安居；八、夏訖，當詣僧中，求自恣人。如此八法，應尊重、恭敬、讚歎，盡形不應違〔二〕。

五分：應遣三尼，來僧中自恣〔三〕。中含「八尊師法〔四〕中」：若比丘聽尼問經、律、毘曇，然後得問；不聽者，犯第五尊師法。僧祇：尼入僧寺，應頭面一一禮比丘足。若老病不堪，隨力多少。不徧者，總禮，口云：「我尼某甲，頭面禮一切僧足。」若比丘入尼寺，尼禮亦爾。不得云「是犯戒」「是醫師」「是摩呵羅無所知」，及虛實罪〔五〕。比丘得說尼實罪，尼若憍慢，不敬起迎禮足者，越敬法。十誦：見大僧不起者，墮〔六〕。五分亦爾。

僧祇：若親里，尼得頓語語，不得呵責〔七〕。若年少者，語云：「汝今不學待老耶？汝後當教弟子，弟子亦學汝，是故應隨順受經、誦經。」

四分：尼輒入僧寺，墮。五分：若立不見比丘，不得不白而入。白時，比丘籌量可聽以不。如上明之〔八〕。

【校釋】

〔一〕尼以無伴，多度非法之人　鈔科卷下四：「初，師徒相攝。」簡正卷一七：「謂妊身婦女，受後生兒，或是賊女等，當求半許。」（一〇四五頁上）【案】「相攝諸行」下分二：初，「尼以」下；二、「次明」下。

〔二〕律中二十餘戒　資持下四：「初，教攝眾。二十餘戒者：一、度妊身女；二、度乳母；三、度年未滿；四、不與二歲學戒；五、不與六法；六、與學法滿眾僧不聽而與受具；七、度小年曾嫁，減十二與受；八、小年學戒滿，不白眾與受；（上並制和尚。）九、知而為受；（此制作法師。）十、不教學戒；十一、不二歲隨和尚；（此制弟子。）十二、僧不聽而授具；十三、未滿十二歲為和尚；十四、滿十二歲，僧不聽，便授人具戒；十五、僧不聽故，謗僧有愛等；十六、父母夫主，不聽與受具；十七、知非法女人，度令出家；十八、令捨學法與受具；十九、從式叉索衣，言為受具；二十、不滿一歲，授人具戒；二十一、受本法已，經宿往僧中；二十二、不病不往教授。（已上並犯單提。）」（四二五頁中）

〔三〕**應以衣食及法攝取**　資持下四：「凡攝弟子不出有二：一者事攝，即衣食；二者義攝，即法訓。衣食可闕，法不可無。」（四二五頁中）【案】四分卷二八，七六〇頁中。

〔四〕**師僧應六年自攝**　資持下四：「五分：六年自攝，和尚親教也。比丘五夏，分差降也。」（四二五頁中）

〔五〕**若教他攝弟子**　資持下四：「付餘人也。」（四二五頁中）【案】五分卷一三，九二頁下。

〔六〕**當求半許，若過半而作法**　資持下四：「僧祇次明受具。當求半許者，據本僧尼各須十人，準邊方開但五人耳。過半者，極至十也。」（四二五頁中）簡正卷一七：「謂尼受時，尼僧少不可，得令清淨之人，十人之內，但五人持戒。若過五人等持戒清淨，少犯威儀、不清淨者，亦得成法。」（一〇四五頁下）鈔批卷二八：「立謂：尼受戒時，尼師僧少，不可令（原注：『令』疑『全』。）清淨者，十人之中，五人持戒。若過五人等，持戒清淨，自餘不淨，亦得成法也。」（九六頁下）【案】僧祇卷三九，五三七頁上。

〔七〕**不犯重者，秉法；自餘，可可足數**　簡正卷一七：「於教相可多明閑，於戒行可多防護，故云『可可』也。所以爾者，謂此戒緣未發大戒，若大戒體，在大僧言下得，是以開之。不類大僧犯吉羅，僭不應師德。」（一〇四五頁下）資持下四：「以犯殘已下，並足生善門事，故唯簡犯重。恐其求備，法事難成，但選秉法之人。餘人但不犯重，不必具美，故云『可可』。此據無人，有則須擇。」（四二五頁中）

〔八〕**受戒已，不得輒離和尚**　資持下四：「『四分』下，三、制依師。本律不限年數，故引五分決之。餘下指略。」（四二五頁中）【案】四分卷二八，七六〇頁下。

〔九〕**佛初不度女人出家，為滅正法五百年**　資持下四：「善見本緣。如來成道十四年，姨母求出家，佛不許度，以正法千年，若度減半，故不聽之。阿難三請，佛令傳『八敬』向說，若能行者，聽汝出家。彼云『頂戴持』即得戒也。」（四二五頁中）鈔批卷二八：「案五分云：波闍波提求佛出家，佛不許之。阿難為三請，佛後令行『八不可越法』，乃與出家。阿難奉教，為說『八敬』。愛道頂受已，復白阿難：『願更為我入白世尊，云我已受八法，於八法中欲乞一願：願聽比丘尼隨大小禮比丘。如何百歲尼禮新受戒比丘？』阿難復為白佛。佛告阿難：『我聽比丘尼隨大小禮比丘者，無有是處。』賓云有二義故，不許隨

次禮：一者，女人闇訥請法，大僧表有師徒，僧是極尊之位，尼是極卑之位，則請法情殷。若許隨次禮，此義不成。二者，男女報殊，喜相愛染，若大小位別，（九六頁下）狎近難交。若許依次禮，形交事數，恐有婬亂，故迷（原注：『迷』疑『逆』。）防之。以佛不許以禮（原注：『以禮』疑『依次』。），今猶交染，呈露如此。向若許依次禮，更甚於此女人有五礙，不得作<u>天</u>、<u>帝釋</u>、<u>六欲天</u>中第<u>二天王</u>也。魔王<u>六欲天</u>中第<u>六天王</u>，<u>梵王色界初禪梵王</u>也，<u>轉輪王四天</u>下中<u>人王</u>也。佛三界法王，說（原注：『說』疑『統』。）人、天、三界百億天下法王也。若不聽女人出家受具足戒，佛之正法住世千年。今聽出家，則減五百年。猶如人家多女人少男，當知其家衰不久。又告<u>阿難</u>：若女人不於我法出家受具足戒，我泥洹後，諸憂婆塞及優婆夷，當持四事供養，隨比丘後，白言：『大德怜愍我故，受我供養。』若出門見，便當牽辟言：『大德於我有恩，乞暫過坐，使我獲安。』若道路相逢，皆當解髮，拂比丘足，布令蹈上。今聽出家，此事殆盡。<u>阿難</u>聞已，悲恨流淚，白佛言：『世尊，我先不聞，不知此法，求聽女人出家受具足戒。若我先知，豈當三請！』佛告<u>阿難</u>：『勿復啼泣，魔蔽汝心是故爾。今聽女人出家受具足戒，當應隨順我之所制，不得有違。』又，按<u>毗尼母論</u>云：『佛曰（【案】『曰』疑『曰』。）：若不度女人出家，有十事利益：一、若女不出家者，（九七頁上）諸檀越各各以器盛食，在道側跪授與沙門；二者，常與衣服臥具，於道中求沙門受用；三者，乘象馬車乘，在道側以五體投地，求沙門蹈上而過；四者，常應路中以髮布地，求沙門蹈上而過；五者，常應恭敬心請沙門，致舍供養；六者，見諸沙門，常恭敬心，淨掃地，脫身上衣布地令坐；七者，脫身上衣，拂比丘足上塵；八者，常舒髮，拂比丘足上塵；九者，沙門威德過於日月，況諸外道，豈能正視於沙門乎；十者，佛之正法，應住千年，今減五百年，一百年得堅固解脫，第二百年得堅固定，第三百年得堅固持戒，第四百年得堅固多聞，第五百年得堅固布施。此上五百年，屬正法時也。』（九七頁下）【案】「次明」下分三：初，「<u>善見</u>」下；二、「今列」下；三、「<u>僧祇</u>」下。<u>善見</u>卷一八，七九六頁下。

〔一〇〕今列其名　<u>簡正</u>卷一七：「謂『八教』別名也。若依當部，『八不可過法』，<u>五分</u>云『八不可越法』，<u>十誦</u>、<u>善見</u>云『八尊重法』，<u>母論</u>云『八師法』，<u>了論</u>云『八尊師法』。今云八敬者，依<u>僧祇</u>文也。<u>寶</u>云：就此之中分兩：初制意，次釋名。初中，凡躰無貴賤，有道則尊。（一〇四六頁上）法式軌要，出於大僧，尊法重人，事須致敬。敬而言之，觸事皆是。但此八法，攝尼偏要，故別制之。

審能修行，戒淨法住。故論云：尼行此法，正法還復千年。故知法假人弘，其
義不昧矣。釋名者。寶云有『通』有『別』，『別』則如鈔自明，今云『八敬』，
是通名也。以敬儀雖眾，約境分心，離成有八。於茲八法，專心度（原注：
『度』疑『度』。下同。）奉，稱之曰『敬』。次列名中，又分為三：初，依鈔
列名；二、置八所以；三、辨罪輕重。」（一〇四六頁下）資持下四：「『今』
下，斥時誡勵。初制禮敬，二、三制犯上，餘五並制依訓。準五分：愛道聞說
八敬，再憑阿難重白世尊，更乞一願：聽比丘尼隨大小禮於比丘。如何百歲禮
於新戒？佛言：『若聽依臘次，無有是處。』因說女人五障等。」（四二五頁
下）【案】「今列」下分二：初「今列」下，次「五分」下。

〔一一〕請令坐　簡正卷一七：「謂表之勤重也。大僧未坐，今請令坐。若僧已坐，亦
須請之，以不違制故。今時俗家齊會，僧前坐定，尼後來請僧坐者，若解法上
坐，但答言『僧已坐』，或嘿然亦得。（已上正說。）或有解云：尼眾未敢自專
擅坐，是以來就僧請坐，僧便處分，云『依次坐』，便是許他坐也。（寶舉『臣
子喻』以破，無理。）更有說云：此是尼來謝坐，如來今時父子尊卑位別，父
賜坐已，即須謝之。（寶舉同處、異處難之，無理甚矣。云云。）餘七敬如文。
二、明置『八』所以。問曰：『有何意，何故減不至七、增不至九，但明八敬？』
答：『法爾有八。初有三敬，奉僧義式，（謂百照寺舉是也）；次有二敬，稟承
請悔，（謂請安、恣是也。）就初三中。初之一敬，明身業度恭。（旨也。）（一
〇四六頁下）後之二教，口、業度仰。（罵舉也。）又，於第二所尊法中分二：
初明根本，〔謂愛（原注：『愛』疑『受』。）戒也；〕次辨枝條，（即懺罪也。）
又，初一是生善，後一是滅惡。又，於後三敬中分二：初二稟承，（半月請法、
半安居也。）後一請悔，（即自恣也。）就初二中，分二：初請法，（教誡也；）
次決疑，（安居也。）或可初一請法求解，二依解起行。又，於下二中，初防
未起非，約專精不犯，（安居也。）次殄已起非，即犯已能悔，（自恣也。）斯
則敬人明三、敬法立二、稟悔有三，被此差分，便成於八。多又無用，少又不
足，不多不少，正立其八也。三、辨八敬制罪者，願云：違八敬得八吉也。表
不許此說。若約初緣，說酌然得吉。後隨緣牒入戒條，即須分柝，不合雷同。」
（一〇四七頁上）

〔一二〕如此八法，應尊重、恭敬、讚歎，盡形不應違　資持下四：「『尊重』等者，明
敬義也。『不應違』者，違則有犯，示制教也。一、二、四、六、七、八並墮，
三、五皆吉。」（四二五頁下）【案】以上四分卷二八，九二三頁上。

〔一三〕**應遣三尼，來僧中自恣**　鈔科卷下四：「『五』下，示違敬法。」（一三五頁下）
簡正卷一七：「謂求僧舉罪言也。」（一〇四七頁下）資持下四：「諸文並示異
相。五分：自恣三尼，一正、二伴。」（四二五頁下）【案】五分卷七，四五
頁下。

〔一四〕**八尊師法**　鈔批卷二八：「案中含經第二十八云：愛道求佛出家，三請不許，
住立門外，塗跣悲泣。阿難見之，為進白佛，再三為請，請傳『八敬』，報其
愛道。若能行者，許其出家。一者，從大僧受戒；二、半月請教授；三、依大
僧處安居；四、夏竟僧中自恣；五、不得輒問比丘經、律、論之義，若聽問，
乃得問也；六、不得說比丘所犯；七、尼殘半月，僧中行不慢等。八百歲尼，
當禮始受戒比丘等。」（九七頁下）資持下四：「中含八法，前後並同，唯第五
云『不得輒問比丘經、律、論義』。若聽，得問。『尊師』即『敬』之異名。」
（四二五頁下）簡正卷一七：「此八可尊，故曰『八尊師法』也。准此八中，
第五與四分稍異。今既不聽輒問，以違教故，所以犯第五也。」（一〇四七頁
下）【案】中含卷二八，六〇六頁上。

〔一五〕**不得云「是犯戒」「是瞎師」「是摩呵羅無所知」，及虛實罪**　資持下四：「『不
得』下，次制譏毀。」（四二五頁下）鈔批卷二八：「案祇中，明尼不得罵僧云
爾也。又云：比丘亦不得罵尼，言『剃髮老嫗』、『婬易老嫗』、『摩呵羅老嫗』。
尼不得罵僧，云『此犯戒』，『此是摩訶羅』，『此無所知』等也。若是比丘教誡
尼時，不得低頭而住，應觀相威儀。若見油澤塗頭莊服，著上色衣，擣令光
澤，白帶繫腰。如是者，應呵也。比丘教誡尼時，應如女想，教誡人當如佛想。
若對俗人前，不得教誡，勿令前人起不善心，言『沙門今教婦』也。」（九八
頁上）簡正卷一七：「若實，成罵犯提。若虛，成謗犯殘。故俱不合。」（一〇
四七頁下）【案】僧祇卷三〇，四七一頁中。五分卷一四，九七頁下。

〔一六〕**見大僧不起者，墮**　資持下四：「十誦、五分證上違敬。」（四二五頁下）鈔批
卷二八：「案五分中，尼見大僧，不起禮、不請坐，波逸提。輒問大僧義者，
波逸提。若有問，應先白比丘，然後問。比丘尼照鏡，波逸提；照水，吉羅。
若為面有瘡者，不犯。比丘尼沽酒，犯偷蘭遮；尼出息，亦犯蘭；押油賣，亦
蘭。」（九八頁上）【案】十誦卷四五，四七一頁中。

〔一七〕**若親里，尼得輒語語，不得呵責**　資持下四：「由是親里，故聽語告。若容呵
責，則違敬法故也。」（四二五頁下）簡正卷一七：「『若親里尼』下，約尼有
親里眷屬為僧，或有不是，事得方便，軟語勸喻，不得硬言，便成罵也。」（一

○四七頁下）【案】「僧祇」下分二：初「僧祇」下；二、「四分」下。僧祇卷三八，五三三頁上。

〔一八〕如上明之　資持下四：「即前說戒中。」（四二五頁下）

二、明式叉摩那法。此云「學法女〔一〕」，不別得戒〔二〕也。先以立志六法〔三〕，練心為受緣。

四分：十八童女，應二歲學戒〔四〕。又云：小年曾嫁，年十歲者，與六法。薩婆多：年十二得受具者，為夫家所使，任忍眾苦，加厭本事〔五〕。僧祇亦同。十誦中〔六〕：六法者，練心也，試看大戒受緣；二年者，練身也，可知有胎無胎〔七〕。廣文如彼。故文中，「盡形」，為法故；二歲堪受，無胎故。

應立離聞處，著見處〔八〕。白四受法後，召來與說六法名字，乃至答言「能持」。如常說。

此式叉尼，具學三法〔九〕：一、學根本，謂四重是。二、學六法〔一〇〕，即羯磨所為〔一一〕，謂染心相觸〔一二〕、盜人四錢〔一三〕、斷畜生命〔一四〕、小妄語〔一五〕、非時食、飲酒也——文中列婬、盜、殺、妄者，隨十戒而言〔一六〕，沙彌已學。三、學行法，謂一切大尼戒行，並須學之。

若學法中犯者，更與二年羯磨；若犯根本者，滅擯；犯餘行法，但名缺行，直令改悔。若滿二年已，犯者，更與二年。

律云：式叉尼，一切大尼戒應學；除「自手取食、授食與他〔一七〕」。若自取食食，律亦制犯〔一八〕：無沙彌尼者，開之〔一九〕；有者，得授與尼，自須受取〔二〇〕。

僧祇云〔二一〕：應學十八法〔二二〕：一、在大尼下、沙彌尼上坐。二、式叉不淨食，大尼淨〔二三〕；大尼不淨食，彼亦不淨。三、大尼得與三宿，自與沙彌尼三宿。四、得與大尼授食，除火淨五生種、取金銀錢，自從沙彌尼受食。五、尼不得為說七聚名。六、得語云：「不婬、盜、殺、妄，如是等憶持。」七、八〔二四〕，至布薩自恣日，入僧中，互跪合掌云：「阿梨耶僧！我某甲清淨，僧憶持。」三說而退。九、十、十一、十二，後四波羅夷〔二五〕，犯者更從始學。十三、十九僧殘已下，若犯，一一作吉羅悔〔二六〕。餘如彼說〔二七〕。

四分：不知戒相故，造作非法；制與學法，盡行學之〔二八〕。十誦：

為度妊娠女人，後起過，佛令二歲學〔二九〕，可知。

【校釋】

〔一〕**學法女** 鈔批卷二八：「此女要二年學戒，方得與受具，不滿不得。若中間犯此六，更從初與齊此數為二年。若犯重，同沙彌滅擯，不得與具戒。此學法不比臨時本法，若本法，行不行俱得受俱，是失法之愆。其學法女但是加其交輕法，更無別戒體重發故。上序中『十門』云：（九八頁上）『式叉摩那六法是其學宗，戒體更不重發』，即其義也。」（九八頁下）【案】「式叉」文分三：初，「四分十」下；二、「應立」下；三、「此式叉」下。

〔二〕**不別得戒** 資持下四：「次句示體同下位。」（四二五頁下）簡正卷一七：「破古師也。古云：受六法時，向舊來沙彌尼戒躰上重發得六條戒也。今云式叉六法，是其學宗，戒躰更不重發。如前序中已明。今意同彼，故云不別得戒。」（一〇四七頁下）

〔三〕**先以立志六法** 簡正卷一七：「今師意也。謂將此六，令二年學之，軌持不違，則志立行成，方堪受具。故將此法為大戒之前緣也。」（九八頁下）資持下四：「『先』下，顯加受所以。」（四二五頁下）

〔四〕**十八童女，應二歲學戒** 簡正卷一七：「願云：若是十八，即要二年學法。若十九、二十，不用更學也。（一〇四七頁下）寶云：不然，以違制限，縱過二十已上，亦須學之。若不學者，必不發大戒。問：『今雖受六法，不依二歲，莫違教不？』答：『若依河北，必須滿二年，不滿不許與受。今則不然，若全不受，違教不成，但受縱不滿，亦無妨〔得～彳〕，不違教故。雖無明文，以理推之，無損也。』」（一〇四八頁上）鈔批卷二八：「四分：十八童女，二歲學戒，滿二十得兩年，與受具戒。若曾嫁者，十歲與二年學戒，滿十二受具也。問：『據律所談，皆須學戒，今尼學缺，違教無疑，據何得戒而相承競授？』答：『據五分，初緣愛道等受。案五分云：波闍波提奉佛八敬，名受具戒，歡喜奉行，即成出家，受具足戒。後白阿難：『此五百釋女，今當云何受具足戒？願更為白。』阿難即以白佛，佛吉（【案】『吉』疑『言』。）：即聽波闍波提比丘尼作和上，比丘僧十眾中，白四羯磨受具戒。又案，求那跋摩為尼重受，盡判得戒。不爾，要須備學也。」（九八頁下）【案】四分卷二七，七五五頁下；卷二八，七五九頁上。五分卷二九，一八六頁上～中。

〔五〕**加厭本事** 資持下四：「續引論律，別明開小。」（四二五頁下）簡正卷一七：「謂既曾嫁，必猒本初俗務逼迫、夫智色欲等也。」（一〇四八頁上）【案】資

持釋文中「續引論律」之論律，即多論和僧祇。多論卷九，五五九頁中。

〔六〕十誦中　資持下四：「十誦明制法之意。心須法練，身假時知。身淨則可息譏疑，心固則方堪受道。適機立教，其在茲焉。」（四二三頁下）

〔七〕二年者，練身也，可知有胎無胎　鈔批卷二八：「案十誦云：有居士婦名和羅，大富多財，田宅種種。後以無常因緣，財物失盡，家人分散，唯一身在，先因有身，以喪親、失財緣故，愁憂苦惱，身自消疲。又，兒胎縮小，便作是念：『我胎中兒，若死爛。』又作是念：『諸富樂人，莫過沙門釋子，須往尼精舍，作比丘尼。』既出家已，身歡樂故，腹漸漸大。諸尼駈出，（九八頁下）謂犯婬人。答言：『我出家已，不作婬事，先時有身。』乃至佛，言：『是尼不犯梵行，先白衣時有身。從今聽沙彌尼二歲學六法，可知身無身等。』故疏云『二歲以練身，六法以練神』，即其義也。」（九九頁上）【案】十誦卷四五，三二六頁。

〔八〕應立離聞處，著見處　鈔科卷下四：「『應』下，正加受。」（一三五頁中）資持下四：「準羯磨先具儀教乞。次離僧作法。」（四二五頁下）

〔九〕此式叉尼，具學三法　資持下四：「三法，初、後二法，即本所行。」（四二五頁下）簡正卷一七：「玄云：具足請法皆學，今云三者，約法階級而言。」（一〇四八頁上）

〔一〇〕學六法　資持下四：「『六法』是今所授。據其體相，沙彌具發，但是重囑，意存二練故也。」（四二五頁下）

〔一一〕羯磨所為　簡正卷一七：「作羯磨本令其學。今此學法，即是羯磨家所為也。」（一〇四八頁上）

〔一二〕染心相觸　簡正卷一七：「學婬方便也。」（一〇四八頁上）

〔一三〕盜人四錢　簡正卷一七：「是盜方便也。」（一〇四八頁上）

〔一四〕斷畜生命　簡正卷一七：「煞方便也。」（一〇四八頁上）

〔一五〕小妄語　簡正卷一七：「是大妄語方便也。」（一〇四八頁上）

〔一六〕文中列婬、盜、殺、妄者，隨十戒而言　資持下四：「以律中先牒四重，隨明四法，如云『不得犯不淨行，行婬欲法』。若式叉摩那尼行婬欲法，非式叉摩那，非釋種女。（此牒根本，下即今授。）若與染污心男子身相觸，缺戒，應更與戒，是中盡形壽不得犯，能持不。餘三並爾。非時飲酒，當體即法，無別本也。」（四二五頁下）簡正卷一七：「然根本婬、盜等，非正六法數。說相文中舉者，先為沙彌時已學，通前舉之。文云：『某甲諦聽如來無所着等正覺說

六法，不得犯不淨行等。』（云云）。若准十誦，文中將四重及摩觸八事為六法也。若六中壞者，更與二年。若餘行法中有犯者，並令作吉悔也。」（一〇四八頁下）

〔一七〕**自手取食、授食與他** 鈔科卷下四：「授食開閉。」（一三五頁下）簡正卷一七：「謂大尼也。既非自食不用，從沙彌尼受。若自取食之，亦制。犯者，謂既自取，必須從入受取。若也不受自取，而食亦犯。」（一〇四八頁下）資持下四：「初文，前引文，一切制學明其同也。除授食者（四二五頁下）示其別也。此二句共為一事，謂自取授他。不同大戒，從人受已，展轉授也。」（四二六頁上）【案】「律云」下分三：初，「律云」下；二、「僧祇云」下；三、「四分不」下。

〔一八〕**若自取食食，律亦制犯** 資持下四：「『若』下，釋疑。古師將為二事，謂開自取，如疏引之。初，明自食制受。」（四二六頁上）

〔一九〕**無沙彌尼者，開之** 資持下四：「『無』下，約人有無，以明開閉。」（四二六頁上）簡正卷一七：「約緣別開，得自取食，無犯。」（一〇四八頁下）

〔二〇〕**有者，得授與尼，自須受取** 簡正卷一七：「謂有沙彌尼式叉，亦得過食與大尼。自須受取者，若有沙彌尼，自要食之，必須從彼取食也。授食與佗。佗，大尼也。故尼律云：式叉尼，一切戒應學。除自手取食授與佗。若無人受食者，亦許自取食食，有則須受，過食與尼，有無俱得。（上是注文。）」（一〇四八頁下）

〔二一〕**僧祇云** 鈔科卷下四：「『僧』下，眾別行法。」（一三五頁下）簡正卷一七：「彼律三十八云，有比丘尼度十二歲童女，與授大戒，為性耎弱，不能苦事，威儀不具等。舉事白佛。佛言：『自今已去，十八童女欲於我法中受大戒者，應從僧乞二年學戒，乃至尼僧應十眾具滿，白四成就，是名與學戒。二年中，隨順十八事。』（一〇四八頁下）如鈔所列十三也。」（一〇四九頁上）

〔二二〕**應學十八法** 鈔批卷二八：「今鈔中列不盡，列十二事竟，即云『餘如彼說』。案僧祇云：佛在舍衛國，有比丘尼度十歲、十二歲童女，與受具足。女人軟弱，不堪苦事，威儀多不具足。不知奉事和上、阿闍梨，不知入眾著衣持鉢之法。諸尼舉過，白佛。佛言：『從今已後，十八童女欲於如來法中受具足者，應從僧乞二年學戒，此女應從僧乞法。作是言：『阿梨耶僧聽！我某甲十八歲童女，欲於如來法律中受具足，今從僧乞二年學戒，願僧哀愍故，與我二年學戒。』（三說已。）尼僧應十眾具滿，白四羯磨。（文如律。）成就已，是名與

學戒。二歲中，應隨順十八事，何等十八？（文中一一列，如鈔所引，至下，文云：）第九、第十、第十一、第十二，後四波羅夷。若一一犯者，應更受學法。十三，若『十九僧伽婆尸沙』已下，一切作突吉羅悔。（鈔引至此。）若破五戒，何等為五？非時食、停食食、受金銀及錢、飲酒、（九九頁上）若香華。隨其犯日足學滿。私云：此下五若破，但足日數滿。前之後四夷，若犯壞其學法，應更受學法也。」（九九頁下）資持下四：「十八法。初是坐位，次三種對尼同異，二即護淨。不淨即宿、觸等，『下』不污『上』，故尼淨；『上』得通『下』，故彼不淨。三、同宿，四、授食，五、六二種，並制大尼，顯彼所聞。七、八眾法。餘皆自行。後九至十二，別配後四重戒，犯者更學重與二年。問：『不云前四夷者？』答：『在根本制。此明學、行二法耳。』問：『犯後四夷，障戒不？』答：『犯者更學，而不滅擯，故知非障。業疏云：前四限分，後四枝條故也。』」（四二六頁上）

〔二三〕**式叉不淨食，大尼淨**　簡正卷一七：「殘、宿等也。」（一○四九頁上）

〔二四〕**七、八**　簡正卷一七：「七至布薩日，八至自恣日。鈔文合之，云七、八也。」（一○四九頁上）

〔二五〕**後四波羅夷**　簡正卷一七：「獨八覆隨也，即當第九、十、十一二（【案】『十一二』即『十一、十二』。）也。此四戒若更犯，更從初與二年也。」（一○四九頁上）鈔批卷二八：「謂八夷之中後四夷也。前四是根本，非今學數，犯則滅擯。但學後四，犯則壞學法，從初更學也。」（九九頁下）

〔二六〕**十九僧殘已下，若犯，一一，作吉羅悔**　簡正卷一七：「彼律尼有十九殘，為第二篇，今總為一數，隨犯皆作吉悔。」（一○四九頁上）鈔批卷二八：「明祇中尼有十九殘，四分但有十七殘也。」（九九頁下）【案】僧祇戒本，五五七頁上。

〔二七〕**餘如彼說**　簡正卷一七：「餘更有五戒，隨犯日數，更學滿之。言五者，一、非時食，二、停食食，三、捉寶，四、飲酒，五、着香華。將五添前十三，便成十八也。」（一○四九頁上）鈔批卷二八：「指此後五也。」（九九頁下）【案】僧祇，卷三○，四七一頁下。

〔二八〕**不知戒相，故造作非法；制與學法，盡行學之**　鈔科卷下四：「『四』下，制立兩緣。」（一三五頁下）資持下四：「四分制六法緣，『行』合作『形』。」（四二六頁上）【案】四分卷二七，七五六頁中。

〔二九〕**佛令二歲學**　資持下四：「十誦制二年。緣起過謂生子招譏。」（四二六頁上）【案】十誦卷四五，三二六頁中。

三、沙彌尼法

大略與沙彌法同。

若據行往法，式又不與大尼為伴，以戒不滿〔一〕故。自不得以沙彌尼為伴，以非同學故。若二尼兼一式又，若二式又兼一沙彌尼，得為伴。餘人不合〔二〕。

【校釋】

〔一〕若據行往法，式又不與大尼為伴，以戒不滿　簡正卷一七：「有本中作『住學』，寶作『往』字解。願云『法』、『式』為一句，改『又』字為『又』字。寶云無理頗甚。思之。」（一〇四九頁上）資持下四：「『若』下，顯別行。通明三眾，不獨沙彌。以尼三眾，不得獨行，故須簡伴。初制簡伴。」（四二六頁上）

〔二〕餘人不合　資持下四：「『餘』下，三、制非類。即僧二眾、俗男女等也」（四二六頁上）

諸部別行〔一〕篇第三十

古云「博學為濟貧〔二〕」，此言誠驗。

若四分缺於事法，他部自有明文〔三〕，理必準行，不乖二是〔四〕。

然則棄急從緩〔五〕，捨有求無〔六〕，捐輕重之是非〔七〕，任愚懷之取捨〔八〕，此乃自貽負愧〔九〕，罪豈他科〔一〇〕！當隨本受為宗〔一一〕，鈔序具顯〔一二〕。

若全未預法，則隨入一部為依持〔一三〕。順文謹用行之，可以為準的〔一四〕。

然事乃萬途，尋條難反〔一五〕。且疏要約者，用示規模〔一六〕。

【篇旨】

簡正卷一七：「前二十九篇，皆是當宗自義，縱行外部，亦為成立本宗。今此一篇，直敘異說，用陶情路，以展通衢。先辨自宗，後述佗部，故次辨也。」（一〇四九頁上）鈔批卷二八：「上來二十五篇，並是一家行事，雖復通採諸部，然以四分為宗，但為文缺不周，則取外部。皆約事義符會者，統括相成。若異途別據、輕重互立者，前篇未述，故更習此一門，廣明異相。欲使陶汰心海，光益見聞，統序眾律。諸部曲陳異據故，曰別也。」（九九頁下）

【校釋】

〔一〕諸部別行　簡正卷一七：「繞敘眾宗，故云『諸部』。總陳差異，故曰『別行』。」

（一○四九頁上）資持下四：「題標諸部，通指外宗。若據篇中，亦引四分，乃是對顯本異不同。『別行』二釋，亦同前解。」（四二六頁上）【案】本篇文分為二：初，「古云」下；次，「就中」下。

〔二〕**博學為濟貧**　鈔科卷下四：「初，博學兼濟。」（一三五頁中）資持下四：「先賢相傳之語貧，謂見聞寡薄，語實有取，故云誠驗。別此欲明學者不可專守一宗，必須兼該外部故也。」（四二六頁上）鈔批卷二八：「立謂：博，由廣也。若廣學問，則識文義通塞，便解會通。良以學寡之人，則見聞生礙。於文善識者，只由學富，古人云：達者，無違諍。既稱學富，故曰濟貧。」（九九頁下）

〔三〕**若四分缺於事法，他部自有明文**　鈔科卷下四：「『若』下，本闕他求。」（一三五頁中）簡正卷一七：「謂當部雖云結界，而無可分別、不可分別等，六相通局、差別之事，此是缺於事也。四分雖制，令受持三衣及捨三衣，且無捨受詞句之法，此則缺於法也。他部自有明文者，如集僧六相之事可分別，依十誦等是也。又，受持三衣，准僧祇等是也。」（一○四九頁下）鈔批卷二八：「立謂：（九九頁下）如持衣、加藥、狂顛、足數等，四分乃缺持衣等事家之法，故須十誦明文是也。濟云：『事』與『法』各別。如四分『不足數』中，唯列二十八人，餘者不明。如狂顛等，既闕不明，是闕於事也。若持衣、加法及解戒場羯磨，四分無文，是闕於法也。」（一○○頁上）

〔四〕**理必準行，不乖二是**　資持下四：「『事』謂行事，如六相、自然、足數、眾相之類。『法』謂羯磨，如持衣、加藥、通結、淨地、滅擯、白四等。彼此通用，故云『二是』。」（四二六頁上）簡正卷一七：「理必准行者，約未分同是一律藏之理，必須准而行之，不可無文便止也。不乖二是者，古來解云：不乖佗宗，實是有事有法；不乖當律，實是無法。（此非解也。）若准搜玄云：今引外部不違，未分本一之文，為『一是』。又，識當宗緩急，不乖見論，取文法則，為『二是』也。（此且恐疎。）或依寶釋，取佗文為『一是』，取他義為『二是』。（今詳此解亦未有理，且未合論佗義。）今解云：所引諸部事法之文，在佗宗中成他宗行事為『一是』；引來我當宗中，又與當宗流類相當，為『二是』也。」（一○四九頁下）鈔批卷二八：「立謂：取他部之文來入宗者，不乖他部文是，亦不乖當部義，是彼此無非，故言『二是』。」（一○○頁上）

〔五〕**然則棄急從緩**　鈔科卷下四：「『然』下，約受科判。」（一三五頁中）簡正卷一七：「四分有三羯磨，如白作白，頭尾一字，不許增略等是『急』。今棄此急，卻依佗十誦秉法，例通差准，唯多惟善之『緩』也。又，四分受戒時，須

自有如法衣鉢為『急』；（一〇四九頁下）今棄此急，卻依論借衣鉢或無之（【案】『之』後疑脫『為』字。）『緩』也。又，四分三品，受日限定護衣，唯在明相是『急』；今棄此急，卻依他宗請日約事訖之文，護衣取通衣之（【案】『之』後疑脫『是』字。）『緩』也。」（一〇五〇頁上）鈔批卷二八：「立謂：如僧祇受日事訖羯磨、十誦三十九夜是『緩』，四分約緣限定三法是『急』。今若捨此從彼，則成此義也。又如十誦作單白、白二、白四得成，是緣四楷約為『急』；又如伽論，白衣為和上等是『緩』。」（一〇〇頁上）資持下四：「棄急從緩，如取僧祇持衣，用多論無衣鉢得戒等。」（四二六頁上）

〔六〕**捨有求無** 簡正卷一七：「如四分受戒，須有和上、有結淨地，今卻捨之。求於他宗，無和尚受戒亦得戒，不須結淨屋等。」（一〇五〇頁上）鈔批卷二八：「立謂：四分受戒，須和上現前是有，十誦有須現前得戒是無。不可捨此四分之有，求十誦之無，又不可捨四分結淨地之法，求十誦不結之文。」（一〇〇頁上）資持下四：「捨有求無，如受日用僧祇、求聽取十誦二七夜等，則是捨四分之有求本部之無也。」（四二六頁上）

〔七〕**捐輕重之是非** 簡正卷一七：「捐，棄也。棄四分五錢成重為輕，取十誦八十小錢犯夷為重，此則捨輕而就重也。又，棄四分婬戒重犯得夷為重，卻用十誦再犯初篇，但吉為輕。此是捨重而向輕也。言是非者，今云依宗即是棄本，為非也。又搜玄云：歌聲念戒為是，依五分直聲為非。（恣乖鈔意。）」（一〇五〇頁上）鈔批卷二八：「立謂：如僧祇四錢三角犯重，四分是輕。又如尼度賊，如四分殘、僧祇犯蘭。今不可捨重就輕，指輕從重也。不可偏判，其是不可言非也。又云，是非者，如十誦，和上不現前為是，四分為非也；又十誦借衣受戒為是，四分為非。此上之義，須依本宗，不可指捨也。（一〇〇頁上）又一解云：指輕重之是非等者，謂教雖有輕重，不可是非，而見即師心取捨也。」（一〇〇頁下）資持下四：「『捐』亦訓棄。如棄本宗重犯並夷，而用十誦再犯但吉。又如棄四分五錢判盜，而用十誦八十。又如棄四分疑心輕取、五分疑犯重之類。彼此互望，則有是非。上三句別舉三失，不出緩急、有無、輕重。」（四二六頁上）

〔八〕**任愚懷之取捨** 簡正卷一七：「斥古迷情也。」（一〇五〇頁上）資持下四：「通該上三也。」（四二六頁上）

〔九〕**此乃自貽負愧** 資持下四：「『此』下，彰過失學。任意動陷刑名，故云自貽等。獲罪可慚，故云負愧。」（四二六頁中）

〔一○〕**罪豈他科** 簡正卷一七：「不學無知非佗。」（一○五○頁上）

〔一一〕**當隨本受為宗** 資持下四：「『當』下，示法指。」（四二六頁中）簡正卷一七：「別序第三門云：今判持犯，還約其受躰等是也。」（一○五○頁上）

〔一二〕**鈔序具顯** 鈔批卷二八：「立謂『如四分判文有限，則事不可通行』，是其文也。自意疑是『今判其持犯，還約其受體，體既四分而受，豈得異部明隨』等，應指此文也。」（一○○頁下）資持下四：「鈔序，即第三門『約教判處』意也。」（四二六頁中）

〔一三〕**若全未預法，則隨入一部為依持** 鈔科卷下四：「『若』下，正顯立篇。」（一三五中頁）簡正卷一七：「猶是沙彌也。隨一部為依持者，若欲受戒，五部之中，要依何部？即秉此部羯磨為受躰。隨依此部，使為隨行，准的即反。顯若是四分受躰，豈合更依佗文？」（一○五○頁上）資持下四：「隨入一部，即初受也。」（四二六頁中）鈔批卷二八：「立謂：欲受戒時，當任隨一部師僧受也。即隨用何部羯磨而受，後隨行中依此部也。」（一○○頁下）

〔一四〕**順文謹用行之，可以為準的** 鈔批卷二八：「立謂：既隨四分受戒，還須誦四分羯磨行事等也。」（一○○頁下）資持下四：「『順文』等者，令依宗也。則明此篇之來，不唯對顯本異之殊，抑被他宗納體之者。」（四二六頁中）

〔一五〕**然事乃萬途，尋條難反** 鈔科卷下四：「『然』下，示廣指要。」（一三五頁中）簡正卷一七：「謂諸部之事不少，有萬般途轍也。尋條難反（原注：『反』疑『及』。）者，究根條絕難及也。（及者，極也。）」（一○五○頁上）資持下四：「上二句示廣，通指諸律，更兼眾論。條流之繁，則可知矣。『難反』，言其不可窮也。」（四二六頁中）

〔一六〕**且疏要約者，用示規模** 簡正卷一七：「『且』者，未盡之談也。『疏』謂疎決、疎通為義也。『要』乃樞要也。『約』者，約略。『示』謂指示。『規』謂規則。『模』謂摸範也。」（一○五○頁下）資持下四：「下二句顯要，即下七門也。」（四二六頁中）

就中分七：一、明僧數多少，二、聖法通塞，三、重犯不同，四、攝事寬狹〔一〕，五、心境差別，六、捨懺有異，七、隨相階別。

【校釋】

〔一〕**攝事寬狹** 資持下四：「明受日淨地。『受日』則四分三品為狹。十誦三十九夜、僧祇事訖為寬；或可二宗但有二法為狹，本宗三位為寬。『淨地』則四分用廢教為寬，他宗制斷為狹。」（四二六頁中）

初中

僧祇：和尚受戒，十人之外〔一〕；捨墮法，入五人僧攝。以懺主單白和僧，問僧許可，自不足數〔二〕；至還財之時，是僧作法，還得足數，類同「五人自恣」中〔三〕。四分無文〔四〕。諸師：四人捨墮，第五所為，不入僧數〔五〕。以律列「四僧」中不言〔六〕，故知得用。若準通教，上解者非〔七〕。五人受懺，始終無妨〔八〕。餘如中卷「懺聚法」中〔九〕。

十誦：無和尚人，受戒得戒，作法僧犯罪〔一〇〕。薩婆多云：先請和尚，受十戒時，和尚不現前〔一一〕，亦得十戒；若聞死者，不得。受具，不現前，不得戒〔一二〕；若僧數滿，設無和尚，亦得戒。善見：無和尚受者，得戒，得罪。黃門〔一三〕為和尚，亦爾。伽論云：白衣為和尚〔一四〕，與白衣受〔一五〕，得戒，得罪；非出家人亦爾〔一六〕。薩婆多云：不除鬚髮，無衣鉢，受者，得戒，得罪。若準四分，並不開之〔一七〕。律云不名受具足戒也。十誦：男子作女人威儀，如男子受，得戒，得罪〔一八〕；女想〔一九〕反上。五分：若自截男根，若留一卵，得受；全無者，滅擯〔二〇〕。五百問云：壇上師僧，或著俗服，或犯禁戒，若受戒人知是非法，不得——不知者，得。弟子著俗服，當時不問者，得。伽論云：不知和尚是賊住，依彼受戒，得戒〔二一〕；諸比丘犯吉羅。本犯戒人〔二二〕、本不和合人〔二三〕、非出家人為和尚，亦爾〔二四〕。

十誦：一界內，四人一時受具者，得四處展轉與欲〔二五〕。若一比丘一處坐，足四處僧數〔二六〕。一處一人，作羯磨被四眾者，如以材木牀榻，連接四界〔二七〕，坐上足四處數，得被四人一切羯磨，皆如法也。摩得伽云：「頗有比丘，與四處人，說戒、受戒，作羯磨，為得不？」答：「得。乃至五處亦爾。」八人〔二八〕、十二人〔二九〕、十五人〔三〇〕、十八人〔三一〕，亦爾。

善見：沙彌犯重，得出家〔三二〕。除壞尼淨行，不得〔三三〕。準此，開學悔〔三四〕也。不得受具。

【校釋】

〔一〕和尚受戒，十人之外　鈔科卷下四：「初，受懺多少。」（一三五頁中）鈔批卷二八：「立謂：羯磨時，牒和上名入法，不得在十之數，以是所牒不入僧數故也。」（一〇〇頁下）資持下四：「僧祇初明受戒。和尚在外者，彼以羯磨所牒，同所為故。」（四二六頁中）【案】僧祇卷二三，四一六頁中。

〔二〕**自不足數**　資持下四：「為僧所量故。」（四二六頁中）

〔三〕**至還財之時，是僧作法，還得足數，類同「五人自恣」中**　資持下四：「還財得足者，別有所為故。同自恣者，四分：邊受二白，自恣一白，是五人法。僧祇更加諸尼薩耆，計論用人，唯白召自恣法，是本五人。對和捨墮法，是相從五人。以戒師懺主，為僧所量，即所為人無僧用故。餘如業疏。（舊解同自恣者，此類隻差五德詩，不入僧數者，非也。）」（四二六頁中）簡正卷一七：「謂五人自恣，一一差之。自被差時，不足僧數，自被差了，差第二人時，又得在數，類上懺時。單白和僧許不，不得足數，懺了還射之時，又卻是數也。」（一〇五〇頁下）鈔批卷二八：「立謂：前後（原注：『後』疑『五』。）德，當被差時，不入僧數，差竟還得在數，還衣之時，得足數也。」（一〇〇頁下）

〔四〕**四分無文**　資持下四：「『四分』下，斥古。初，出彼計。」（四二六頁中）

〔五〕**四人捨墮，第五所為，不入僧數**　簡正卷一七：「古來諸師行事，四人捨墮。今鈔破云：『第五是所為，不入僧數，云何得成？』彼救云：『以律列四，僧中准除三事，自恣、受戒、出罪，且不說除捨墮，故四人必得。』」（一〇五〇頁下）扶桑記：「即受懺人，是為僧所量，故屬所為，故知捨墮四人法，律四僧中不除，依此義也。然懺主作羯磨，豈非能秉？故依僧祇五人僧，但非如說戒、白召等一眾同忍，故相從五人也。」（三七七頁上）

〔六〕**以律列「四僧」中不言**　資持下四：「謂不言『除』也。律中四人但除三法：受戒、自恣、出罪故。」（四二六頁中）

〔七〕**若準通教，上解者非**　資持下四：「『若』下，通會。『通教』即僧祇。」（四二六頁下）簡正卷一七：「今師約實審定也。若准僧祇，懺墮五人，通教如上。古師引律四人僧中不言故得用者，非解也。故羯磨疏云：如僧祇五人自恣邊，受諸尼薩耆，此是正量，豈有懺主入四人收，豈可自忍（原注：『忍』疑『恣』。）？故十誦云：無有自恣，自作羯磨。又云：以懺主單白和僧之時，非是自量，義須佗也。身外須僧，故五人攝也。」（一〇五〇頁下）鈔批卷二八：「立謂：若准律教大意，用四僧懺捨墮其義，非也。故言上解者非也。」（一〇〇頁下）

〔八〕**五人受懺，始終無妨**　簡正卷一七：「羯磨疏云：有人言始終重作秉法人者，可入僧收。如邊方受戒中，戒師白和，便是所為。後與白四，又是能持，今鈔例之。如懺悔主，初時秉白，便是所為，懺了有緣，欲去律許。當經還衣，白二與之。又是能秉，論其終始，亦無妨也。」（一〇五一頁上）鈔批卷二八：「立謂：此更通上文也，謂依祇五人捨懺者好也。若准四分，捨懺唯四人僧

者，義有過也。豈有懺主單白自和？謂界中四人為他捨懺，懺主和僧之時，身外唯有三人，并已成四。（一〇〇頁下）今作單白，自通四內，豈非自和？故不可也。准祇五人無自和之過，故曰無妨也。故南山羯磨疏云：須世濫行，多以所為，通入四攝，此是商略。古人四僧捨懺也。又云：和僧受懺，非是自量，謂懺主和白，令僧量可。今身在數，即是量義不得也。」（一〇一頁上）

〔九〕餘如中卷「懺聚法」中　簡正卷一七：「中卷懺聚者，具明五人法也。」（一〇五一頁上）

〔一〇〕無和尚人，受戒得戒，作法僧犯罪　資持下四：「前四，明無師非師；後一，明受者非法，通許得戒。此等並據一期接誘，亦非常教。」（四二六頁下）簡正卷一七：「搜玄約先曾請說，但正受時不來，名為『無非』，謂從前一向無也，必若全無。云何牒名入法，何以得知？」（一〇五一頁上）鈔批卷二八：「立云：和上不現前為『無』，非謂『全無』也。及下多論言無亦得者，還約不現前也。」（一〇一頁上）【案】「十誦」下分二：初，「十誦無」下；次，「十誦男」下。十誦卷五四，三九七頁中。

〔一一〕和尚不現前　簡正卷一七：「請作十戒許可已，臨時不來。弟子遂於闍梨處，遙將彼人為和尚，得名受具戒。」（一〇五一頁上）【案】薩婆多卷一，五〇八頁下。

〔一二〕不現前，不得戒　簡正卷一七：「謂少異十戒時也。謂開僧數滿，不現前亦得，便反顯上十誦不是全無。但不現前，說為無耳。」（一〇五一頁上）

〔一三〕黃門　簡正卷一七：「一云：是受後，變為黃門，躰不告（【案】『告』疑『合』。）也。二解云：是初受時黃門，受戒不得，即十三難中之一數。今將此人為和尚，亦得戒。所以然者，上句無和尚，猶自得戒，何論受後變作。」（一〇五一頁上）鈔批卷二八：「立謂：本受時是難數也。」（一〇一頁上）【案】善見卷一七，七九二頁下。

〔一四〕白衣為和尚　簡正卷一七：「謂約先來如法受得戒人，後忽過（原注：『過』疑『遇』。）緣，着白衣服，與人作和尚亦得。」（一〇五一頁上）鈔批卷二八：「立謂：是本來受戒不得人也。受既不得，仍本作名，故曰白衣，非謂今時俗士也。觀今文意，正是長髮僧也。」（一〇一頁上）

〔一五〕與白衣受　簡正卷一七：「謂能受人，全是白衣也。下引多論解白衣也。」（一〇五一頁上）

〔一六〕非出家人亦爾　簡正卷一七：「謂約先受戒，不得人說也。與上着俗服白衣為

和尚，得戒不殊，故曰亦爾。」（一○五一頁下）鈔批卷二八：「立謂：未剃髮，今時長髮僧也。亦云是賊詐比丘，名為非出家人也。若此人為地（原注：『地』疑『他』。）受戒，約能受人，不知十僧之中，又復不知故得也。」（一○一頁上）【案】伽論卷三，五七九頁下。

〔一七〕若準四分，並不開之　簡正卷一七：「『若准四分』下，一時辨異，故曰並不開之也。」（一○五一頁下）資持下四：「以初受一法，萬行根本，必假多緣，方能成遂，各據一途，故分兩計。」（四二六頁下）

〔一八〕男子作女人威儀，如男子受，得戒，得罪　資持下四：「十誦，男著女服，即受緣中闕出家相。女想反上，即不得也。」（四二六頁下）鈔批卷二八：「案十誦，憂波離問佛言：『若男子作女人威儀、女人相、女人服，作女形制，已如男子法，受戒得戒不？』佛言：『得戒。眾僧得罪。』又問：『若女人作男子威儀、男子服，作男子形，制已，如女人法，受戒得戒不？』佛言：『得戒。眾僧得罪。』立云：（一○一頁上）實是男子作尼威儀而來，云是僧欲受戒也。」（一○一頁下）簡正卷一七：「此約男女二相互者，謂有人與作留難，障佗出家故爾。」（一○五一頁下）【案】十誦卷四八，三四六頁上。

〔一九〕想　【案】底本作「想」，據十誦、敦煌甲本、敦煌乙本、敦煌丙本及義改。

〔二○〕若自截男根、若留一卵，得受；全無者，滅擯　資持下四：「五分簡犍黃門，有得、不得。」（四二六頁下）【案】五分卷一七，一一九頁上。

〔二一〕不知和尚是賊住，依彼受戒，得戒　資持下四：「伽論：賊注本犯，戒即邊罪。此二屬十三難人。」（四二六頁下）簡正卷一七：「此舉十三難人也。」（一○五一頁下）

〔二二〕本犯戒人　簡正卷一七：「破重戒也。」（一○五一頁下）鈔批卷二八：「立謂，本是犯邊罪人受戒不得者，今不堪為和上也。」（一○一頁下）

〔二三〕本不和合人　簡正卷一七：「今意恐是從前並不受戒也。古記多約破羯磨僧人也。」（一○五一頁下）鈔批卷二八：「立謂：受時界內不和合，別眾非法羯磨不成，受戒不得，此人亦不堪為和上也。」（一○一頁下）資持下四：「受時別眾也。」（四二六頁下）

〔二四〕非出家人為和尚，亦爾　簡正卷一七：「雖受不納戒人也。前賊住人作和尚，弟子不知得戒得罪。下三類，下與上不別，故言亦爾也。」（一○五一頁下）鈔批卷二八：「同前解釋。非是剃髮，正是今時白衣和上，謂身著俗服也。」（一○一頁下）資持下四：「即白衣也。並約弟子知不知，以論得否。」（四二

六頁下）【案】伽論卷三，五七九頁下。

〔二五〕一界內，四人一時受具者，得四處展轉與欲　鈔科卷下四：「『十』下，與欲足數。」（一三六頁中）資持下四：「十誦先明與欲，四處作法，互相取欲。若本四分，即為破僧。」（四二六頁下）簡正卷一七：「謂一界內四處僧，為人一時秉法受戒，得更互展轉與欲。如東院與西院人欲，西院與東院人欲。南北亦爾，不者成別眾也。」（一〇五一頁下）鈔批卷二八：「案十誦云，憂波離問佛：『頗有比丘四人界內，一時受具戒，得名受戒耶？』答：『有。若四處展轉與欲得。』又問言：『頗有界內，一時四處，作羯磨不得罪耶？』答：『有。謂四處展轉與欲得也。』立云：一界內，四處受具，一處各有十人，總有四十人。有人持三處三十人欲住（原注：『住』疑『往』。）一處說，不犯別眾。如是遞互，展轉而說欲也。」（一〇一頁下）【案】十誦卷五四，四〇三頁下。

〔二六〕若一比丘一處坐，足四處僧數　資持下四：「『若』下，次，明足數。謂一比丘足多僧用。如材木等舉相以示。」（四二六頁下）鈔批卷二八：「案十誦云，憂波離問佛言：『頗有一比丘，於四住處中間，作羯磨，不得罪耶？』答：『有。若床榻材木連接四界得。』更問：『頗一足數比丘，足四住處，作羯磨不得罪耶？』答：『有。若床榻材木連接四界，若坐、若立，得。』」（一〇一頁下）【案】十誦卷五四，三九八頁下。

〔二七〕一處一人，作羯磨被四眾者，如以材木牀榻，連接四界　鈔批卷二八：「立謂：取木『十』字安四界中央，羯磨人在中央坐秉也。」（一〇一頁下）簡正卷一七：「被四眾者，若材木平着四界地上，若床等要腳，各入一界也。搜玄云：如一床有四腳，（一〇五一頁下）各在一處，界中各有三人，各欲作說戒事，一人在中間床上坐，秉說戒羯磨，足四處，並得成羯磨法也。准伽論云：『頗有比丘與四處人說戒作羯磨，乃五處得不？』答：『得也。乃至五處亦爾等。』」（一〇五二頁上）

〔二八〕八人　資持下四：「受戒四人、說戒三人，一人身兼兩處也。」（四二六頁下）簡正卷一七：「謂一處說戒要四，今但有三，（成七。）今以一人足二處，成八也。」（一〇五二頁上）鈔批卷二八：「立謂：八人者，即四界也。一界各有二人，四界有八人。將四置四界中間，各對四界中人，作眾多人，三語得成也。亦云，約二界各有四人，一人人（【案】次『人』疑剩。）在中間，各成五人，僧用此解當，前解不當。濟云：能所合論，有八人也，約二界作之。一界有三人，欲作說戒，一界有四人，欲作自恣，各次一人。今將一人，置二界間。足

三人處成四，得說戒足；四人處成五，得自恣也。」（一〇二頁上）

〔二九〕十二人　資持下四：「謂兩處受戒，各有四人，一處說戒有三人，以一人充三處用。」（四二六頁下）簡正卷一七：「謂二處作受戒，各五人，今只有四，（成八。）一處說戒要四，今只有三，（并上八，成十一。）今以一人添三處，令足，成十二也。」（一〇五二頁上）鈔批卷二八：「立謂：有四界之中，各有三人，將一人置四界間，足彼處成四，各成僧法事。濟云：約三界作，一界有三人欲說戒，二界各有四人，欲自恣各以一人。先三處既有十一人，今足一人，足（【案】『足』疑『是』。）十二人；足四人處成五；足三人處，成四也。」（一〇二頁上）

〔三〇〕十五人　資持下四：「謂兩處受戒各四，兩處說戒各三，用一人充四處也。」（四二六頁下）簡正卷一七：「謂二處受戒，各但有四，（成八。）二處說戒，各有三，（并前十四。）今以一人，添四處令足，（成十五也。）」（一〇五二頁上）鈔批卷二八：「立謂：有五處相接，各有三人，亦用一人置中間，以足五處僧，得成眾法也。濟云：約四界作，二界有三人欲說戒，二界各有四人欲自恣，四處各次一人，四處但先十四人竟。今一人足四處，成十五人也。」（一〇二頁上）

〔三一〕十八人　資持下四：「兩處受戒各四，三處說戒各三，用一人兼五處。且舉五處，更多應得。」（四二六頁下）簡正卷一七：「二處受戒，但有四，（成八。）三處說戒，各但有三，（并前成十七。）今以一人，添前五處令足，成十八也。斯乃各須有身，分及彼界，方得足數。若不及，亦不得也。（此依靈峯所解，將能足一人，在八、十二、十五、十八數內以說，甚有理也。）若依古來，將能足一人在八人數外說，理亦不失。今且依前解為妙矣。」（一〇五二頁上）鈔批卷二八：「立謂：分為二段，初九人為一段，謂在一界作受戒事。次有一段，有九人分為二眾在三界中，（一〇二頁上）一界各有三人，總是九人，并彼界受戒處成十八人。四角四界，既有此四眾，各不滿數，未成法事，今將一人安四界中間，得足九人處，或數成十人也。又足三處三人，各成四人，故成說戒等法。濟云：約五界作，三界各三人，成九人；欲作說戒事，二界各四人，成八人；欲作自恣事，各欠一人。總有十七人竟。今一人足五處，各得成法，故合成十八人也。若欲作受戒事，則約三界作之。一界有九人欲受戒，二界各四人欲自恣，各欠一人，今將一人足三處，則成十八人也。」（一〇二頁下）

〔三二〕**沙彌犯重，得出家**　鈔科卷下四：「『善』下，帶難出家。」（一三六頁中）簡
　　　　正卷一七：「謂受具也。」（一〇五二頁上）資持下四：「『犯重』即邊罪。邊尼
　　　　並難，約過輕重，故得否兩殊。」（四二六頁下）

〔三三〕**除壞尼淨行，不得**　簡正卷一七：「謂不許受具，永滅擯也。若能改悔不作者，
　　　　亦許受具也。」（一〇五二頁上）【案】善見卷一七，七九二頁上。

〔三四〕**準此，開學悔**　簡正卷一七：「搜玄云：鈔主准四分開學悔。彼律即須永弁（原
　　　　注：『弁』疑『棄』。）不開。今准當宋（【案】『宋』疑『宗』。），大僧犯重，
　　　　皆開學悔。此沙彌壞尼，准僧亦合開悔也。」（一〇五二頁上）

二、聖法通局

　　四分羯磨，略則三種，廣則八品〔一〕，加減不成，聖印一定。如單
白，不得加白二；白二，不得作單白等。僧祇、十誦：加得成就，應作
單白，白二、白四者，彌善〔二〕；減則不成。僧祇加一「中間羯磨」，亦
名「求聽羯磨」〔三〕。明了論「中間」亦同〔四〕。解云：謂在單白、白二
之間，又加「白羯磨」，唱所立事，不問聽許、不遮〔五〕。餘三羯磨同四
分〔六〕。又云，「中間」「直白」，此二羯磨，三人等通作〔七〕；餘三，必
四人已上。

　　四分：羯磨唯加三人，不得僧舉僧；若諫，法通多少〔八〕。十誦中：
羯磨得加四人以上受具〔九〕。

　　僧祇：不聽與欲人多、坐僧少者，不成〔一○〕。五分：聽多人集，少
持欲來。僧祇：轉欲即失〔一一〕。

【校釋】

　〔一〕**略則三種，廣則八品**　鈔科卷下四：「初，本宗揩定。」（一三六頁下）資持下
　　　　四：「初文廣略開合，具如上卷。業疏加小眾悔蘭為中，上則有九品，參互增
　　　　減，並判非法。」（四二六頁下）【案】「通局」文分為三，分釋：羯磨、所被、
　　　　與欲。

　〔二〕**加得成就，應作單白，白二、白四者，彌善**　鈔科卷下四：「『僧』下，他部增
　　　　減。」（一三六頁下）資持下四：「僧祇、十誦制減許增。單白通二，白二通
　　　　一。極至白四，無所通矣。」（四二六頁下）【案】僧祇卷二四，四二二頁中。
　　　　十誦卷五六，四一一頁下。

　〔三〕**僧祇加一「中間羯磨」，亦名「求聽羯磨」**　資持下四：「僧祇加中間，則有四
　　　　種，求聽如受日法，從僧求故。」（四二六頁下）簡正卷一七：「僧祇（【案】

『祇』疑『祇』。）、了論，皆有中間羯磨也。亦名求聽者，謂此羯磨但向僧中求聽，許作受日、自恣等事也。」（一〇五二頁下）鈔批卷二八：「立謂：彼宗若欲受日、自恣等事，先作求聽羯磨，謂在單白、白二之中間，故曰也。謂初則作單白未了，即變為羯磨。初便云『若僧時到僧忍聽』，後云『是事如是持』。」（一〇二頁下）

〔四〕明了論「中間」亦同　資持下四：「唱白一分、羯磨一分，共為一法。唱事問聽，皆不具足，如後所引。」（四二七頁上）【案】明了，六七〇頁上。

〔五〕又加「白羯磨」，唱所立事，不問聽許、不遮　簡正卷一七：「謂白眾聞知，本非求僧，聽與不聽。縱僧不聽，白竟便成也。」（一〇五二頁下）鈔批卷二八：「立云：如今僧常唱白，欲立制浴僧、說戒等事，亦名羯磨也。不問聽許不遮者，有人云，謂上唱白之法，亦名羯磨，但中間無有『僧忍聽，乃至誰諸長老忍』等，故言不問僧聽與不聽，故云然也。又解：但今時唱白，表眾周知，本非求僧，聽與不聽，縱僧不聽，白竟即成也。」（一〇二頁下）資持下四：「加白羯磨，如今打槌、白眾之類，直爾白知，故不問聽否。（四二六頁下）及餘三法，則有五矣。又云：下總簡業疏所引，更兼單白，則有三法，通三人作，與今不同，故疏通云『準此』。」（四二七頁上）

〔六〕餘三羯磨同四分　鈔批卷二八：「謂單白、白二、白四。相同無異，故曰也。」（一〇三頁上）

〔七〕「中間」「直白」，此二羯磨，三人等通作　簡正卷一七：「『直白』是『白』上加『白』也。准了論，總有五種羯磨：一、相貌羯磨，謂制限不許入城市一年、半年等；第二，白二羯磨；第三、中間；第四、白二；第五、白四。就中，初三，頭三人秉。餘三，四人已上秉也。」（一〇五二頁下）鈔批卷二八：「立謂：『中間』即是『求聽羯磨』也。『直白』者，即是『加白羯磨』。謂唱白者，是名『四二法』：不須四人僧，但二人亦得。明了論如此說也。」（一〇三頁上）

〔八〕羯磨唯加三人，不得僧舉僧；若諫，法通多少　資持下四：「所被中。四分，法不加僧，且約舉論，受懺差人，例亦不許。舉是違惱，恐成破別。諫是順意，故通多人。」（四二七頁上）【案】四分卷四四，八八六頁上。

〔九〕羯磨得加四人以上受具　資持下四：「十誦受具，義應同此。」（四二七頁上）【案】十誦卷五四，三九七頁上。

〔一〇〕不聽與欲人多、坐僧少者，不成　鈔批卷二八：「羯磨云：四分與十誦坐上人

少，說欲者多開之。」（一〇三頁上）資持下四：「與欲中。僧祇、五分不許欲多。四分約緣不可抑塞。十誦多處展轉與欲，頗符本宗。坐僧，即秉法者。」（四二七頁上）【案】五分卷一八，一二八頁上。

〔一一〕轉欲即失　資持下四：「四分、母論開之。」（四二七頁上）鈔批卷二八：「立謂：受他欲已，更轉付人，即不成持欲。四分得轉付他也。」（一〇三頁上）【案】僧祇卷二七，四五〇頁上。

三、明重犯

四分：戒有重受，亦有重犯〔一〕。文云〔二〕：「如前，後亦如是。」尼「摩觸」云：「隨觸，一一波羅夷。」

十誦：不重犯，由戒不重受〔三〕。故犯婬戒已，更犯婬者，吉羅〔四〕。犯盜、殺人、大妄，還得三重〔五〕。文云：學悔尼犯僧殘，請比丘來，與我摩那埵出罪等。下篇隨輕重〔六〕也。初篇，後犯但吉羅。僧祇亦爾〔七〕。

【校釋】

〔一〕戒有重受，亦有重犯　鈔科卷下四：「初，本宗有重犯。」（一三六頁下）資持下四：「由體非色，故得重增，戒從別發，故有重犯。」（四二七頁上）

〔二〕文云　資持下四：「即戒本『四夷』結文。」（四二七頁上）【案】參見四分含注戒本卷上，四三二頁中。

〔三〕不重犯，由戒不重受　鈔科卷下四：「『十』下，他部無重犯。」（一三六頁下）資持下四：「由體是色，上、中、下品，一發永定，不容更增，故不重受。受既不重，犯亦無再，雖從別發，根本已壞，無復僧用故。初，標異。」（四二七頁上）簡正卷一七：「十誦初篇無重犯，據未學悔前說也。彼律五十一云：『頗有大比丘行非，不犯婬夷耶？』答：『有。若先破戒人是也。』二篇已下，有重犯。何以得知？鈔引彼律二十二卷安居法聚文云：學悔沙彌尼犯殘。諸比丘為作覆藏、六夜、本日治出罪等。（已上律文。）玄云：准文，既云本日治，便是有重犯，覆壞六夜壞，各有本日治。故知下篇，隨輕重各有重犯也。（已上依搜玄記文。）表破云：鈔文只云『請比丘來，與我摩那埵出罪』，搜玄不合妄添覆藏。律文既云『學悔沙彌尼犯殘』，（一〇五二頁下）何處更有覆藏？以尼不許行別住，恐犯觸故。但有半月摩那埵出罪等，至如四分尼犯殘，亦不合行覆藏也。（今細詳之，非是搜玄錯解，此義從篇聚篇中，便有此說。請思之。）」（一〇五三頁上）【案】十誦卷二四，一七六頁中。

〔四〕故犯婬戒已，更犯婬者，吉羅　資持下四：「『故』下，引示同種不重，故後犯

吉。」（四二七頁上）

〔五〕犯盜、殺人、大妄，還得三重　資持下四：「同名有重，故還三重。學悔犯殘可證，無重唯局四夷。」（四二七頁上）

〔六〕下篇隨輕重　鈔批卷二八：「立明：其下篇雖輕重不同，皆無重犯。（未詳。）初篇，後犯吉羅。」（一〇三頁上）

〔七〕僧祇亦爾　鈔批卷二八：「立謂：祇同士誦，無有重犯義也。」（一〇三頁上）

四、明攝事〔一〕者

且論受日，諸部不同〔二〕。

四分三品，如上已明〔三〕。

僧祇有二：初明七日，同於四分〔四〕；後明事訖，便用中間別法〔五〕。任前緣事未了，法在，不還者，得；必非破戒，三寶正緣〔六〕。故文云：「大德僧聽：某甲比丘，於此處雨安居〔七〕。若僧時到，僧忍聽。某甲比丘，於此處雨安居，為塔事、僧事，出界行，還此中住。」「諸大德：某甲比丘，為僧事、塔事，出界行，還此處安居。僧忍默然故，是事如是持。」

十誦受日有二〔八〕：七夜之法，同四分而兼夜〔九〕；又用三十九夜法，用白二羯磨文，不同四分〔一〇〕。故彼律云：「大德僧聽：某甲比丘，受三十九夜，僧事故出界，是處安居自恣〔一一〕。若僧時到，僧忍聽。某甲比丘，受三十九夜，僧事故出界，是處安居自恣。白如是。」「大德僧聽：某甲比丘，受三十九夜，僧事出界，是處安居自恣竟。誰諸長老忍『某甲比丘，受三十九夜，僧事故出界，是處安居自恣』者默然。誰不忍，便說。」「僧已忍聽『某甲比丘，受三十九夜，僧事故出界，是處安居自恣。僧忍默然故，是事如是持。」

十誦：因梨昌設供在露地，佛令白二作淨納中〔一二〕。後外道譏言：「禿居士舍作食及倉簟〔一三〕，與白衣何異？」佛令僧坊外作食。後為煙火起，人來索，食少〔一四〕。「從今日後，不聽作淨地羯磨；若作，犯吉羅。先作應捨。」出二十四卷中。人便妄用，云「不須更結〔一五〕」。

【校釋】

〔一〕明攝事　鈔科卷下四：「攝事寬狹。」（一三六頁上）【案】「攝事」文分為二：初，「且論」下；次，「十誦因梨」下。初又分二：初，「且論」下；二、「四分」下。

〔二〕**且論受日，諸部不同** 簡正卷一七：「四分三品即寬，十、祇但二品是狹。又，四分極多，但一月是狹；祇，事訖三十九夜攝事便寬。」（一〇五三頁上）

〔三〕**四分三品，如上已明** 資持下四：「四分三品，七日、半月、一月倍增。『如上』指安居篇。」（四二七頁上）

〔四〕**初明七日，同於四分** 資持下四：「僧祇前指七日。」（四二七頁上）

〔五〕**後明事訖，便用中間別法** 扶桑記：「即求聽羯磨也。」（三七八頁上）簡正卷一七：「搜玄云：中間者，謂單白有頭無尾。文云『大德僧聽，時（原注：『時』上疑脫『若僧』二字。）到僧忍聽『等，是單白頭。作白未了，無『白如是』，即無尾也。便變羯磨文中有尾無尾。無頭有『僧忍嘿然故，是事如是即【案】『即』疑剩。）持』，又無『大德僧聽，誰諸長老忍，忍者嘿然，不忍者說，僧已忍與某事竟』等之頭，故云中間羯磨也。」（一〇五三頁上）鈔批卷二八：「有云應是用中間羯磨與四分不同，故云別法也。」（一〇三頁上）

〔六〕**必非破戒，三寶正緣** 資持下四：「『必』下，簡緣。」（四二七頁上）

〔七〕**雨安居** 簡正卷一七：「表云：謂西土安居中，多雨故也。願又解云：雨際時，安居。（與上解意同。）嘉末（原注：『末』疑『本』。）作『兩』字解，謂初結安居為一，有緣移至佗處是二。以一夏中間（原注：『間』疑『雨』。【案】依義，『間』疑作『兩』。）處安居，故曰兩安居也。（此非之甚，不可依之。）」（一〇五三頁上）資持下四：「『故』下，引法。天竺夏分多雨，故云雨安居。即召夏初為雨時是也。」（四二七頁上）【案】僧祇卷二七，四五〇頁下。

〔八〕**十誦受日有二** 簡正卷一七：「謂七夜及三十九夜。」（一〇五三頁上）【案】十誦卷六一，四六〇頁中。

〔九〕**七夜之法，同四分而兼夜** 簡正卷一七：「若據『兼夜』之言，似異四分。約其明相是滿位，與四分同。就別而言，四分至日入時，十誦至時明相前也。（一〇五三頁上）終是互舉，如前已明。然十誦，一夏之中，只得二法，謂要須於九十日中，半在本界修行，不許強半在外，何況全耶！在外羯磨，如文中。」（一〇五三頁下）鈔批卷二八：「私云：文中雖牒七夜入法，然亦不得第七夜經明相在外，此與四分同，但牒日夜為異耳。十誦，一夏只得此二法，謂要九十日中半在界內也。」（一〇三頁上）資持下四：「據七是同，兼夜則異。四分日沒法謝，彼宗夜盡方失。失法雖有短長，護夏同在明相。」（四二七頁上）

〔一〇〕**又用三十九夜法，用白二羯磨文，不同四分** 資持下四：「三十九夜，眾法是

同，日數則異。」（四二七頁上）

〔一一〕是處安居自恣　資持下四：「即指本住處。亦同四分，還來此中也。」（四二七頁上）

〔一二〕因梨昌設供在露地，佛令白二作淨納中　鈔科卷下四：「『十』下，淨地。」（一三六頁上）資持下四：「淨地中。十誦初明開結。『內中』，『內』猶入也……『梨昌』即諸貴族居士，或是外道。『昌』，『車』語轉。」（四二七頁上）扶桑記：「會正：四分云離車子，亦云梨昌，是諸貴族也。翻薄皮子。」（三七八頁上）鈔批卷二八：「『礪云：即『利車』之別名也。案十誦云：（一〇三頁上）佛在毗耶離城時，（一〇三頁上）諸利昌為佛及僧具種種餚饍。非時雲起，諸飲食在於露地被天雨等。諸利昌語阿難言：『我諸利昌為佛及僧設食在於露地，天雨我當云何？』阿難言：『我諸（原注：『諸』疑『請』。）白佛。』佛告阿難：『於一房舍應作淨地，白二羯磨結已，著飲食，其舍內煮飯羹、作餅等。』諸外道嫉妬，譏嫌言：『是秀（【案】『秀』疑『禿』。）居士，舍內作飯食，有食廚庫藏，與白衣何異？』諸比丘聞已，白佛。佛言：『從今日，於僧房外作飯食。』既僧坊外作飯食，烟火起，露地多人見，來索飯食，比丘各各分，使僧食少。以是白佛。佛言：『從今不聽作淨地，若作犯吉羅，若先作者應捨。』」（一〇三頁下）【案】「納」有本為「內」。有十誦引文分三，初明開結，次明移出，三明禁斷。十誦卷二六，一九〇頁上。

〔一三〕倉簞　簡正卷一七：「古師執此文，便云：今時總不許結淨，縱四分許，亦不得依，如序中破云。」（一〇五三頁下）

〔一四〕後為煙火起，人來索，食少　資持下四：「後明禁斷。僧祇亦然。四、五二律，隨機開結。」（四二七頁上）

〔一五〕不須更結　資持下四：「『人』下，斥非。古謂既皆制斷，一切並作他物淨，如疏委破。」（四二七頁中）鈔批卷二八：「古人云：十誦既制不許結淨地，明不須結所有食具。並皆望本主，即是檀越物淨畜之，故言妄用也。」（一〇三頁下）

　　五、心境不同〔一〕

　　四分心境想疑〔二〕，如持犯方軌中。

　　五分無疑心，以疑通是非，故有犯結正〔三〕。彼律云：是女疑、蟲疑、草木疑，皆隨犯殘、提；想是決徹，若境、心不相當者，不犯〔四〕。如四分，破僧、婬戒、受戒，不開知疑〔五〕，餘則通開。餘如隨相。僧

祇，性惡罪上，無疑想故〔六〕。彼云：女作黃門想，觸，僧殘，悉從境制。若遮惡罪上，得有想、疑。故文云：生非生想，非生疑，吉羅。十誦：若前有方便心者，具除想疑，並結正罪〔七〕。彼云：有主物，無主想及疑，皆重。亦不問前境遮、性。若前無方便心者，具有想疑結罪〔八〕。

　　且引大途，非無五三不同者〔九〕。

【校釋】

〔一〕心境不同　簡正卷一七：「搜玄云：四分婬、酒戒，約境制，無想、疑。破僧疑心，結根本。准減年戒，疑心結，和尚提。『自食』餘諸戒，疑想總開也。表又釋：婬戒并減年戒，即可依。若依准酒戒，從心制，是南山義。方軌中且順古如此說，今須分開。」（一〇五三頁下）

〔二〕四分心境想疑　資持下四：「四分指上，即『五句』中疑、想二心。可學不開，不可學皆分輕降。」（四二七頁中）

〔三〕五分無疑心，以疑通是非，故有犯結正　鈔科卷下四：「初，五分約無疑心。」（一三六頁下）簡正卷一七：「半緣本境為是，半緣異境為非。猶預兩緣，（一〇五三頁下）故從本境，制結正也。不論遮之，與性皆然。故律云：是女疑，殘。虫疑、草木疑，皆提也。（一〇五四頁上）鈔批卷二八：「立謂：若疑時，則半是半非也，故疑同想結，結如殺人。前境是人，即疑為人、為非人而殺等，此名是也。若實非人替處，即起疑為人、為非人，（一〇三頁下）此名非故，言通是非也。」（一〇四頁上）資持下四：「五分無疑，引（【案】『引』疑『此』。）云女疑，摩觸、二麤等，對下犯殘；殺蟲、壞草，對下犯提。下引四分相比，破僧淫、酒，並不開疑想。對下疑字受戒，知師犯戒。雖受不得，對下知字。（或約師疑受者，年不滿事。）」（四二七頁中）

〔四〕想是決徹，若境、心不相當者，不犯　簡正卷一七：「以決徹強故，亦不論旨境。遮性悉是心境相應，結犯，不相應則輕。文言『不犯』者，望別不犯根本罪為言，非無方便故。彼律云：人作非人想煞，女作男想觸，皆蘭。此約轉想，結前心方便。若約本迷，全無犯故。如四分破僧婬戒，不同知疑者，搜玄云，且舉破僧揵度中四句：一、『非法不疑』破『非法不疑說』；二、『非法不疑說』；（此句疑心，結根本罪。）三、『法疑破不疑』破『法不疑破法不疑說』；四、『法疑破法疑說』。律文自制三句，墮阿鼻一劫。第四句不犯逆罪。今言不開者，且約第二句說。故知。不開疑心犯也。餘如別說。」（一〇五四頁上）

　　【案】參見四分卷四六，九〇九頁中

〔五〕**破僧、婬戒、受戒，不開知疑**　鈔批卷二八：「且舉『破僧』四句：一、『非法不疑』破『非法不疑不疑』說；二、『非法不疑』破『法疑說』；三、『法疑』破『非法疑』說；四、『法疑』破『法疑』說。首疏判前三犯逆，第四句不犯逆也。婬、酒想疑，皆制心，從境可知。言『受戒』者，為年未滿受具戒，和上犯提，眾僧犯吉。其中有四句：一、知，二、謂，三、疑，四、不知。是四句中，不知滿，及謂不滿，則無犯。若知年未滿，疑未滿，皆犯提。中交互作句，如隨相中辨，此則不開疑。心疏家問曰：『和上疑心應輕，所以犯提？』答：『前受戒有情可撿，何不安詳！細撿取實，然後受戒。今懷疑慢法，而與受具，令不得戒，惱他處深，故制與知同罪。』」（一○四頁上）

〔六〕**性惡罪上，無疑想故**　鈔科卷下四：「僧祇約罪遮性。」（一三六頁下）資持下四：「僧祇遮性兩別。」（四二七頁中）簡正卷一七：「彼宗性戒，不開想疑。如前境實是女，今作男子及黃門想觸，皆殘。若遮戒，即開想疑，生地生草作非生草等想疑，得吉也。」（一○五四頁上）鈔批卷二八：「立謂：彼宗中，性戒不開想疑。如實是女，作男子、黃門想，觸同殘。若遮戒，則開想疑。生地、生艸，作非生想疑，得吉羅也。僧差人永棄山水中也。」（一○四頁上）【案】僧祇卷五，二六六頁上；卷一四，三四○頁上。

〔七〕**若前有方便心者，具除想疑，並結正罪**　鈔科卷下四：「十誦約前方便。」（一三六頁下）資持下四：「十誦方便有無，各引文據，在文可解。」（四二七頁中）簡正卷一七：「除想疑者，謂前有方便心，不開想疑，不開轉想本迷，皆根本正罪。故彼律云：有主物無主物想疑，皆夷等。更舉『尼覆麤戒』。（云云。）又舉『摩觸戒』。」（一○五四頁上）【案】十誦卷五二，三八○頁中。

〔八〕**若前無方便心者，具有想疑結罪**　簡正卷一七：「若前無方便心者，即具開前境。遮之與性者，即具開想疑。或犯輕或不犯，（一○五四頁上）故彼云：有並無主想，無盜心，無犯。」（一○五四頁下）

〔九〕**且引大途，非無五三不同者**　資持下四：「不舉細碎，趣言其數，故五、三不同也。」（四二七頁中）簡正卷一七：「謂上引五、祇、十等，且大言約以與四分不無五、三不同。如婬等戒，不論前有方便，皆犯根本，與十誦不同。祇中，遮戒開疑，酒是遮戒，四分本不開疑心。四分不通，且將酒戒對其遮中得二疑與想，將婬戒無其想疑，對五分通無疑成三。更將婬、酒，對十誦約方便有無，成五，故曰不同也。望祇、五二律成三，望十誦成五。（此記依玄釋。）」（一○五四頁下）

六、捨懺不同〔一〕

十誦：二寶〔二〕，少者，永捨；多者，捨付同心淨人〔三〕，淨人令捨作四方僧臥具。罪僧中悔。餘同四分〔四〕。

五分五種：一、入僧永棄〔五〕：二寶捨與僧，僧差人永棄；若僧不棄，淨人為僧貿衣食，與僧食用——唯本主不得用，恐遂本心故。二、永入僧：五敷具〔六〕，入常住用——唯本主不得坐臥。三、入俗僧〔七〕：捨藥與僧，僧捨與俗人，沙彌塗足、然燈——本主亦不得用，一切比丘不得食。餘同〔八〕。

僧祇五別：一、捨入僧無盡財〔九〕中：謂畜、貿二寶，若生息利，作僧房舍中衣，僧不得分用及食，為折伏本主貪心故〔一〇〕。二、捨入僧用：謂五臥具〔一一〕、迴僧物，隨僧作何等用。其中純黑、憍奢耶〔一二〕，僧不得著用，得作地敷，及作嚮幰、帳幔等；六年、不揲，不得為地敷，僧得著用〔一三〕，不得攤身〔一四〕；白毛臥具，好者如前，不好者如後〔一五〕。餘同〔一六〕。

善見中：金銀〔一七〕，若無淨人，可教擲去。僧羯磨，差一比丘知五法〔一八〕者，使閉自擲去，莫記處所。

明了論中：若轉車衣、待一月衣〔一九〕、過十日衣、過十日鉢、雨衣、急施，捨與僧已，僧問須者，應還得用；若自無用，永捨入僧。受非親尼衣，捨還本尼；若本尼無〔二〇〕，捨與尼僧。使尼浣衣、迴僧物，永捨與僧。從非親居士乞衣、一二居士〔二一〕，應捨還彼；彼若不在，或不取，捨與僧。過足、三反、一切敷具、使織師衣，盡捨與僧〔二二〕。瞋心奪衣，還捨與所瞋比丘。七日藥，二用〔二三〕。文如彼具。

薩婆多云：販賣物，若無同心淨人，應作四方僧臥具，為止誹謗。若作入佛，外道當言〔二四〕：「瞿曇〔二五〕沙門，多貪利故，令弟子捨物，持用自入。」又，除佛福田，無過四方僧。不問受法、不受法〔二六〕，持戒、毀戒，法語、非法語，一切無遮。

【校釋】

〔一〕捨懺不同　資持下四：「本宗、他部，捨懺差別。但舉其異，而指其同。」（四二七頁中）

〔二〕二寶　簡正卷一七：「畜、貨二也。少，永奇（【案】『奇』疑『棄』）山野；多，捨與同心淨人，或無淨人捨與，得作四方僧臥具也。」（一〇五四頁下）資持

下四：「本宗：二寶捨與俗，蠶綿斬壞，乞鉢入廚，長藥三用，諸衣、臥具並還本主。十誦永捨，謂將棄之。」（四二七頁中）【案】十誦卷七，五一頁中。

〔三〕**多者，捨付同心淨人**　資持下四：「由犯過財，不聽自捨故。文中似多『淨人』二字，詳之。」（四二七頁中）

〔四〕**餘同四分**　簡正卷一七：「此律，綿褥斬壞捨；過七日藥八日者，捨與守園人；七日油捨作塗足、然燈用，六日已者，捨與餘比丘。食并乞鉢等，一同四分也。」（一〇五四頁下）

〔五〕**入僧永棄**　簡正卷一七：「有二節：初，捨與僧入僧，差人棄山野是永捨；二、為僧貿衣食是入僧，本主不得用是永捨。謂二寶捨與僧，僧應白二差一比丘，棄向山水曠野處。若僧不棄等，如鈔文。」（一〇五四頁下）資持下四：「即屬僧物，不棄，由僧五敷：一、蠶綿，二、黑毛，三、白毛，四、減六年，五、不揲坐具。」（四二七頁中）【案】「五分五種」，鈔文選三，後二用「餘同」示略。

〔六〕**五敷具**　簡正卷一七：「謂『三十』中，從十一至十五，五條戒是也。一、野蠶綿，二、黑羊毛，三、白羊毛，（一〇五四頁下）四、減六年，五、不揲坐具。此一向入僧，唯本主不許坐臥，釋成永入義也。」（一〇五五頁上）

〔七〕**入俗僧**　資持下四：「先捨與僧，僧與俗故。」（四二七頁中）簡正卷一七：「五分云：若一日得藥受，二日更得受，七日更得受，留至八日明相出，皆尼薩耆波逸提。應捨與僧，僧與白衣沙彌。若用然燈，或塗足，不同四分，得還本主。」（一〇五五頁上）【案】五分卷五，三一頁下。

〔八〕**餘同**　簡正卷一七：「餘同四分。乞鉢奪好入僧廚，留惡令持。自餘諸犯，捨已歸主，更用無愆，為二染。前三成五也。」（一〇五五頁上）資持下四：「四、乞鉢入廚，五、諸衣還主，同四分也。」（四二七頁中）

〔九〕**無盡財**　簡正卷一七：「謂僧寶財中也。」（一〇五五頁上）資持下四：「寶藏名無盡財。」（四二七頁中）【案】「僧祇五別」，鈔文選二，後三用「餘同」示略。

〔一〇〕**作僧房舍中衣，僧不得分用及食，為折伏本主貪心故**　資持下四：「恐彼獲分，故云為折伏等。」（四二七頁中）簡正卷一七：「謂生息利物，只得作僧房舍、中衣，僧不得分此物息利而用，亦不許作食。若分此物及作食，本主得分及食，以自資身，稱本貪心，還求不止。若作僧房中衣，即無屬己之義，亦為折伏也。」（一〇五五頁上）【案】「作」，底本為「行」，據五分及大正藏本改、

貞享本、敦煌甲本、敦煌乙本、敦煌丙本及弘一校注改。僧祇卷一三，一一頁下。

〔一一〕五臥具　簡正卷一七：「從雜野蚕綿，至不撲坐具也。一、純黑蚕綿作地敷；二、六年不撲，僧得着；三、白毛三衣。具前二捨，就中好者，同前純黑蚕綿，作敷二（原注：『二』疑『具』。）。」（一〇五五頁上）資持下四：「五臥具，即上五敷初總示。」（四二七頁中）

〔一二〕純黑、憍奢耶　資持下四：「『『純黑』即黑毛。『憍奢耶』即蠶綿。（有將為一，非也。）」（四二七頁中）

〔一三〕六年、不撲，不得為地敷，僧得著用　資持下四：「上二細者，止得麤用，故不許著。」（四二七頁中）

〔一四〕不得攬身　資持下四：「恐壞僧物故。」（四二七頁中）

〔一五〕好者如前，不好者如後　鈔批卷二八：「謂好者如上純黑、憍奢耶，僧不得著，得作地敷。不好者，如六年不撲，不得作地敷，僧得者用也。」（一〇四頁上）資持下四：「白毛好者，如前同黑毛等；不好，如後同六年等。」（四二七頁中）簡正卷一七：「不好者，同後六年不撲，僧得着。」（一〇五五頁上）

〔一六〕餘同　簡正卷一七：「三、捨七日藥，四、乞鉢，五、餘捨等，足前成五也。」（一〇五五頁上）資持下四：「諸衣、乞鉢、長藥等三，同本宗也。」（四二七頁中）

〔一七〕金銀　資持下四：「金、銀，即二寶也。」（四二七頁中）

〔一八〕五法　資持下四：「不愛、恚、怖、癡、知可擲不可擲。」（四二七頁中）【案】善見卷一五，七七八頁上。

〔一九〕若轉車衣、待一月衣　簡正卷一七：「言『善』至『遮』者，有二：初，還主，二、入僧。『轉車』，義如上隨相『離衣宿戒』中。」（一〇五五頁上）資持下四：「初段七戒。『轉車衣』即『二離衣』。『待一月』即月望。」（四二七頁中）

〔二〇〕若本尼無　資持下四：「本尼無者，或死、反道、遠行等。」（四二七頁中）

〔二一〕一、二居士應捨還彼　資持下四：「一、二居士，即勸、增二戒。」（四二七頁中）

〔二二〕過足、三反、一切敷具、使織師衣，盡捨與僧　資持下四：「『過』下，第五。九戒。『過足』即『過知足戒』。『三反』即勿切索衣戒。『一切敷具』通收五敷。『使織師』更含『勸織』。『奪衣』為第六。『七日』為第七。」（四二七頁下）鈔批卷二八：「立謂：失三，受三，則是『過知足戒』，名為『過足』。言三返

者，即是過限、忽切索衣價戒也。」（一〇四頁下）

〔二三〕七日藥，二用　資持下四：「『二用』即與僧俗己上收二十四戒。二寶、販賣、乞缽、擔羊毛、染羊毛，並如隨相。」（四二七頁下）簡正卷一七：「論疏云：蘇等有二種用者，比丘有病，欲眼（原注：『眼』疑『服』。下同。）蘇，得三日或四日，病差應捨。而不捨或滿七日不捨，尼薩耆，應捨與僧。比丘若有病，更眼，僧更與，比丘得蘇，捨與白衣，白衣後捨與，比丘得眼也。比丘無病不眼用。僧欲用者，亦須先捨與白衣，白衣卻捨與僧得眼也。謂本主比丘及僧，皆服用故，云二種用也。」（一〇五五頁下）【案】明了，六七〇頁中。

〔二四〕若作入佛，外道當言　資持下四：「『若』下，次，明不入佛。有二意。初為止謗。」（四二七頁下）【案】次意為「又除佛福田」下。

〔二五〕瞿曇　資持下四：「『瞿曇』，此云『地最勝』。謂在地人中最勝故。此即如來因地之姓，人猶稱之。佛昔於劫初作國王，禪位師瞿曇仙，修道因以為姓。」（四二七頁下）

〔二六〕不問受法、不受法　資持下四：「顯僧海深廣，無不攝也。『不受法』即無戒也。」（四二七頁下）鈔批卷二八：「謂受調達五邪法也。若受五邪法，及不受五邪法，謂無遮。有一住處，一上座比丘犯僧殘，欲行懺。諸人言：『上座行波利婆沙六夜，何況中下座生不信心！』諸比丘白佛。佛言：『若一心生念，從今更不作，即得清淨。』二、有住處，一大德多知識比丘犯殘，欲行懺。諸人言：『此大德行如是事，何況餘人生不信心！』乃至佛言。同上。三、有比丘犯殘，諸人令行懺。此人言：『我寧反戒。』是事白佛。佛言同上。四、有比丘（一〇四頁下）病犯殘。令行懺。答云：『我不能行，以無力故，不能胡跪。』乃至佛言，同上。五、有比丘犯殘，欲行懺，眾不滿二十人，欲至他處懺悔，道路遇賊死。諸比丘言：『此比丘不清淨死，或墮惡道。』是事白佛。佛言：『一心生念，如法懺悔，是人清淨死，不墮惡道，得生天上。』六、有比丘犯殘，眾不清淨，便至他處，眾中懺悔，遇賊死，乃至同前第五段。佛言：『得生天上。』」（一〇五頁上）【案】十誦卷六一，四五八頁上。

七、隨戒雜相

十誦：犯僧殘隨覆罪，不行別住、六夜〔一〕，直與出罪，得名出罪，眾僧得罪；乃至不行別住，直行六夜，直與出罪，得出，得罪。更有六人全不作法，直爾清淨〔二〕：一者，上座犯僧殘，諸人生慢，佛言：「若一心生念，從今日更不作，即得清淨。」二、大德多知識。三、多慚愧。

若遣行者，寧反戒。四、病重，不能互跪，無力能懺。五、住處不滿二十，道路遇賊死。六、眾不清淨，往至他方，道路遇賊死。佛言：「一心生念，如法懺悔，是人清淨，得生天上。」律子注〔三〕云：此六懺法，不可妄用〔四〕，及有僥倖。唐為自欺，罪不得除。要須廣問明律者，能斷之耳〔五〕。

四分律刪繁補闕行事鈔卷下之四

【校釋】

〔一〕犯僧殘，隨覆罪，不行別住、六夜　資持下四：「隨相事多，且出一條特異之者。初明行懺，違法開成。」（四二七頁下）

〔二〕更有六人，全不作法，直爾清淨　簡正卷一七：「玄記束為三對：一、年高大德，二、多愆重病，三、缺眾非請，並一一如鈔自顯也。」（一〇五五頁下）資持下四：「『更』下，次，開不懺，直得清淨。此六種人，初二，恐壞眾信，為護法故；三、四，身心怯弱，為接引故；五、六，行法闕緣，為命難故，心念懺悔，即復本淨，後不須悔。若準四分，一切不成。」（四二七頁下）【案】「更」，底本為「吏」，據大正藏本及弘一校注改。

〔三〕律子注　簡正卷一七：「一云學律之子也；二云律白文下注腳也。（今取後解。）」（一〇五五頁下）資持下四：「『律』下，引注。伸誡遮後，倚濫唐虛也。」（四二七頁下）

〔四〕此六懺法，不可妄用　鈔批卷二八：「凡此有六種懺法，不可妄用，及有僥倖也。唐為自欺，罪亦不除。」（一〇五頁上）

〔五〕要須廣問明律者，能斷之耳　簡正卷一七：「是此六，即罪得滅，非此六不可也。」（一〇五五頁下）鈔批卷二八：「要須廣問明律匠者，方能斷決故。（十誦律文如此明也。）」（一〇五頁上）

余於唐武德九年六月內〔一〕，爾時搜揚僧伍，無傷俗譽，且閉戶〔二〕，依所學撰次。但意在行用，直筆書通〔三〕，不事虷文，故言多蹇陋〔四〕。想有識通士，知余記志〔五〕焉。

【校釋】

〔一〕余於唐武德九年六月內　資持下四：「第三，批文。為三。初年、月等，記其時也。……『但』下，即彰述作之本。祖師降生於隋世，弘化于唐朝。高祖神堯皇帝受隋恭禪位，始號唐國，改元武德（公元五一八年至五二六年）。九年

六月，絕筆時也。」（四二七頁下）<u>簡正</u>卷一七：「第三，流通分。言『餘』
（【案】『餘』疑『余』。）至『焉』者，付屬流通也。文中雖似有勸學之意，
從增勝說。朱書云四月八日<u>真身寺釋安書</u>。」（一○五五頁下）

〔二〕閉戶　<u>資持</u>下四：「且閉戶者，即<u>終南苧麻蘭若</u>，此記處也。……爾前，<u>太史
傅奕</u>黨助道宗，誣謗<u>釋氏</u>，奏請沙汰。<u>高祖</u>依之，於是抱道碩德，遁于巖野。
故<u>祖師</u>隱于<u>終南苧麻蘭若</u>，首撰此鈔。至九年（公元六二六年），<u>太宗</u>復興吾
教，搜揚有德。<u>祖師</u>是<u>輔相</u>之子，道德著聞，皆被搜選，故云『爾時』等。俗
譽，此謂俗中聲譽，無所傷也。言『閉戶』者，明避難也。『依所學』者，彰
有承也。」（四二七頁下）【案】<u>扶桑記</u>：「<u>苧麻蘭若即豐德寺</u>。」（三七八頁
下）「閉」，底本為「問」，據<u>大正藏</u>本改。

〔三〕但意在行用，直筆書通　<u>資持</u>下四：「『但』下二句，述本志也。直筆書者，不
演義章，刪除異論，離諸曲碎故。」（四二七頁下）

〔四〕不事虯文，故言多蹇陋　<u>資持</u>下四：「『不』下二句，示謙損也。龍身有文彩
者，謂之『虯』。語澀故『蹇』，文鄙則『陋』。」（四二七頁下）

〔五〕想有識通士，知余記志　<u>資持</u>下四：「『想』下二句，囑審悉。『有識』謂智高，
『通士』謂鑒遠。文多『記』字，疑是傳錯。」（四二七頁下）

附錄：《行事鈔》結構

一、行事鈔全文結構

一初敘緣發起（序）	二正列諸篇			三批記時處
初敘緣發起	初上卷十二篇明眾行	二中卷四篇明自行	三下卷十四篇明共行	行事鈔最後一節文字

二、行事鈔各篇結構

序

初題號		二序文		
初標題	二撰號	初通敘撰述緣起	二「至於統」下統括諸篇大綱	三「夫宅身」下總示所詮行相

初略歎戒德以標宗

二「自」大師下，廣敘弘傳以生起

	初正像弘傳		
	二「逮於」下，像、季弘傳	初敘告誡訊	
		二余下明今勸	初通敘興懷
			二包下別示文體
			三然下勒卷分篇

| 初敘意生起 | 二第下分門別示 | 三此下總結指廣 |

三「諸」下結指

第一門

初通明興致

初「夫至」下正明

二「上則」下就當律正明	初指前標後		
	二夫下約律正明	初敘廣總標	
		二一下位分別釋	初正明別意
			二目下結顯總意

初通敘興意

| 二對外道意 | 三懸被異宗意 | | |
| 初大慈愍物意 | | | |

| 初據論顯意 | 初敘本制意 | 初總約群宗顯意 | 初薩婆多部 |
| 二故下引律證成 | 二觀下據律證成 | 二目下略引二部證成 | 二今下曇無德部 |

| 初遮性往分 | 二開制往徵 | 三報有強弱 | 四機悟不同 | 五事法相對 |

—3062—

標宗顯德篇第一

初敘宗勸學	初約喻數教	二「故凡」下就人勸持				

初先出宗體

二「今略指」下正明宗體　初先敘須受　二「何者」下散釋相狀

　初戒法　二戒體　三戒行　四戒相

二「此之四條」下引文顯德

　初結前生起　二「就中」下廣引誠證

　　初標章指廣　二「初」下依位弓誠證

　　　初明順戒住住　二「初」下依位弓誠

　　　化教　制門

　　　小乘經　小乘論　大乘經　大乘論　初明律本　二依律論

　　　二明違戒滅法

集僧通局篇第二

初敘意標分

初明集僧軌度

　初列文　初示前後　二「五分」下明制度　三「出要」下翻梵號　初略明鋪設　二「雖人」下正示打法

　　　初敘昔無規　二「今通立」下示今立法　三「今世有濫」下斥世濫用

二「四分文云」下隨章別釋

　初辨來處通局　二明用之通局

　　初明處之分齊　初別列二界之相　二「今更總」下總論二界之體　二明用之通局

　　　初別列二界之相　初「若」作法下作法分齊　二「若論自」下自然分齊

　　　　初聚落　二蘭若　三道行　四水界　初作法體　二「若論自」下自然體

足數眾相篇第三

- 初敘兩途明意
- 二「就中例四」下開四例廣辨是非
  - 初通列
  - 二「初明是」下別釋
    - 初明是事違
      - 初據文列六
      - 二「餘者」下約義明二十三人
        - 初敘本宗具義
        - 二「今取他部」下證成
        - 初引二義部三十三人／二義下加二人
      - 初通列列數
        - 初列明是人數
        - 二「就中相隱」下隨難別解
          - 初四分
          - 三「睡眠」下隨難別解
            - 二「睡眠等」十誦
            - 三「重病」下伽論
            - 四「與欲」下僧祇
          - 所為人、神足在、隱沒、離見聞、別眾、戒場上等三人
          - 病重人、邊地人、半覆半露人、狂人、癲鈍人、地人
      - 二體境俱非
      - 三體非緣是
        - 初指前顯相
        - 二「上僧」明相下、「僧」下隨難釋
      - 四約緣有疑
        - 初本宗
        - 四羯磨人
        - 二「覆藏」下二律犯人、殘亡人
        - 二「言自」下釋自言
  - 二「次明」下明別相
    - 初明明別相
    - 二「別」下對足數科簡
      - 初引諸文顯相
      - 二「眾多」下顯相
    - 二「明」下、別眾法附
      - 初簡人成否
      - 二「解」改不
      - 三「行事」下重明諸相　今……諸相

受欲是非篇第四

- 初敘意標章
  - 初明其緣
    - 二「初明其緣」下依章開釋
      - 初明其緣
      - 二明欲法

初制意名體	二明開遮	初明與法			三明諍法（對僧說法）	二明失法			三明遇緣成不		
初制意		前明與法	初列示兩法		初正出諸法	初列示	初本宗三十八人		初遇緣成不	初放誤否	初遇緣成不說
二釋名	初定是非 二「比者」下不安行		二「問欲」下對緣辨相	初自與法 二「上明」下轉與法	二「問對僧」下決通儀軌		二「僧祇五」下他部二十一人	初僧祇五人 二五分八人 三僧祇五人 四十誦三人			二「四分」下重病不說 三「若受」下逢難出界
三明體			二問釋明成否	初明現相		二「上來諸列」下結斷				二「問與」下事訖不來	

通辨羯磨篇第五

初敘意

初明作法具緣			
初總標	二「一法孤」下別列	一法不孤起，必有所為	
		二「就中分為二」下正明	二「約處」下別列以明

二「約處」下別列以明：

三集僧方法	四僧集差別	五和合之相	六簡眾	七與欲應和	八正陳本意	九問其事宗	十答

二「就中分為二」下正明：

三「上來十門」下結指	明正明立法通局	後明立法通局，并曲解羯磨
	明曲解羯磨	

結界方法篇第六

初敘總意						
分四	初標列	二「初中」下隨釋	一列數定量	初標篇分章：衣、食、僧「三界」		
				二「一自然」下隨釋	初自然界	
					二作法界	初自然界
						大界 / 戒場 / 小界
			二依位作法	初位下標分		
				二「若有戒場」下隨釋	初結法	初廣明三種結法
						二解法
					二略示餘三大界	
					三結大界	
			三法起有無			
			四非法失相	初結處非法		
				二言不下失否		
	二「就中」下開章釋					

初廣明三種結法

初結無場大界

初先出緣成				
初料簡是非	一竪標唱相	二竪標唱相	三集僧羯法	初集僧 / 與欲
六問	竪標	唱相		集僧 / 與欲
二正加聖法				

二明戒場大界之法者（結有場大界）

初豎標	二「今明」下結法		
	初緣前後	二結戒場	二結成場 / 三結大界

三結小界

初明集僧遠近	二不豎方相者	次明結法
僧遠近	方相者	三言不下失否

僧網大綱篇第七

初敘篇意		
分三	初「就中」下分章	二「初中分二」下開章釋
	二「就中分五」下開章釋	

一約化制二教明相不同		二約僧制、眾食，以論通塞	三約法、就時、對人以明	四約處、就用以明	五眾主教授之相
初化教（教通道俗）	二制教				
					二「言滅擯者」下因示滅擯法
				二「言惡馬」下後加二種治法	
			三「此七治法」下結益	初「惡馬治法」二默擯法	
		三「次五明」下明三舉 二「更總明」下總簡同異			
	初「言七」下總列	惡見不捨舉			
	初「言」二「言詞」下別解	不懺舉			
		不見舉			
	初正明列七種				
	初正明四羯磨				
	初明明四羯磨				

制教

二就「制教」以明者

「僧令懺悔」下初敘來意	二「今明治法」下示治法				
分三	初正明七、九法				
初「言七」下總列	初「言」二「一言詞」下別解				
	初正明列七種				
	初正明四羯磨				
	初明明四羯磨	二擯出 三依止 四遮不至白衣家			
	初訶責				
	初出過 二正治				

－3067－

二約僧制、眾食,以論通塞

初分章	初僧制是非	二「約僧制」下引釋					二眾食通塞(約食以論者)	初「先明」下標列	二「眾食為」下隨釋				

初僧制是非

二「約僧制」下引釋
- 初中 下引
  - 初「寺別立」下明世制立非法
    - 初「寺別」下總列諸過
    - 二「良由」下推釋所以
    - 三「問非」下決通犯相
  - 二「次明如」下引正制證成
    - 初通標
    - 二「四分」下列示
      - 初「隨順如法」
      - 二「十輪」下除滅非法
      - 三「明了」下示諸制
      - 四「四分」下告語眾客

二眾食通塞(約食以論者)

初「先明」下標列

二「眾食為」下隨釋
- 初明通塞
  - 初「然食」下敘意示非
  - 二「古師」下引古顯正
  - 三「若此」下委陳誠勸
  - 四「或問」下釋通來難
  - 五「佛法」下重明用與
- 二引聖言
  - 初「薩婆」下僧食通塞
  - 二「十誦」下供給外道
  - 三「今僧」下次如非
  - 四「大集」下住處如教
  - 五「餘有」下瞻待餘人

四約處、就用以明

初嚴整威儀
- 初威儀義法
  - 初「凡徒眾」下約人辨用
    - 初「剃髮著」衣法
      - 二「智論云」下慶眾
    - 二「二者威」下修飾形相
      - 初剃髮著衣法
      - 二「四分」下入眾行坐法
      - 三「四分」下著用離俗法
      - 四「四分」下告語眾客

二「靈裕法師」下就處明用
- 初「靈裕法」下明住處非法
  - 初「靈裕法」穢染
    - 初畜女穢染
    - 二「寺家」下閭車混俗
    - 三「或畜女」下養畜長惡
    - 四「或佛」下慢聖縱逸
  - 二「若作說」下說戒試檢

受戒緣集篇第八

初受戒本篇

初敘來意														
二初下分章釋	初明具緣成受	初列示五緣	初能受五法	初是人道										
				二諸根具足										
				三身器清淨										
				四出家相具										
				五得少分法										
			二所對六法	初結界成就										
				二有能秉法										
				三數滿如僧										
				四界內盡集										
				五白四教法										
				六資緣具足										
			三發心乞受											
			四心境相應											
			五事成究竟											
		二今下引論通證												
		三必下誡令檢勘												
	後加教法	初緣起方便	初得法以不											
			二請師法											
			三教發戒緣											
			四安置立處											
			五差威儀師											
			六出眾問緣											
			七單白入眾											
			八正明白人眾											
			九戒師乞戒											
			十正明對問											
		二正明體用												
		三正分三層												
二捨戒六念法附														

六出眾問緣（一）

初「爾」下示出意	初總敘（分四）	二「一邊」下別釋	二「但遮難之中」下辨遮難	三「上已略明離相」下明正問
初「所以」爾」下示出意				三「雜相」明正問

初「但遮」下
　初明遮難
　　初明難（鈔科合三殺、二逆、二形）
　　　初　邊罪難
　　　二　犯比丘尼難　三　賊心受戒
　　　四　破內外道
　　　五　非黃門
　　　六　殺父
　　　七　殺母
　　　八　殺阿羅漢
　　　九　破僧
　　　十　出佛身血
　　　十一　非人難
　　　十二　畜生難
　　二「上已略述」下辯遮
　　　初「上已略」下敘廣總示
　　　二「若不自稱」下列釋名相
三「若準」下
四「又同」下
二「次明，事餘，更明所以」下辯餘事

初示「五分」下明餘遮通
　初三「五分」遮定不遮得
　二「衣鉢不」下正據本宗列餘七種
　　初先示諸部雜相
　　　初　衣鉢不者
　　　父母聽不者
　　　負債者
　　　奴者
　　　官人者
　　　五種病者
　　　丈夫者

六出眾問緣（二）

初「所以爾」下示出意
二「但遮難之中」下辯遮難
三「上已略明雜相」下明正問

初教下歎 座安慰	二彼下取 本詢諮	三應下勸 令實答	四汝下問 十三難	五更下問 同十遮	六應下囑 後同答	七應下具 儀安立

二正明體用

初「若至此」受體

- 初「若至此」下受前開導
- 二「應發心」下略示
  - 初示境發心
  - 二「次為開」下開懷納法
- 二「應告僧」下正加羯磨
  - 初作白
  - 二又下第一羯磨
  - 三告下第二羯磨
  - 四告下第三羯磨
- 二「次明說」下說相
  - 初約緣顯意
  - 二「若多人」下教示雜行
    - 初示知時節
    - 二「若受」安置處所
    - 三「若多人」雜行
  - 二「應告之」下勤持示相
    - 初敘勤
    - 二「然後」下正說
      - 初「善男」下律下三舉相須勤
      - 二「但」下佛下次舉四隨須勤難勤
      - 三「故」律下三舉上根勤

三「次為受」下受淨

二捨戒六念法附

初六念

- 初正明六念
  - 初念知日月
  - 二念知食處
  - 三念知夏臘
  - 四念知衣鉢
  - 五念同別食
  - 六念身康羸
- 二僧下兼示雜相
  - 初畜眾具
  - 二五下教誦戒
  - 三善下備制物
  - 四四下憶受緣
  - 五時下示時節

二合成

師資相攝篇第九

初敘來意

- 「初中」下分章
- 二「就中」下開章釋
  - 二「同云」下隨釋

初明弟子依止

後明二師攝受

初明師、弟名相　│　後明依止法

初別釋兩名　│　次總辨相攝

初「初中言」下明應法　│　二「二明依」下明正行

引一經、二律　│　二須依止　│　初「分二」下標分　│　二「初中」下隨釋

初開不依止　│　初總標

初本宗六種　│　二他部二種

二「四分」下列示　│　三「前之」下通簡

一七種共行法　│　二三種別行法

初釋本宗行相　│　二「此七」下諸部會同

初白事法　│　二受法法　│　三報恩法

後明二師攝受

初敘來意

「初中」下分章

二「問云」下隨釋

初明弟子依止

二「就中」下開章釋

初標示　│　後明二師攝受

二「一依」下隨釋

一「依止意　│　二無師時節　│　三簡師德　│　四明請師法　│　五師攝受法　│　六明治罰訶責法　│　七明失師法

初「正明失相」次下	初列示三法	四辭師出離	三不應之失	二依法訶誡	初明合詞之法	二「今次」明老弟子法	初小弟子法		二「四分」下正釋	初「因明」下總舉
				二「依律」下示訶法	四分十五種				二「律中」下正簡師德	
				初「凡欲」下敘如非（分三）					初因明諸師	

說戒正儀篇第十

初「說戒儀」下敘來意	二「就中分」下開章釋

初僧法		三正說儀軌	四略說雜法	二別人法
一時節不同	二雜法眾具			初「律云」下引制
				二「四」下示法
				若

初通列五種	二「四」下別釋四義	三「日不同」			
		食前食後			
		若晝若夜			
		若增若減			
		時與非時	初「四分為」下引緣顯相		
			二「但」下斥古偽傳		
		初「五分」下眾具雜相	初「五分衣」下明作相		
			二「十誦云」下明行籌		
			三「五分若」下明散華		
			四「僧祇若」下明淨水		
		二「僧祇云」下人法是非	初差通行籌等法		
			二五下恭敬至誦等法		
			三十下供給知法等法		
		初「此門」下總示			
		二「前」下別釋	初正釋十儀	初「四分」下略緣	
				二「第二」下略法	
			二就中雜相下雜辨分入	初引教以明	
				二「若有」下，約義以立	

安居策修篇第十一

初教制意		
分三	初安居本篇	二「初中分五」下開章釋
		三「受日」法附
		三「料簡」三雜相

一安居緣	二分房法	三作法不同	四夏內遇緣成不	五迦提五利
		一設教對緣		
		二用法分齊	初明有難移夏	
			後受日違難	

		對首	心念	忘成	及界
		前安居	中安居	後安居		

一處有是非	二結時不同	三夏閏延促

二迦絺那衣法　附

自恣宗要篇第十二

初敘宗制意	二「就中」下開章釋		
初正明	二此下遮濫		

初緣集相應

初時節差別		
初列示三位	二然下詳定三日	二明應人是非
初合閏前後	二諍事增減	三修道延日

二自恣方法

初五人已上僧法	二「二四人」下、四人對首法	三「若」下一人心念法
初六人僧法	二「上」下、五人僧法	
二五人僧法	初正自恣	二若下明犯罪
初結顯生後	二若下正明作法	三「此下」示安陳

初自恣明懺罪	二若下懺罪

三雜明諸行

初六人僧法

初僧集緣起			二五德自恣（五德進不）					三尼來請說罪	四明略說雜行
初鳴鐘敷設	二初下筈水唱告	三乃下小眾同別	初六人已上法				後五人法		
			初簡人是非（分三）	二差法正式（分三）	三五德行事（分二）	四對座說之儀式（二）			
						初增一略示儀			
						二「次」下正明行法	初明自恣		
							二若下明舉罪		

明對僧自恣法

初六人已上法									後「次明五」下五人法
初簡人是非（分三）			二差法正式（分三）			三五德行事（分二）			（案依鈔科：是從「上來明六」下為五人法）
初列二種德相	二所下差二所以	三今下斥世非謬	初簡德定處	二作下案欲問和	三應下正加差法	初和僧	二次下行事（分□）	對座說之儀式（二）	
						初出眾白和	初授草	初增一下略示聖儀	
						二若下答法通別	二次下唱告	二次下正明	
							五德下行草	初明自恣	
								二若下明舉罪	

		初五德來儀
		二四下眾僧自恣
		三若下五德慶所
		四若下說訖告眾
	初舉法不同	
	三五下反治須否	
	三「若僧滿」下僧數具缺	

二迦絺那衣法附

初自恣本篇

初注文牒名	二就下正釋	
	一受衣時節	

二迦絺那衣法附

一衣體是非	二衣體是非	三簡人差別	四受衣方法	五捨衣進不，並雜出諸相

篇聚名報篇第十三

初敘總意

初先明戒護	二正明篇聚	
初「所以」下推釋所由	初陳章分位	二「初中、五」下依位別釋
		初明篇聚（二）

二「明了」下引論廣示		二就下開章釋
初「經中」下標示	二「一者」下列釋（分八）	
	三「如是」下結勸	三明果報

初言波羅夷

初正明						三「四」下結略	二問答
	初「初標」下標列	二「初中」下別釋					
		初波羅夷	二僧伽婆尸沙	三偷蘭遮	四波逸提	五提舍尼	六突吉羅

初言波羅夷

初弓教正示（三律）	二「問」下問答釋疑					四「明」下本因品數
	初「僧祇」下翻名釋義	二「四分中」下對同別	三「十誦重」下他部重犯 二「四分中」下尼同別			初弓論正示
						三「四分中」下準律會通
	初羅前雙問 二準教別答				初通標部義	二「第一」下別列罪相
		初正答 二轉難				初總標 二「前」下顯部義
		初別答	初難體在所任 二問出 三問障道			二一下別釋
		初答成有無 二「若論」下答重犯 三「如薩」下引文證 四「如儀」下舉例證 二「此篇」下合證				

二明果報

初科簡起業輕重			二引文證成果果	
初起業之源	二「今」隨「三」下列罪相（約三性示相）	三「然則業」下結勸	初「如」下正明罪報	二「自」下，指經勸信
	初善心			
	二不善心			
	三無記心			
			三「今」下廣示愚教	
			初「今時」下敘僑濫毀傷	
			二「原夫」下約理正破（分八）	
			三「恐後」下示意結勸	

隨戒釋相篇第十四

初敘持毀以立篇
- 初「今但」下示立通別異
- 二「今戒」下明通彰異
- 三「然」數德開章

二釋 ── 四「就初戒法」下隨章別釋

初戒法	二戒體	三戒行	四戒相				
初標分	初戒體相狀	一作戒同異	初四波羅夷	二十三僧殘	三二不定	四三十捨墮	五九十單提
	初辨體多少		初婬戒				六四提舍尼
二「初言聖」下隨釋	二立正出體狀		二盜戒	四大妄語戒			七眾學篇
初聖道本基	三正解名體		三殺人戒				八滅諍篇（欠科）
二「二略解名義」下戒有大用	四先後相生						
三具緣不同	五無作多少						
四優劣有異	初無作同異						
五重受通塞	二受隨同異						
六震嶺受緣	三境緣寬狹						
七兩受多少	四發戒多少						

持犯方軌篇第十五

初敘意生起

初列章

二「就中諸門分別」下開章正明

二「初知持犯名字」下隨釋

初知持犯名字	二解體狀	三明成就	四明通塞	五明漸頓	六明優劣	七雜料簡
				初就心通漸頓		初不學無知
				二對行說唯頓		二方便趣果
				三約止犯別解		三具緣成犯
						四境想分別
						五雜相分別

四境想分別：

初釋制意	二明境界	三辨有無	四定多少	五解輕重

雜料簡中（不學無知一）

初「其相」下標牒分章

初敘結本意

二「既略敘結」下例開句法

初「既」下結前生後

二「先就止持」下正配位法

初止持

初列句	二「次解」下解釋
初學九句	二不可學九句

二作犯

初標示

二「就中根本」下委釋不可學九句

初略示二九異	二「言其犯相」下隨章別釋
	初正明
	三「如此」下指廣通一切

三持犯

四止犯

			初通簡罪相	
初「初」有三，「三」下列句	二「此三，三」下示罪	三「但事是」下同事開		
	初正顯事開	二躡前伸問	初「所以」前，「二」下廣辨句法	
			初總示二九所以	二「若」下別明後九罪相
			初示枝條體量	二同下辨句法增減

雜料簡中（不學無知二）

初「其相」下標敘分章				二「言其犯相」下隨章別釋
初敘結本意				
二「既略敘結」下例開句法	初「既」下結前生後	二「先就止持」下例開指例		
		初止持	二作持	
			初作犯	三「若從對」下正配位法
			二作犯	二「就中分」下列示句法
			初「若從對」下敘略指例	
		三作持		
				四止犯
		初具明可學九句	初唯約可學明八九	初「言九」下唯約可學明八九
				二「若對」下對事有迷明二九
		二指略不可學九句	初唯約可學明八九	初「言九」下唯約可學明八九
				二「若對」下對事有迷明二九
				三「如此」下指廣此通一切
			初事法止犯具九句	
			二言下犯止學八句	

懺六聚法篇第十六

初敘來意	二「今懺悔之法」下明懺法										
分三	初總分化制通局	初「此」之」明化教									
		二「若懺」律教 明制教									
	二「若懺通懺」下，廣明二懺方法	初化教通懺	初「若據通懺」下通標								
			二「理據智」下正示	初對顯二懺	初「理據智」下理懺						
				二「言理懺者」下重廣理懺	二「言理懺」下正示	初標示用心	初「理據智」下理懺				
							二「若論事」下事懺				
						二「然」下，別列三觀	初標示二懺	初標示			
								二「然理」下正明	初性空		
									二三相空		
									三唯識		
							三「以此」下結示				
		初正示本篇明懺法			三「然則事」下勸修	三「然則事」下勸修	初兩懺對根不同				
							二「若是五」下二眾修各異				
					二「次、明依律約事立懺」下制教局懺	初道眾				
						二俗眾				
	二「鈔者言：『此卷……』下通結中卷										

第四懺波逸提法

初明三十捨墮

僧法	一明捨財	二明捨心			三明捨罪							四還衣雜相		眾多人法（眾多人捨）		對首法	對一人法
		初示須捨	二四下顯宗異	三故下引誠告	初對僧乞	二請懺主	三作單白	四說罪相	五正悔罪	六詞責語	七乞立誓	初明還衣示	二律下雜相	對四人法	對三人法	對二人法	對一人法
初標舉 二「辯定」下別示																	

後約九十單提

初標示	二當下正明

明捨財

初標舉

初辨定須不	二「辯定」下別示			
初「又二」下標分 二「初中三」下隨釋 初總明捨法差別	初「諸捨」下通標三事	一忘見本物	三修給威儀	四說給詞
二「二財」下隨釋 初「定財」下定是非	二「就犯長」下隨相別釋	初明忘忘染	二若下明所忘	三其下明後施	四以下明前捨
	初明長 二離衣 三販賣	二見本物		

懺突吉羅罪

初「此篇」下標分	初「突吉羅罪」下隨釋		
	初「突吉羅罪」下出方軌	二「今立論」、徤二種儀法」下立條例	
	二「突吉羅罪」下隨釋		

初「燉吉羅罪」下示諸教

二「比來諸師」下序世所執

初「先出罪」下標示

二「初明諸」下別釋

初「明諸」出罪種

初「初簡覆藏唯故犯

二「次明諸」下明方便獨頭通二犯

初正明

二問答

二「次明懺法」下明懺儀

初懺故作

初「先對故作」下標

二「先對故作」下別釋

初「前悔」下釋

初懺從生

二悔根本

初出懺法

二「此文下」示四下所立

二懺誤作

初先出其相

二正明作法

二衣總別篇第十七

初敘意分章

二衣總別分章

初總分　制聽

二「今解初制」下依門而解（二）

二「何名為制」」下隨章解釋

制門

三衣

明衣法

制意等

作之方法

雜出料簡

加受持法

坐具

攝衣法（衣界）

結衣界法

解衣界法

初製作法

二受捨法

三持用法

漉水袋

聽門

制意
釋名
功用
初求財如法
二財體如法
三色如法
四定量是非
五條數多少
六堤數長短
七重數多少
八作衣方法
對首
心念
初明受捨是非
二補治浣染
三受用擎舉
四出雜料簡（三）

加受持法

初僧尼同法	二「若」下總分品數					
初用法是非	三今下正加受法	初受法				二捨法
		初標示	二「應前安」下正加	三「上明三」下結數	初引文	
		初下衣 二中衣 三上衣			二「薩婆」下乖非伸歎	

初對首法

二「若尼受餘」下尼眾別法	初「五分」下示緣	二應具儀」下示法
初正加法 二「僧祇云」下顯部別		

二心念法

聽門

初敘意分章	初總分 制聽	二「今解初制」下依門而解	二「何名為制」下隨章解釋

－3085－

制門							
聽門	初「分四」下牒章分門	二「初中分二」下依門別釋					二糞掃衣
		初百一諸長	初「初二」下總分				三檀越施
			二「初中」下隨釋				四亡人物
		初百一供身令受持之	初「薩婆」下示名揀體				
			二「僧祇我」下廣列	初開許之物			
				二「十誦」下受法須不	分二		
		二長衣法（長物及餘今說淨畜）	初分章				
			二「初中」下隨釋	初「初中鼻」下明長相	初「僧祇支」下服飾		
					二「四分邊」下邊方開制		
					三「律云不」下皮革靴履		
				二「初」下「作」下說淨			
				二「初」下隨科別釋（分六）	初陳章分科		

定物輕重

初「然此亡」明約教判處重	二「今於斷」下述意總標				三「者通用律藏」下廢立正文
		三「一者唯」下依位別釋	初「一者唯用四分」律下不取外宗	二「二者，四分先準」下諸部類通	
				二「初略分」下決判	
			初「四分分先」下述計	二「若有道」下決判	
				三「此一家」下結示	
			初敘計		
			三「初略分」下決判		
			初略分三位		
		二「但以教」下廣分七種	初佛所制畜	初敘意總舉	四「餘有不」下指略結成
			二制不聽畜		
			三佛開聽畜	二十下引示儀式	
				三第下引文正判	
			初總標		初 絲麻毛綫
			二「」下別列		二 瓦石鐵木竹等
					三 田園房舍等
					四 皮革
					五 畜生
					六 人民
					七 樂
			初 性重		
			二 性輕		
			輕重		
			從用		

九正加分法

初「有二」下標分					
	初集錢財衣物				二問答顯非衣
二「初中贍」下隨釋	二「初明立」下加法分之	初列示三法			答中分三
		二「初中若」下別示	初「初明立法」下總標		
			初揭磨	初總分	
				二「今明」下明別釋	初五人已上法
					二「若五人」下四人法
			二對首	初「三人應」下三人法	
				次「二人展」下二人法	
			三心念	初「毗尼母」下示緣示法	
				二、「四分」下引類	

初五人以上法

初標示					
	初處判賞勞				初五人已上法
二「前集財」下正釋	初集物召眾	二「僧徒」下瞻病捨衣	三「眾中」下處判諸物	四「但五德」下加法賞勞	二「若五人共住」下四人法
	二「次分」下差分輕物	初標	二「律令」下釋		

	初明差人	二「今時行」下明作法
初明不須問德	初準律口差	初分付法
二「辛」下告勅問和	二「持律者」下制知合賞	二「作法已」下分物法
三「大德僧聽」下正加賞法		

四藥受淨篇十八

初「報命」下敘意釋名		二「就此四中」下分章解釋				
初分章	二「初中明」下隨釋					
	明藥體	明淨地處所	護淨不同	淨法差別	二受有別	

二受有別：

初制二受意	二受通四藥	三對人不同	四加法亦別	五說淨通局	六二受寬狹	七重加進否	八雜明罪相

明藥體

初「初中明」下總舉		二「一」下列釋			
初藥體	二「時」下隨釋	一時藥	二六味	三轉變	四相和
	三「上來辨」下結斥				

初標示 ／ 二「時」下隨釋

時藥	非時藥	七日藥	盡形體

三「十」下顯離過		
二「明」下明制限		
初示藥體		
二「然蜜味」下別誡嗜蜜（分五）		
初「四分酥」通明藥體		
四「伽」下明澄濾		
三「善」下簡諸漿		
二「十」下示淨法		
初明藥體		
二「諸律」下別簡魚肉	五「摩得」下引斥荷擔	
	四「俗中」下舉俗況道	
	三「棱伽」下通禁諸物	
	二「僧祇」下引小急制	分三
	初引大廢小	分三
初通示藥體		

明淨地處所、護淨不同、淨法差別、二受有別結構

明淨地處所				護淨不同					淨法差別			二受有別							
初制意	二列數作法	三在加羯磨	四雜出料簡	一翻淨	二護淨	三罪通塞	四互明淨染	五儉緣開人事	制意	處人	淨法	初制受意	二通四藥不	三所授人	四受法差別	五說淨通塞	六二受通鑒	七重加以罪	八雜明諸相

制意釋名

釋名	初不周淨	二檀越淨	三處分淨	四白二淨							
制意	初緣淨	二體淨	三體不淨	四緣不淨	初護惡觸	二護自煮	三通內宿	四護內煮	初約四藥	二約四過	

雜明罪相

初「薩婆」下引論示相

初問防罪多少	初問防罪	二「問此」下答辨罪			
初正明防罪	二因明防罪	二因明生罪			

		初標示	二「時藥」下列釋				
			初時藥	二非時藥	三七日藥	四盡形藥	

二問四藥重輕	三問非時幾罪

僧像致敬篇第二十

初敘來意

初僧像本篇	二「初」下隨釋		
初分章	二造像、塔法	初造像、塔法	二造寺法
	二造像法附		

初造塔法
初造像法

二對敬立緣合不（對緣是非）
三立敬儀式

初制相敬意
二「對敬立緣」下
三大小致敬法
初敬分
二「初中敬」下隨釋分相

初敬佛塔法
初敬僧法

初佛寶梁
二不應禮
二「應」下應禮

初敬意
二「以」下相敬意

初無緣合不致敬
二「四分」下有緣須禮

初敬眾開徒立
二「若」師下受儀師立
三「正明」下正明像（相）

六共下約分位
五僧下共階坐
四毗下致諸禮相
三四下致禮相
初攝眾開徒立
二「若」師下受儀須師禮

初塔廟下明敬儀
二「明」下明敬儀

初總序非法
二「士誦聽」下雜列敬相

二造像法附

二「就中分二」下開章釋

初示名
二造塔法

初示名
二造守法

初應法生善
初造守法
二「但歷」下無致損
三文下騰踐毀壞

初總示所引
二「謂處」下正引法式

初造立非法
二又下引俗流
四若下引勸道眾

二增下顯報
三四下敬護
四僧下造處
五善下供養修治
六善下無造毀報

二造像法附

初敘來意

一造像法附
初僧像本篇
初分章
二初下隨釋

初制相敬意
二「制」以下敬意
三立敬儀式

初敬相敬意
二立敬合緣不

四分寶梁

二造像法附
初造像·塔法

初造像法

初通敘經像意
二「恐後生」下正明造像

二恐後生下明造像
三「今人隨」下正明造像

初「恐後生」下中國造立元
二「今人隨」下此方制度漸失

二造像法附

初「今」下隨人隨下前代近真
二「今隨世」下後世失法
三「善見」下丙土靈儀

初明非法
二「致」下示過患
三「若」下明應法

頭陀行儀篇第二十一

初敘來意

初正明
二「智論」下引證

二「就中分四」下關意釋

初分章

一釋總名顯德
　初釋名顯德
　　初正釋名德
　　　初釋總名
　　　　二「釋總」下隨釋
　　　　二列數明體
　　二「列名」下釋
　　　初列名行體
　　　　初釋名
　　　　二「增」下顯德
　　　　　初顯功德
　　　　　二「十住」下彰勝利

二「位」下分科
　初分下標舉分科
　三「頭陀」下料簡通塞

二「初衣服中」下依科別釋
　初標章
　　初衣是
　　二「衣是」下相生次第
　二「初」下列釋（十二）

初納衣　二糞掃衣　三三衣　四不作餘食法　五一坐食　六一摶食　七蘭若　八塚間　九樹下　十露地　十一隨坐　十二常坐

三諸部異行
四雜出諸法

訃請設則篇第二十三

初敘意生起	二「就中分十」下分章解釋									
初列章 二初下隨釋	一受請法 分九節	二往詣法 分六節	三至請家法	四就座命客法	五觀食淨汗 分二節	六行香呪願	七受食方法	八食竟收斂	九陞座爲施	十出請家法
			初「若未」下安置聖位 二「灑祇」下敷列坐	初入位隨坐，敷列坐 二四下相問大小 三僧下慰問施家 四僧下無緣後住 五僧下訶止暗笑 六五下外客聽不		初呪願前後 二「若至請」下行香儀則 三「增一云」下讀誦可不 四四下呪願隨機	初受食法式 二出眾生食 三「僧祇當留」下行食雜法	初相待 二賢下行水	初示名 二四下引緣名 三薩下後說之意 四律下所說之法 五五下能說之人 六律下釋一偈之義 七今下明財施之式	初二雜下歸本慶法 二下請出家法
			初示鋪設 初「不須坐」下斥非法			初通示隨機 二比下正示法式	初呪願受食式 二涅下明所爲 初示前後 三三下踞坐離過	六節		

導俗化方篇第二十四（略）

主客相待篇第二十五（略）

瞻病送終篇第二十六

初總分

初瞻病

初制意
- 初敘意
  - 初瞻病意
  - 二「故」下引文釋疑
    - 初簡人不同
    - 二「引」下釋疑
      - 二「問」下釋疑

二「初瞻病」下別釋

- 初簡人
  - 二簡人是非，并供養法
    - 初簡人
      - 二簡人是非
      - 三「問」下釋疑
      - 初聽僧造食
      - 二僧下瞻視諸法
      - 三並下道達逆逆
      - 四十下求索給付
    - 二供給
      - 四善下求索可否
      - 五摩下雜物開濟
      - 六四下安置便器
- 三安置處所
  - 初約教就房舍
  - 二「若」下依傳立別堂
  - 三傳下總示
- 四諸法斂念
  - 初餘人勸導法
    - 初明說法
    - 二四下問衣鉢
    - 三應下示經像
    - 四又下教勸導
  - 二其下瞻病勸導
    - 初安設儀式

二送終

- 初敘意分章
- 二「初中」下隨章別釋
  - 初將屍出法（分四）
    - 二五下略哭泣可不
    - 三彼下客來吊慰
    - 四五下覆屍殯送
  - 三明葬法（分五）
    - 五善下送俗進否
    - 四增下自罍報恩
    - 三四下起塔立像

諸雜要行篇第二十七

初敘意

二「二十種分之」下開章釋

- 初明佛法僧
  - 初禮敬
  - 二薩下供養
  - 三四下知事
  - 四五下毀像
  - 五智下供法
  - 六十下差立主掌
  - 七僧下守護三寶
- 二眾中雜事
  - 初人眾守堂
  - 二打犍登高座
  - 三打靜法
- 三別人自行
  - 初不應啟告
  - 二善下答問法
  - 三五下雜勸學戒律
  - 四五下剃除鬚爪
  - 五近俗過失
  - 六成下捨離五慳
  - 七四下欣樂禪五寶
  - 八十下坐禪五寶
  - 九十四下術呪善惡
  - 十十五下有緣念聖
  - 十一四下嚼楊枝等法
  - 十二五下雜學戒律
  - 十三僧下然經法
  - 十四五下施食法
  - 十五僧下撰然火過失
  - 十六掃地得益
- 四共行同法
  - 初誦習三藏
  - 二善下有緣顯德
  - 三僧下制學毗尼
- 五出家要業
  - 初略明通局
  - 二多下有緣顯德
  - 三善下制學毗尼
- 六遇賊法
  - 初遇賊法
  - 二遭賊法
- 七大小便法
  - 初正明登周法
  - 二五下列示諸雜法
- 八慈濟畜生法
  - 初總心解放
  - 二五下獵師求索
- 九避惡眾生法
  - 初避非人法
  - 二三遮諸蟲
- 十雜治病法
  - 初先明醫藥法
  - 二四正明治病

沙彌別行篇第二十八

初敘來意

初列七門　二「初中七」下隨釋

二「故先明」下開章釋

初明出家本意

一明出家元緣

二勸出有益
- 初能勸人益
- 二「智」下出家人益

三障出有損

四行凡罪行
- 初引教顯相
- 二「若」下總列五種

五行凡福行
- 初豎明
- 二「智」下引證

六明行聖道行
- 初述意總標
- 二「一」下列示三位
- 三離下結略指廣

七大小乘相決同異
- 初總示
- 二「若」下別釋
- 三目下結勸

二「就後段」下依位隨解

七大小乘相決同異

初「三乘」下總示

二「若據」下別釋

初「若據二」下 小乘三學
- 初戒
- 二定慧

二「若據大」下 大乘三學
- 初戒
- 二定慧

初標示同異

二智下廣示異相
- 初智論文
- 二涅槃經

初正引論文

二「智論」下問答釋疑
- 初會斷常二見
- 二決責順二心

三「目分」下結勸
- 初結指
- 二又下重示

就後段」下依位隨解

初敘來意										
初列「七門」	二「初中七」下隨釋									
	初明出家本意	二「就後段」下依位隨解								
		初牒章標列	二「初中」下隨章別明							
			一明出家具緣	二作法不同	三受戒分	四隨戒相	五雜行教示			
			初簡人得不	初秉白告眾	初標分	初通簡同別	初略指廣引			
			二僧法先說苦事	二作「陳詞請師	二「初下正釋	二「次」下別示眾法	二毗尼廣引			
			三四分受畜沙彌	三應下剃髮儀式	初緣（分五） 二體相（分四）	初總標 二「先」下別釋 初別法 二眾法	三有下斥謬			
			四五下出俗捨離							

二「故先明」下開章釋

尼眾別行篇第二十九

初敘來意			
初分章	二「前明」下隨章釋		
	初明大尼	二明式叉	三明沙彌尼

二「就中分三」下開章釋

初標分

二「初中」下隨釋

初受戒法

初畜眾

二「次明受」下受戒

初「文如」下標示

二「受前」下正釋

初明受本法

二正受戒體

二懺罪法

三說戒法

四安居受日

五自恣法

六隨戒相

七師徒雜行

諸部別行篇第三十（略）

後　記

　　對於作者而言，寫後記總是一件讓人興奮、令人難忘的輕鬆時刻，因為這意味著一件工作的完成。

　　雖然不一定要挑個黃道吉日，但留意一下寫後記的日子，還是有意義的。

　　算起來，本集釋花了我幾近五年時間。可以說，這近兩千天的時間，如影隨形、時刻壓在心上的就是這件工作。五年時間並不算長，但是對於一位學者的學術生涯而言，卻並不算短。能夠讓我花五年時間做的一件事，一定是有意義的事，也一定是所喜歡的事。

　　雖然時間較長，但由於本書的內容豐富，篇幅浩大，涉及的經典文獻、知識領域等都非常廣泛和複雜，僅憑個人一己之力時時會有學識上的捉襟見肘之感。因此，敬請各位專家對本書中的錯誤、疏漏之處加以批評指正，以俟將來加以改正。

　　我也要感謝我的家人，正是他們的理解、支持和付出，才可以使我安心地做這件既有意義而又艱苦的工作。

二○一八年五月一日

於南京紫金山下掃石听風齋

　　補記：本《四分律刪繁補闕行事鈔集釋》於二○一八年五月交到出版社，但一直沒有出版。今改為花木蘭文化事業有限公司。特此說明，並致謝忱！

二○二三年一月一日

於南京紫金山下掃石听風齋